Christina von Dreien

Christina – Bewusstsein schafft Frieden

Christina von Dreien

CHRISTINA

Band 3:

Bewusstsein schafft Frieden

Govinda-Verlag

Herausgegeben von Ronald Zürrer

Die «Christina»-Buchreihe umfasst bislang folgende Bände:

Band 1:	Christina – Zwillinge als Licht geboren
Band 2:	Christina – Die Vision des Guten
Band 3:	Christina – Bewusstsein schafft Frieden

Kontaktadressen des Verlages:

Schweiz	Govinda-Verlag, Postfach, 8462 Rheinau
Deutschland	Govinda-Verlag, Postfach, 79798 Jestetten
Internet	govinda.ch | meerstern.de

Offizielle Website von Christina: christinavondreien.ch

Erste Auflage – Dezember 2019

Zusammenstellung, Lektorat & Layout: Ronald Zürrer
Korrektorat: Nicola Good
Bilder: Anna-Nina Good/goodphotography.ch (S. 168, 239, 294, 310 | Nancy Holten (S. 225) | stock.adobe.com (S. 320)
Logo: Narada Demian Zürrer
Einbandgestaltung: Narada Demian Zürrer & Ronald Zürrer

Gesamtherstellung: CPI books GmbH, Leck
Printed in Germany

ISBN 978-3-905831-67-2

FSC
www.fsc.org
MIX
Papier aus verantwortungsvollen Quellen
FSC® C083411

«Ich möchte den Menschen zeigen, wie sie mit bedingungsloser Liebe konstruktiv mit dem Unlicht umgehen können. Das ist einer der wichtigsten Gründe, weshalb ich hierhergekommen bin. Und ich möchte den Menschen Hoffnung machen und ihnen zeigen, welchen inneren Wert und welche Größe sie eigentlich haben. … Das ist unsere Meisterprüfung als Erdenmensch: zu lernen, unsere Liebe zu allen Wesen fließen zu lassen, auch wenn die Umstände noch so schwierig sind.»

«Menschen, die bloß Kopfwissen haben, aber kein fühlendes Herz, machten die Welt zu dem, wie sie jetzt ist. Was wir heute brauchen, sind wissende Herzmenschen.»

«Man muss nicht immer einen Grund haben, um glücklich zu sein. Man kann es auch einfach so sein.»

– Christina von Dreien

Inhalt

Vorbemerkung des Herausgebers

Die beiden ersten Bände der «Christina»-Buchreihe – Band 1: *«Zwillinge als Licht geboren»* (erschienen im Juli 2017), und Band 2: *«Die Vision des Guten»* (erschienen im März 2018) – erzählen den Anfang von Christinas Geschichte aus der Sicht ihrer Mutter Bernadette von Dreien. Bernadette berichtet darin von den außergewöhnlichen Umständen von Christinas Geburt, von ihrer Kindheit und Jugend bis zu ihrem 17. Lebensjahr sowie vom Beginn ihres Wirkens in der Öffentlichkeit. Beide Bücher enthalten außerdem etliche kürzere oder längere Passagen mit Christinas Aussagen zu Themen der Philosophie, der Parapsychologie, der ganzheitlichen Naturwissenschaft, der Spiritualität sowie der Zukunft der Erdenmenschheit.

Die Geschichte endet in Band 2 im Frühjahr 2018, und seitdem ist einiges geschehen, das durchaus ebenfalls erzählenswert wäre: Christina hielt während des gesamten Jahres 2018 und bis zum April 2019 in allen drei deutschsprachigen Ländern eine Vielzahl von Tagesseminaren mit teilweise über 1000 Besuchern ab. Ein Schweizer Privatfernsehsender strahlte zwischen April 2018 und April 2019 insgesamt 27 einstündige Interview-Sendungen mit Christina aus, die nach ihrer Veröffentlichung auf YouTube bisher über vier Millionen Aufrufe erzielten. Es wurden Arbeitskreise ins Leben gerufen, die sich beispielsweise mit Fragen der Bildung und mit den Möglichkeiten eines neuen Schulwesens beschäftigen. Mit dem Projekt «We Are Peace» wurde ein internationaler Impuls für Frieden und Verständigung unter den Menschen gesetzt. Und nicht zuletzt entwickelten sich die ersten zwei «Christina»-Bände im Laufe des Jahres 2018 vom Geheimtipp zu veritablen Verkaufserfolgen und sind aktuell bereits in zwölf Sprachen erschienen bzw. in Vorbereitung.

Dies alles könnte man ausführlich erzählen. Doch Christina hat beschlossen, es nicht zu tun. Gemeinsam mit ihr haben wir uns dafür entschieden, das Augenmerk statt auf Christinas äußeres Leben und Wirken besser auf ihre Inhalte zu legen. Denn Christina trägt ein Herzensanliegen in sich, und sie hat der Menschheit etwas Konkretes mitzuteilen: Sie möchte uns davon berichten, wer wir Menschen in Wirklichkeit sind, warum die Zustände auf der Erde heutzutage so sind, wie sie sind, und in welche positive Richtung die globale Entwicklung vorangehen kann. Sie möchte uns zeigen, wie wir mit der Kraft unseres Bewusstseins und mit der Kraft der bedingungslosen Liebe unser individuelles und kollektives Leben heilsam und konstruktiv neugestalten können. Sie möchte uns Zuversicht und Hoffnung auf eine Zukunft des inneren und äußeren Friedens schenken, und sie möchte unsere Ahnung nähren, dass sämtlichen düsteren Prognosen zum Trotz letzten Endes alles gut sein wird.

Daher haben wir uns dafür entschieden, dass der vorliegende dritte Band der «Christina»-Buchreihe ausschließlich aus Christinas eigenen Worten bestehen soll. Kurz vor ihrem 18. Geburtstag im April 2019 hat sie mich gebeten, sämtliche Aufzeichnungen ihrer Tagesseminare 2018/19 sowie sämtliche bisherigen TV-Interviews gründlich zu sichten und daraus die Kapitel dieses Buches zusammenzustellen. Dieser Aufgabe habe ich mich gerne angenommen, und so ist es mir eine große Freude und Ehre, hiermit Christinas erstes eigenes Buch präsentieren zu dürfen. Da alle ihre bisherigen Seminare die Überschrift *«Bewusstsein schafft Frieden»* trugen, erschien es sinnvoll, auch dem vorliegenden Buch diesen Titel zu geben.

So wünschen wir Ihnen, liebe Leserin und lieber Leser, von Herzen viel Inspiration und Erbauung beim Lesen von «Bewusstsein schafft Frieden».

– Ronald Zürrer,
im November 2019

Geleitwort der Autorin

Zur Zeit befinde ich mich gerade in Südamerika. Gestern bekam ich das Coverbild zu diesem Buch gezeigt, und als ich es sah, freute ich mich gleich doppelt.

Zum einen freute ich mich über das Bild, denn es hat mit seinen vielen Schmetterlingen so etwas Leichtes und Verspieltes. Es symbolisiert etwas, von dem die heutige Welt mehr braucht: Leichtigkeit. Menschen, die – egal wie alt sie sind – ihr inneres Kind wieder leben. Denn erwachsen zu sein bedeutet nicht, alles todernst zu nehmen. Diese Leichtigkeit bringt die Veränderung in uns. Sie ist der Anfang.

Zum anderen freute ich mich darüber, dass auch Südamerika sich verändert und eine Entwicklung durchläuft, die manchmal spiritueller ist als wir glauben, wenn wir in Europa sind und denken, hier sei noch nichts angekommen. Dadurch, dass sich jeder Teil der Erde auf seine eigene Weise spirituell entwickelt, wird jeder Teil seine eigentliche Position einnehmen können. Das ist eine wichtige Basis, damit die Erde sich Schritt für Schritt wieder vollständig regenerieren kann.

Ich wünsche allen Leserinnen und Lesern dieses Buches viel Leichtigkeit und eine spielerische persönliche Entwicklung.

– Christina von Dreien,
im November 2019

1

Liebespioniere

Weil ich Mensch bin …
… ist Liebe meine Religion,
… ist Wahrheit mein Leben,
… ist Freiheit mein Recht.
Und deines auch.

Liebe ist meine Religion – und deine auch

Liebe kennt keine Grenzen. Ihr ist es egal, woher jemand kommt, was er früher einmal war und wie er jetzt ist. Die Liebe ist in uns, und sie ist unabhängig von äußeren Umständen. Liebe ist die Essenz des Lebens. Genau so, wie eine Mutter ihr Kind liebt und es unterstützt, egal wo es sich hinbewegt, so unterstützen wir mit Liebe uns selbst, unsere Mitmenschen und unsere Welt. Liebe ist nicht an Menschen, Gruppen und Orte gebunden. Wenn wir uns der Welt in Liebe öffnen, kann Liebe in unsere Umwelt fließen, und alles darf in Liebe gewandelt werden.

Früher, vor Jahrzehnten und Jahrhunderten, gab es spirituelle Pioniere. Sie haben ihr Wissen in die Öffentlichkeit getragen, obwohl die Welt damals noch in eine ganz andere Richtung schaute. Zu diesen Pionieren sollten wir unsere Dankbarkeit fließen lassen – dafür, was sie getan haben und immer noch tun, und dafür, was sie waren, sind und immer sein werden. Die Menschheit hat durch sie höheres Wissen empfangen, und jetzt ist es Zeit, dass wir beginnen, dieses Wissen zu leben, es zu verkörpern.

Der nächste Schritt, den wir tun werden, ist der Schritt hin zur Liebe. Das beginnt in uns und wächst dann um uns herum. Denn heute manifestiert sich eine neue Art von Pionieren: Liebespioniere. Liebespioniere sind Leuchttürme für andere Menschen, und eines der wichtigsten Dinge, die sie tun, ist: Hoffnung verbreiten.

Wir Menschen können die Welt verändern, und zwar einfach dadurch, dass wir das sind, was wir alle in unserem göttlichen Kern schon immer sind: Liebe. Bedingungslose Liebe. Wir müssen gar nichts tun. Wir können einfach nur sein – ein Leuchtturm sein, aus dem das Liebesfeuer strahlt, erreichbar für jeden, der mit dem Herzenswunsch kommt, ebenfalls zu leuchten und das zu sein, was wir in Wahrheit alle schon immer sind.

Wir lernen einfach, das zu sein, was wir schon längst sind. Das ist das ganze Erwachen. Es bedeutet: Wir erkennen, dass Liebe die Kraft ist, die die Welt verändert.

Es ist die Liebe zu ihrem Kind, die dafür sorgt, dass die Mutter immer beschützend für ihr Kind da ist. Es ist die Liebe von Menschen zu anderen Menschen, die dafür sorgt, dass Menschen in scheinbar ausweglosen Situationen weiter machen und ihr Leben auf neue Beine stellen können. Wie im Kleinen, so im Großen: Die Liebe der Liebespioniere zur Welt wird dafür sorgen, dass wir als Menschheit weitermachen und unsere Welt auf neue Füße stellen. Und sie wird dafür sorgen, dass wir in Zukunft eine schützende Hand über die Erde halten werden.

Wahrheit ist mein Leben – und deines auch

Wahrheit bedeutet auch, dass wir Klarheit über unsere persönliche Realität haben. Die Wahrheit finden wir nicht im Außen, sondern in uns. Erwachen heißt entdecken, und entdecken heißt verstehen. Unsere Wahrheit verstehen wir erst dann, wenn wir erkennen, dass unsere eigene persönliche Wahrheit nur in unserem Herzen zu finden ist.

Höre auf dein Herz, höre auf die Wahrheit, die es spricht, und lebe sie. Folge ihr. Der Ton deines Herzens führt dich zusammen mit der Wahrheit des Momentes genau dorthin, wo es jetzt für dich richtig ist. Vertraue auf deine innere Herzenswahrheit. Sie ist das, was zählt.

Es existieren viele verschiedene Ansichten und Meinungen auf der Welt. Nimm nicht die Ansicht und die Meinung an, die dein Verstand für logisch hält, sondern nimm die an, die du in der Tiefe deines Herzens fühlst.

In unserem Herzen tanzt die Wahrheit. Wenn wir auf unser Herz hören, verkörpern wir unsere persönliche Herzenswahrheit, und so wird ein Feld aufgebaut, das aus genau dieser Schwingung besteht. Indem wir das leben, was unser Herz uns sagt, unabhängig von äußeren Umständen, erzeugen wir ein Wahrheitsfeld, das sich mit uns bewegt. Und überall, wo wir hinkommen, wird durch dieses Feld Wahrheit auftauchen, die zuvor noch verborgen war.

Freiheit ist mein Recht – und deines auch

Wir sind spirituelle Wesen, die in Körper inkarniert sind. Vielleicht bist du erstaunt, wenn ich sage, dass das ein Teil der Freiheit der Seele ist. Aus materieller Sicht heraus scheint es ja, als sei dadurch weniger Freiheit vorhanden. Sobald wir aber die Perspektive verändern, sieht es anders aus. Wir können dann erkennen, dass wir als menschliche Wesen die Freiheit der Multidimensionalität haben, denn wir können, obwohl wir einen physischen Körper bewohnen, gleichzeitig in verschiedenen energetischen Ebenen unterwegs sein. Und wir können erkennen, dass wir über einen freien Willen verfügen.

Wir haben verlernt, was unser freier Wille wirklich bedeutet. Viele Menschen haben heute das Gefühl, sie seien unlichten Aktionen machtlos ausgeliefert. Dabei vergessen sie etwas: Unsere Stimme verändert die Welt. Wir leben auf der Erde und tragen daher gemeinsam die Verantwortung dafür, was auf der Erde geschieht. Wir halten die Fäden in der Hand. Ein «Nein» oder ein «Ja» von einer Gruppe von Menschen, die sich in Liebe die Hand geben, kann eine Dominokette der Veränderung hervorrufen. Manche Menschen sagen: «Aber die Politiker sind verantwortlich.» – Nein. Wir als Bevölkerung sind für das Geschehen auf der Erde verantwortlich. Mir gefällt dieser Satz: «Stell dir vor, es ist Krieg, und keiner geht hin.» Wenn irgendwo irgendwelche

Politiker irgendetwas beschließen, ist es deswegen nicht in Stein gemeißelt, dass es auch tatsächlich so kommen muss. Es kann sich erst dann in der Welt manifestieren, wenn wir diesen Beschlüssen folgen.

Weil ich Mensch bin ...

Das Erwachen der Menschheit geschieht in Etappen, in Stufen. Der nächste Schritt ist der Schritt der Liebe, der Freude, der Wahrheit und der inneren und äußeren Freiheit.

Weil ich Mensch bin, lerne ich zu verstehen, was es bedeutet, mit und durch Liebe zu ändern, mit Wahrheit zu leben und mit Freiheit zu denken.

Weil ich Mensch bin, habe ich erkannt, dass es Zeit ist für Herzcourage: Wir müssen den Mut haben, die Liebe zu leben, es einfach mal auszuprobieren. Den Mut haben, nach der eigenen Wahrheit zu leben. Den Mut haben, die Freiheit zu spüren, zu erkennen, dass wir sie schon immer hatten, und sie jetzt zu leben.

Weil ich Mensch bin, habe ich erkannt, dass die Entscheidung für einen Schritt hin zur Liebe oft damit anfängt, dass man anderen Menschen zeigt, dass es noch etwas gibt, das man Hoffnung nennt.

Es wird Zeit, dass wir alle gemeinsam die Verantwortung für die Erde übernehmen – in Liebe und im Wissen, dass alles so kommen wird, wie es kommen soll. *

---

* Dieser Text wurde im Juni 2018 auf Christinas Website veröffentlicht.

2

Bedingungslose Liebe

Liebe ist die stärkste Kraft im Universum

Liebe zu sich selbst und zu anderen zu entfalten, ist ein schrittweiser Prozess. In unserer Gesellschaft wurde uns über Jahrhunderte beigebracht, dass Liebe an irgendwelche Bedingungen, Voraussetzungen oder Anforderungen geknüpft sei. Wir denken, es brauche gewisse äußere Umstände, damit es möglich wird, Liebe aus uns fließen zu lassen. Wir denken, unsere Liebe sei davon abhängig, was andere Menschen sagen oder tun oder sind. Aber in Wahrheit hat die Liebe kein Interesse an Äußerlichkeiten und benötigt keine äußeren Voraussetzungen.

Liebe ist die stärkste Kraft im Universum, und die Quelle unserer persönlichen Liebesenergie liegt in unserem Herzen. Die meisten Menschen hier in Mitteleuropa haben eine Mentalität, die ziemlich verkopft ist. Es gibt Menschen in anderen Kulturkreisen, an denen wir uns ein Beispiel nehmen können. Sie würden sich selbst wahrscheinlich nicht direkt als spirituell bezeichnen, aber sie leben ihr Leben aus dem Herzen heraus, und dieses Leben aus dem Herzen ist eines der Merkmale der Spiritualität. Nur weil wir hier in sogenannt hochzivilisierten Ländern leben, bedeutet das nicht, dass wir nichts mehr zu lernen hätten. Wir bezeichnen gewisse Länder als weniger zivilisiert, bloß weil sie eine weniger gute materielle Infrastruktur haben als wir. Aber darunter gibt es Länder, in denen das Bewusstsein der Bevölkerung schon weiter entwickelt ist als unseres. Die Menschen dort mögen vielleicht keine Theorien oder Fachbegriffe für Spiritualität erfunden haben, aber sie leben die Spiritualität einfach. So haben auch hier beide Seiten die Gelegenheit, gegenseitig voneinander zu lernen.

Man hat uns beigebracht, Liebe von Erwartungen und äußeren Bedingungen abhängig zu machen. Daher ist es ein schrittweiser Prozess für jeden von uns, zu lernen, Liebe unabhängig von grobstofflichen oder feinstofflichen Gegebenheiten zu verströmen. Diese wahre Liebe heißt bedingungslose Liebe. Viele Menschen kennen nur die an Bedingungen geknüpfte Liebe: «Ich liebe dich, wenn ...», «Ich liebe dich, weil ...», «Ich liebe dich, solange ...» und so weiter. Bedingungslose Liebe interessiert sich aber nicht dafür, wer du bist und was du tust, was du arbeitest, wo du wohnst oder wie alt du bist. Liebe denkt nicht so. Unser Verstand ist es, der so denkt.

Die bedingungslose Liebe fällt allerdings nicht einfach so vom Himmel. Sie ist eine Seelenqualität, welche die Seele im Verlauf ihrer Entwicklung und ihrer Erfahrungen allmählich wieder entfaltet. Wir haben die bedingungslose Liebe ja niemals wirklich verloren, sondern wir haben sie bloß vergraben und für eine gewisse Zeit vergessen, und daher können wir sie in unserem Inneren jetzt auch wieder ausgraben. Es ist die Aufgabe für jeden von uns, die Muster und Prägungen wegzuschaufeln, die wir von der Erziehung, von der Schule, von der Gesellschaft oder auch aus früheren Leben angehäuft haben. Das Ziel ist, dass wir am Ende wieder zu Liebe werden, denn Liebe ist unsere wahre ewige Natur. Es mag im Einzelfall noch eine Weile dauern – vielleicht einen Monat oder ein Jahr oder auch drei oder fünf Jahre –, aber darauf kommt es nicht an. Wir haben alle Zeit der Welt, um uns zu entwickeln, und so können wir uns ruhig in unsere Entwicklung hinein entspannen. Wir brauchen uns nicht zu stressen. Denn indem wir uns entspannen und in unser Herz gehen, steigt unsere Schwingung automatisch an und entfaltet sich unsere Liebe automatisch.

Viele Menschen fragen sich, wie sie ihre Schwingung erhöhen können. Aus meiner Sicht ist der einfachste Weg der, dass man ohne Widerstand mit den individuellen Lernprozessen mitgeht, die im eigenen Leben gerade anstehen. Das ist alles. Allein schon dadurch steigt die Schwingung. Die Natur hat es so eingerichtet, dass die wichtigsten Dinge in unserem Leben unkompliziert sind und einfach passieren. Wenn wir Freude empfinden in unserem

Leben, wenn wir uns gut fühlen und wenn wir optimistisch sind, dass die Welt sich zum Positiven wandeln wird – egal wie sie im Moment gerade aussieht und wie sie vielleicht bald noch aussehen wird –, dann steigt unsere Schwingung automatisch.

Bewusste und unbewusste Blockaden auflösen

Bedingungslose Liebe ist nicht etwas, das wir irgendwo im Außen suchen und dann aufsammeln und in uns integrieren müssen. Sie ist das, was wir alle in unserem wahren Wesen immer schon sind. Jede Seele hat ihren letztendlichen Ursprung in der Quelle, in Gott, und daher trägt jede Seele in ihrem innersten Wesenskern immer die bedingungslose Liebe.

Unser Herz ist das Tor zu unserer Seele. Dadurch, dass wir immer mehr in unser Herz gehen und die vielen Schichten auflösen, die unseren Wesenskern bedecken – Prägungen, Muster, Vorurteile, Meinungen und so weiter, sowohl im Tagesbewusstsein als auch im Unterbewusstsein –, gelangen wir Schicht um Schicht zu dieser bedingungslosen Liebe. Es macht nicht einfach «klick!», und dann ist die bedingungslose Liebe da, sondern es ist ein Prozess. Wir erkennen, welche Muster aus der Vergangenheit nicht mehr aktuell und nicht mehr förderlich sind, und dann lassen wir diese blockierenden Muster eines nach dem anderen los und lösen sie auf. Indem wir die Vergangenheit endlich Vergangenheit sein lassen und indem wir unsere Blockaden auflösen, gewinnen wir Schritt für Schritt eine erweiterte Perspektive und eine neue Sicht auf uns selbst, auf unser Leben und auf die Welt – einen neuen Bewusstseinszustand. Auf diesem Weg kommen wir immer näher zu unserem innersten Kern. Je mehr durch das Loslassen der Muster und durch die Veränderung unseres Bewusstseins unsere persönliche Schwingung ansteigt, desto schneller kann sich der Nebel auflösen, der zwischen unserem Tagesbewusstsein und unserem Unterbewusstsein liegt. Es ist, wie wenn langsam die Sonne aus dem Nebel aufsteigt und diesen dann verdampft. So kommt immer mehr unser Wesenskern und Urgrund zum Vorschein: bedingungslose Liebe.

Aber damit das geschehen kann, müssen wir unser Unterbewusstsein anschauen, denn es spielt eine wichtige Rolle in dem Ganzen. Es kann zum Beispiel sein, dass Person A in ihrem Tagesbewusstsein gegenüber Person B keine Wut und keinen Hass verspürt. Aber aufgrund irgendeines früheren Ereignisses bestehen im Unterbewusstsein von Person A noch eine verdrängte Wut oder ein verdrängter Hass gegen Person B. Damit die bedingungslose Liebe ins Fließen kommen kann, ist es notwendig, dass die im Unterbewusstsein eingelagerten Verknüpfungen und Emotionen bewusst gemacht und dann entweder aufgelöst oder mit einer konstruktiven Energie überschrieben werden.

Wichtig dabei ist, dass wir das Vergangene und Veraltete zwar bewusst machen und anschauen können, dass wir uns aber nicht mehr damit identifizieren sollten. Denn solange wir meinen, wir seien noch immer identisch mit der Person, die in der Vergangenheit dieses oder jenes erlebt hat, solange können wir es nicht wirklich auflösen. Stattdessen können wir in eine Beobachterperspektive wechseln und erkennen, dass in unserer Vergangenheit zwar dieses oder jenes Ereignis stattgefunden hat, dass wir selbst aber längst an einem anderen Punkt in unserer Entwicklung angekommen sind. So werden wir die alten Programme und Muster mit unserem neuen Bewusstsein überschreiben.

Selbstliebe

Bedingungsloses Lieben beginnt bei der Selbstliebe. Solange wir zu uns selbst keine Liebe haben, ist es schwierig für uns, Liebe im Außen zu finden oder Liebe nach außen zu tragen. Denn alles, was wir in unserem Inneren tragen, strahlen wir mit unserer Schwingung nach außen in die Welt. Und das, was wir ausstrahlen, erscheint dann in unserem Leben. So sind die kosmischen Gesetze. Solange wir also keine Selbstliebe haben, strahlen wir keine Liebe aus, und so kann die Liebe, die zwar überall in der Welt vorhanden ist, nicht zu uns gelangen, da sie in uns keinen Andockpunkt findet.

Das Höhlenbeispiel

Man kann sagen, dass es heute zwei verschiedene Gruppen von Menschen auf der Erde gibt. Die erste Gruppe sind diejenigen, die noch der Meinung sind, dass man Gewalt nur mit Gewalt aufhalten könne und dass man Kriege brauche, um Frieden zu schaffen. Die zweite Gruppe sind diejenigen, die bereits verstanden haben, dass das nicht funktioniert. Denn indem man Gewalt, Wut, Hass und Verurteilung mit Gegengewalt, mit noch mehr Wut, Hass und Verurteilung begegnet, stärkt man diese niedrigen Energien, so dass sie nie aufhören werden.

Die Lösung besteht darin, auf Gewalt und Krieg mit einer anderen Energie zu reagieren – mit einer Energie, die eine höhere Frequenz aufweist als das Problem: mit Liebe! Denn jeder Krieg, den es auf der Welt gibt, ist aus einem Mangel an Liebe entstanden. Und es ist ein Gesetz, dass ein Problem und die Lösung für dieses Problem nie auf derselben Schwingungsfrequenz liegen. Die Lösung eines bestimmten Problems liegt immer auf einer höheren Frequenz als das Problem.

Ich gebe euch ein Beispiel dafür: Stellen wir uns vor, wir stehen irgendwo im Gebirge vor einem dunklen Höhleneingang, aus dem schwarze Wolken kommen. In dieser Höhle leben Menschen, die Manipulation, Gewalt und Krieg für eine gute Idee halten, die Feindbilder nähren und die alle möglichen unlichten Dinge tun. Diese Menschen sehen und kennen nichts anderes als ihre dunklen Wolken. Nun gibt es unter diesen Menschen einige, die spüren, dass etwas nicht in Ordnung ist, und die nicht mehr in der Höhle gefangen bleiben wollen. Das Problem dabei ist, dass sie zwar denken können, dass sie gerne anders leben würden, dass sie aber nicht wissen, wie. Auch erkennen sie vor lauter Dunkelheit nicht, wo der Ausgang aus ihrer Höhle ist und wie sie rauskommen könnten. Ich bin mir sicher, dass es solche Menschen, die aus der dunklen Höhle raus wollen, überall gibt, in jedem Konflikt.

Unsere Verantwortung und Aufgabe als diejenigen, die draußen vor der Höhle im Hellen stehen und die nicht in einem Bewusstsein von Feindbilddenken, Manipulation oder Gewalt leben, besteht darin, Licht in die Höhle zu senden. Das heißt, wir schicken positive Energien in Form von goldenen Wolken hinein. Das können zum Beispiel gute Gefühle sein wie Hoffnung, Freude, Zuversicht, Leichtigkeit, Optimismus und Vertrauen, vor allem aber die beiden Energien Vergebung und Liebe. Ohne Vergebung wird weiterhin eine Atmosphäre von Unfrieden herrschen. Erst wenn wir in der Lage sind, mit der Vergangenheit Frieden zu schließen und den Dunkelwesen ihr Tun zu verzeihen, wird es uns möglich sein, ihnen mit bedingungsloser Liebe zu begegnen. Es ist eine große Herausforderung, auch jenen unlichten Wesen unsere Liebe zukommen zu lassen, die ihrerseits uns gegenüber keinerlei Liebe empfinden. Doch jeder Mensch und jedes Wesen – auch das Unlicht – sollte immer und immer wieder die Chance bekommen, sich dem Göttlichen zuzuwenden und sich ins Licht zu begeben.

Wir können dem Unlicht am besten vergeben, indem wir uns bewusst machen, dass wir dankbar für alles sein dürfen, was wir sowohl individuell als Seele als auch kollektiv als Menschheit in der Vergangenheit erleben durften. Das ist unsere Meisterprüfung als Erdenmensch: zu lernen, unsere Liebe zu allen Wesen fließen zu lassen, auch wenn die Umstände noch so schwierig sind.

Unsere Goldwolken der Vergebung und der bedingungslosen Liebe sollten dabei größer und stärker sein als die Dunkelwolken im Inneren der Höhle, damit die Menschen in der Höhle sie überhaupt sehen und – sofern sie das wollen – auch annehmen können. Die goldenen Wolken werden denjenigen in der Höhle, die bewusst oder unbewusst nach dem Ausgang suchen und die bereit sind, unser Geschenk anzunehmen, wie ein heller Lichtstrahl den Weg in die Freiheit zeigen. Andere werden sich dafür entscheiden, unser Lichtangebot nicht anzunehmen und weiterhin in der Höhle gefangen zu bleiben. Auch das gilt es zu respektieren. Wir können ja die goldenen Wolken unserer Liebe auch in der Höhle stehen lassen, so dass jeder, der es möchte, irgendwann später darauf zurückkommen und sich wandeln kann. Liebe hat Geduld, ganz viel Geduld.

Bedingungslose Liebe als kollektive Lernaufgabe der Menschheit

Liebe besitzt eine sehr starke Kraft zu transformieren, das heißt negative Dinge zum Positiven umzuwandeln. Dasselbe gilt übrigens auch für Humor. Und doch kann ein einzelner Mensch allein die Welt nicht transformieren; eine große Menge von Menschen hingegen schon. Je mehr Leute anfangen, goldene Liebeswolken in die Dunkelheit unserer Zeit auszusenden, desto schneller wird es geschehen, dass Krisensituationen nicht mehr mit Gewalt, sondern mit Liebe gelöst werden. Dies ist unser gemeinsamer Lernprozess, an dem wir alle seit Jahrtausenden dran sind – unabhängig von den jeweiligen individuellen Lernprozessen in unseren verschiedenen Inkarnationen. Bedingungslose Liebe ist das, was wir kollektiv als Menschheit lernen dürfen, und erst diese bedingungslose Liebe wird nachhaltigen Frieden auf dieser Welt ermöglichen.

Unser persönliches Lernthema, die persönliche Lernaufgabe in unserem Leben erkennen wir daran, dass sie immer und immer wiederkommt. Wenn du immer wieder in ähnliche unangenehme Lebenssituationen gerätst, dann liegen deine Lernaufgaben genau dort. Dasselbe gilt auch kollektiv. Wenn wir die Menschheitsgeschichte der vergangenen Jahrhunderte und Jahrtausende betrachten, sehen wir, dass die Menschheit immer und immer wieder Hass und Gewalt geschürt und Kriege geführt hat. Denn die übergeordnete kollektive Lernaufgabe der Menschheit ist es, bedingungslose Liebe gegenüber allen Wesen zu entfalten.

Jeder einzelne von euch hat jetzt die Aufgabe, ein Leuchtturm und ein Liebespionier zu sein. Liebespioniere zeichnen sich nicht dadurch aus, dass sie irgendwelche Seminare geben oder Bücher schreiben, sondern dadurch, dass sie in ihrem Dasein die Liebe verkörpern und verströmen. Du strahlst am besten, wenn du einfach das bist, was du bist. Verlasse also die Orte, an denen du dich nicht mehr wohl fühlst, und gehe dorthin, wo du hingehörst – sei es an der Küste, in der Stadt, in den Bergen oder wo auch immer. So wirst du irgendwann zum Punkt kommen, an dem auch du ein Leuchtturm sein wirst. Dann wirst du dich nicht

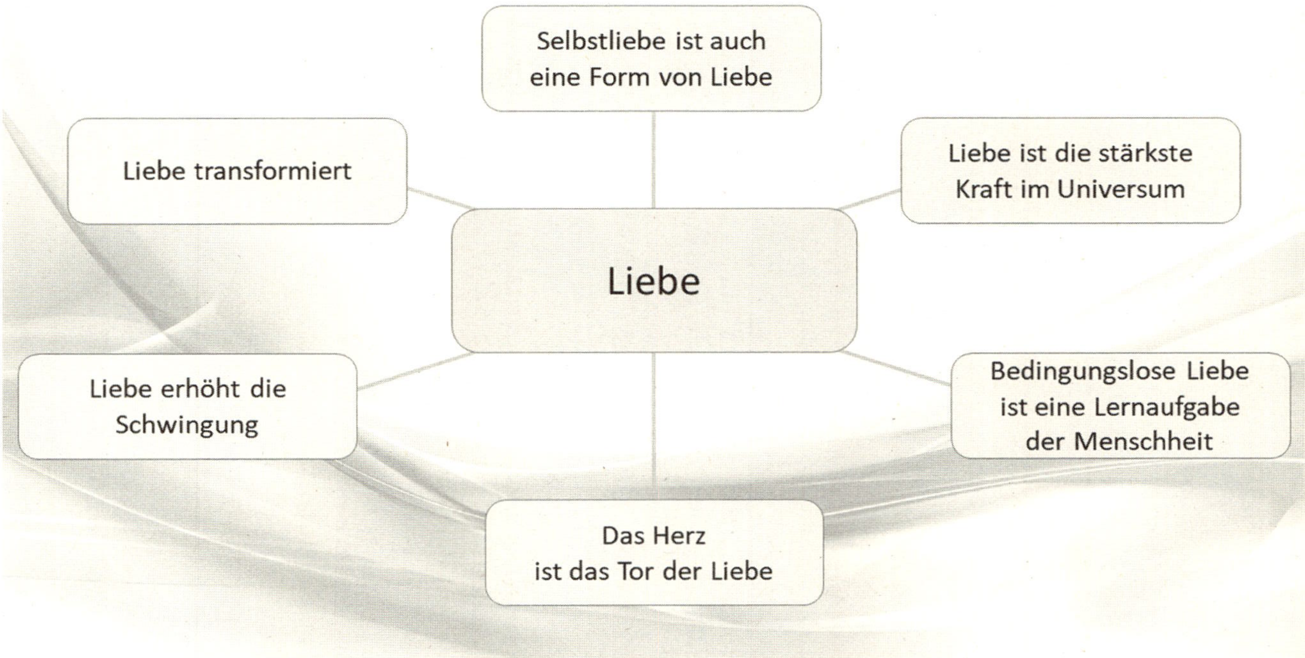
Selbstliebe ist auch eine Form von Liebe
Liebe transformiert
Liebe ist die stärkste Kraft im Universum
Liebe
Liebe erhöht die Schwingung
Bedingungslose Liebe ist eine Lernaufgabe der Menschheit
Das Herz ist das Tor der Liebe

mehr fragen: «Bin ich jetzt eigentlich schon ein Leuchtturm oder nicht?» Du bist es dann einfach, und du brauchst nichts weiter zu tun als einfach nur zu leuchten. Einfach Licht sein.

Das Interessante dabei ist: Wenn du die bedingungslose Liebe vollständig entfaltet hast, wirst du genau dort sein, wo du ursprünglich schon einmal warst. Du bist Licht, und Licht ist Liebe. Du warst niemals etwas anderes.

Bedingungslose Liebe trainieren

Frage aus dem Publikum: Ich versuche, die bedingungslose Liebe in meinem Leben zu leben, aber nicht immer funktioniert das Resonanzprinzip. Es passiert mir oft, dass ich von anderen ausgenutzt werde. Wie soll ich damit umgehen?

Antwort: Die andere Person sieht zwar das Licht, kann es aber noch nicht annehmen. Dieser Teil liegt bei der anderen Person. Dein Teil aber ist, dass du deine Einstellung ändern und der Person erwartungslose und bedingungslose Liebe schicken kannst. Auf diese Weise kannst du bedingungslose Liebe trainieren. Wir können etwas erst dann wirklich leben, wenn wir es oft genug trainiert haben, das heißt, wenn es vom Tagesbewusstsein ins Unterbewusstsein übergegangen ist. Unsere wahre Natur ist zwar die bedingungslose Liebe, sie ist aktuell jedoch überlagert von irgendwelchen Glaubenssätzen und Mustern. Darum braucht es wiederholtes Training, um all jene Dinge aufzulösen, die im Moment noch verhindern, dass wir wieder in unsere wahre Natur kommen. Falls sich also unangenehme Situationen in deinem Leben wiederholen, bekommst du dadurch die Gelegenheit, etwas Bestimmtes zu üben. Wenn jemand dich anfeindet oder Streit mit dir sucht oder sogar dich ausnutzt, dann erweist dir dieser Mensch unbewusst einen Liebesdienst. Denn er schenkt dir die Möglichkeit, deine Liebesfähigkeit zu trainieren und bedingungslose Liebe zu üben.

Bedingungslose Liebe ist nicht dasselbe wie die partnerschaftliche Liebe, in der man sagt: «Ich liebe diesen einen Menschen mehr als alle anderen.» Bedingungsloses Lieben bedeutet, dass wir allen Wesen gleich viel Liebe senden – auch jenen, die wir nicht so gut finden. Es bedeutet zu vergeben und unsere Liebe sogar dorthin fließen lassen, wo noch keine Liebe ist und von wo auch keine zu uns zurückfließt. Denn dort, wo die Liebe nicht ist, wird sie am meisten gebraucht. So dürfen wir jetzt lernen, auch gegenüber jenen Menschen Liebe zu fühlen, die keine Liebe aussenden. Das ist etwas sehr Schönes.

Ich möchte den Menschen zeigen, wie sie mit bedingungsloser Liebe konstruktiv mit dem Unlicht umgehen können. Das ist einer der wichtigsten Gründe, weshalb ich hierhergekommen bin. Und ich möchte den Menschen Hoffnung machen und ihnen zeigen, welchen inneren Wert und welche Größe sie eigentlich haben.

Es gibt keine bessere Zeit als die heutige, um die Qualität der bedingungslosen Liebe zu entfalten. Die Menschheit ist bereits auf dem besten Weg dorthin, denn wir verankern gerade die Liebe im kollektiven Menschheitsfeld. Es wird uns auch gar nichts anderes übrig bleiben, denn die Zeit wird bald zu hochschwingend für etwas anderes sein. Zum Glück hat das Universum viel Geduld mit uns – bedingungslose Geduld.

3

Individuelle Schwingungserhöhung

Tut Dinge, die euch glücklich machen!

Schwingungserhöhung und Bewusstseinserweiterung sind im Grunde genommen nichts Kompliziertes. Die meisten wichtigen Dinge in unserem Leben passieren einfach, ohne dass wir absichtlich daran denken oder uns um sie bemühen. Genauso, wie wir zum Beispiel unsere Atmung oder unseren Herzschlag nicht bewusst steuern müssen, so müssen wir uns nicht dauernd mit Absicht um unsere Schwingungserhöhung kümmern oder die ganze Zeit über daran denken.

Es gibt ein einfaches Rezept, um unsere persönliche Schwingung zu erhöhen: glücklich sein. Je seltsamer und verrückter die Welt im Äußeren wird, je mehr die Dinge auf der physischen Ebene durcheinander gehen, desto wichtiger ist es, dass wir uns Zeiten und Räume schaffen, in denen wir Dinge tun, die uns Freude bereiten und die uns glücklich machen. Wenn man ausschließlich die Nachrichten in den Medien verfolgt, könnte man in eine Angst verfallen oder in ein Gefühl, dass alles immer schlimmer wird und dass man nichts dagegen tun kann. Das ist jedoch nicht wahr. Denn etwas, das wir überall und jederzeit tun können, ist darauf zu achten, dass wir uns und unserem Umfeld Zeiten der Freude ermöglichen. Sobald wir Freude empfinden, steigt unsere persönliche Schwingung automatisch an.

Wir sollten uns jeden Tag etwas Zeit nehmen, um irgendetwas zu tun, das uns glücklich macht – auch wenn es nur für zehn Minuten ist. Dabei spielt es überhaupt keine Rolle, was wir tun. Es können die sinnlosesten Dinge sein, und wir müssen unser Tun auch nicht vor anderen Menschen erklären oder rechtfertigen. Wir können auch ohne Erklärung einfach mal etwas tun, das uns Spaß macht, und wir können in einer Situation einfach mal «ja» oder «nein» sagen, ohne diese Entscheidung zu begründen. So viel Vertrauen ineinander sollten wir haben: dass es einen guten Grund gibt, warum jemand etwas Bestimmtes tut oder auch nicht tut.

Heutzutage sind sehr viele Erwachsene in unserem Kulturkreis nicht wirklich glücklich. Einige wenige sind vielleicht glücklich, aber die meisten sind es nicht. Wenn ich mit der Bahn fahre, wundere ich mich manchmal darüber, dass fast alle Leute todernst dreinblicken, so als würde morgen die Welt untergehen. Kaum einer lacht. Wahrscheinlich waren diese Menschen als Kind noch glücklich. Es ist erwiesen, dass Kinder viel, viel häufiger lachen als Erwachsene.

Sei es also nur für zehn Minuten: Tut regelmäßig Dinge, die euch glücklich machen! Ihr habt ein Recht darauf. Wenn es euch Spaß macht, könnt ihr zum Beispiel völlig sinnlos eine Stunde lang im Kreis herumlaufen. Oder wie ein kleines Kind irgendetwas spielen. Oder einfach vor Freude herumhüpfen. Oder irgendwas anderes tun, das euch gerade Spaß bereitet. Es geht nicht darum, dass euer Verstand es begreifen oder begründen kann. Es geht nur darum, etwas zu haben, das euch in diesem Augenblick glücklich macht. Es gibt in dieser Welt kein einziges Gesetz, das es euch verbietet, das innere Kind zu leben, das ihr alle noch in euch tragt.

Denn wenn wir glücklich sind, wenn wir uns in unserem Leben wohl fühlen und wenn uns etwas Spaß macht, steigt unsere Schwingung automatisch an. Wenn wir vertrauensvoll mit unserem eigenen Lebensfluss mitgehen, steigt unsere Schwingung. Wenn wir unser Leben annehmen und nicht mehr versuchen, mit künstlichem Druck unsere Schwingung in die Höhe zu zwingen, steigt unsere Schwingung. Wenn wir neue Erkenntnisse gewinnen und unsere anstehenden Lernprozesse machen, steigt unsere Schwingung. Wenn wir veraltete Muster in unserem Denken, Empfinden und Handeln auflösen, steigt unsere Schwingung. Wenn wir unser Herz leben, steigt unsere Schwingung.

Über die Erhöhung unserer Schwingung brauchen wir uns also keine Sorgen zu machen. Die Leute machen sich sowieso meistens viel zu viele Sorgen. Viele Menschen denken, dass etwas nur dann wahr ist und funktionieren kann, wenn es kompliziert und schwierig ist, wenn es lange dauert und wenn es teuer ist. Sie denken, wenn etwas einfach und leicht ist, wenn es schnell geht und wenn es nichts kostet, dass dann irgendetwas daran nicht stimmen könne. Aber wir sollten uns daran gewöhnen, dass dieses Denkmuster veraltet ist. Es trifft schon heute in vielen Fällen nicht mehr zu, und es wird auch in Zukunft immer weniger zutreffen. Denn wir leben heute nicht mehr vollständig in der alten Energie, sondern auch bereits in der neuen. Und in der neuen Energie ist alles viel leichter.

Im Herzen sein

Schwingungserhöhung ist im Prinzip nicht kompliziert. Trotzdem ist es vielleicht hilfreich, hier einige Punkte zu erwähnen. Die nachstehende Grafik zeigt ein paar konkrete Möglichkeiten auf, wie man seine eigene Schwingung erhöhen kann. Früher hatten wir bei den Seminaren noch eine längere Liste mit über dreißig Punkten, die ein wenig aussah wie eine «To-do-Liste». Irgendwann fand ich, dass man es auch übertreiben kann und dass es gar nicht so viele verschiedene Tipps braucht. Denn grundsätzlich sind alle Punkte, die hier erwähnt werden, logisch und verstehen sich von selbst. Schauen wir trotzdem einige davon etwas genauer an.

Da steht zum Beispiel: im Herzen sein. Das reicht eigentlich schon. Es ist nämlich gar nicht kompliziert. Wenn wir in unserem Herzen sind, wenn es uns gut geht und wenn wir glücklich sind, dann geht unsere Schwingung automatisch hoch. Auch dadurch, dass wir uns mit Dingen und Menschen umgeben, die uns gut tun, geht unsere Schwingung automatisch hoch. Das ist der Hauptpunkt.

Die eigene Schwingung erhöhen
ein Optimist sein
verzeihen, lieben, dankbar sein, annehmen
den Bedürfnissen der Seele folgen
das Land und den Himmel harmonisieren
dem eigenen Seelenweg folgen
selber denken und die Massenmedien hinterfragen
nicht mehr benötigte Dinge auflösen
Chakra-Arbeit
achtsamer gegenüber sich selbst und der Umwelt werden
den Körper entgiften
sich mit Dingen und Menschen umgeben, die einem gut tun
im Herzen sein
den freien Willen anderer respektieren

Dem eigenen Seelenweg folgen

Eine sehr gute Möglichkeit, unsere Schwingung zu erhöhen, besteht auch darin, dass wir unserem Seelenweg folgen. Sobald ihr eurem Seelenweg folgt und die für euch anstehenden Lernprozesse annehmt und erfüllt, kann eigentlich gar nichts schiefgehen.

Eure Seele hat für eure jetzige Inkarnation einen bestimmten Fahrplan erstellt. Sie weiß, wann für welche Erfahrung der richtige Zeitpunkt gekommen ist. Auch eure geistige Führung kennt diesen Fahrplan, und ihr könnt darauf vertrauen, dass eure Führung schon achtgeben wird, dass ihr eurem Seelenweg folgt. Euer geistiges Team gleicht einem Navigationsgerät, mit dessen Hilfe ihr letzten Endes immer an euer Ziel gelangen werdet – egal ob ihr den direkten Weg wählt oder einen Umweg. Wenn ihr auf eurem Lebensweg irgendwie auf Abwege gekommen seid, sagt eure geistige Führung: «Bitte wenden!» Und vielleicht heißt es irgendwann einfach: «Route wird neu berechnet.»

Manchmal begegnen uns auf unserem Lebensweg auch Dinge, die auf den ersten Blick unangenehm sind. Kennt ihr das? Manchmal machen wir Erfahrungen, die im Moment nicht so schön sind, aber irgendwann erkennen wir, warum sie trotzdem gut für uns waren. Entweder wird uns dies schon mitten in der Situation klar oder sonst sicher irgendwann später. Letzten Endes hat alles, was jetzt gerade in unserem Leben passiert, und alles, was früher gewesen ist, und alles, was in Zukunft noch sein wird, seine guten Gründe. Entweder sehen wir dies schon, während es geschieht oder sonst eben erst im Nachhinein. Egal wie viel Zeit es dafür brauchen mag – irgendwann erkennen wir: Eigentlich war alles gut und richtig und stimmig, und zwar genau so, wie es geschehen ist. In jeder Lebenssituation gibt es immer etwas Positives. Anders ist es gar nicht möglich. Alles, was euch jemals widerfahren ist, hat das Universum bereits gewusst, noch bevor es in euer Leben gekommen ist. Und das Universum hat es in euer Leben reingelassen. Folglich wird es auch in Ordnung gewesen sein.

Das Universum baut auf Erfahrungen auf. Jede einzelne Inkarnation, die wir vor unserer jetzigen Inkarnation hatten, war so aufgebaut, dass wir alles, was wir brauchten, erfahren und entwickeln konnten, damit wir heute genau hier sind, wo wir sind. Unsere gesamte Vergangenheit bereitete uns auf unsere Gegenwart vor, und unsere gesamte Gegenwart bereitet uns auf unsere Zukunft vor. Wenn du als Seele dein nächstes Leben planst, dann wünschst du dir beispielsweise, irgendwann an Punkt X zu gelangen, um dort etwas Bestimmtes zu erleben oder eine bestimmte Erfahrung zu machen. Zugleich erkennst du, dass es schiefgehen würde, wenn du dich sofort an Punkt X versetzen und diese Situation schon in deinem jetzigen Bewusstseinszustand erleben würdest. Also wählst du für dein nächstes Leben alles Erforderliche aus, was du in der Zwischenzeit benötigst, bis du bei Punkt X anlangst und dort die gewünschte Erfahrung machen kannst. Wenn du dann später bei Punkt X tatsächlich in der gewünschten Situation ankommst, wird es mit Sicherheit nicht schiefgehen, denn du hast es ja genau so geplant.

Das heißt: Immer, wenn ihr auf eurem Lebensweg irgendein Problem habt oder auf ein Hindernis stoßt, könnt ihr euch darauf verlassen, dass die Hilfen oder die Informationen, die ihr braucht, entweder noch kommen werden oder dass ihr die entsprechenden Erfahrungen und Informationen, auf denen ihr jetzt aufbauen könnt, schon in der Vergangenheit bekommen habt. Wenn eure Seele etwas Bestimmtes erfahren möchte und ihr diese Erfahrung auf eurem Seelenweg eingeplant habt, dann wird es auf jeden Fall so kommen, und nichts in der Welt wird es verhindern können. Allerdings kann es sein, dass wir bei manchen Ereignissen und Erlebnissen den höheren Sinn erst später, erst im Nachhinein erkennen. Aber früher oder später werden wir ihn immer finden.

Global gesehen bedeutet dies: Solange es Menschen gibt, die wollen, dass sich die Zustände auf dieser Erde zum Positiven verändern, wird es auch geschehen. Die Fragen sind bloß: Wann geschieht es? Wie schnell geschieht es? Und was wird zwischen jetzt und dem Zeitpunkt der Veränderung alles passieren? Diese Fragen sind vielleicht offen, aber eines ist gewiss: Die Veränderung wird geschehen.

Einen Beruf ausüben, den die Seele will

Im Zusammenhang mit dem Seelenweg ist auch die Frage nach dem Beruf wichtig. Denn mit eurem Beruf verdient ihr nicht nur euren Lebensunterhalt, sondern er hält euch auch rund fünf von sieben Tagen pro Woche beschäftigt. Deshalb ist es wichtig, dass ihr euch einen Beruf aussucht, der mit dem übereinstimmt, was eure Seele will und was sie für diese Inkarnation eingeplant hat. Dazu braucht es vielleicht die eine oder andere Umstellung in eurem äußeren Leben, aber es lohnt sich. Denn das Wichtigste ist immer, dass ihr euch selbst seid, dass ihr eure Seele lebt. Wir alle sind hierhergekommen, um unsere individuellen Spuren zu hinterlassen. Wir sind nicht gekommen, um bloß wie ferngesteuerte Roboter rumzulaufen.

Setzt euch aber auch bei diesem Thema nicht unter Druck, sondern nehmt euch die Zeit, die für eine eventuelle Umstellung in eurem Berufsleben nötig ist. Es ist gut, dass ihr darüber jetzt schon einmal gehört habt, so dass ihr euch vornehmen könnt, euch Schritt für Schritt in diese Richtung zu entwickeln.

Die Balance von Herz und Verstand

Eine nächste Möglichkeit, die eigene Schwingung zu erhöhen, ist: verzeihen, lieben, dankbar sein und annehmen. Anderen Menschen und allgemein anderen Lebewesen mit Liebe, mit Mitgefühl und mit Akzeptanz zu begegnen, sie so anzunehmen, wie sie sind, und ihnen ihre Mängel zu vergeben – das alles führt sofort zu einer Schwingungserhöhung.

Dies alles sind Qualitäten unseres Herzens und nicht unseres Kopfes. Sie entfalten sich, sobald wir im Herzen sind und auf unser Herz hören. Das bedeutet natürlich nicht, dass wir unseren Verstand aus dem Fenster werfen sollten, denn wir brauchen beides: Herz und Verstand. Es geht darum, eine harmonische Balance dieser beiden Energien zu finden. Im Alltag gibt es viele Dinge, die wir mit Hilfe unseres Verstandes analysieren oder planen müssen, und daher können wir froh darüber sein, dass wir den Verstand haben. Aber er sollte nicht einfach machen dürfen, was er gerade will, sondern vielmehr dem Herzen untergeordnet sein. Der Verstand neigt dazu, alles zu sehr zu überlegen und abzuwägen: «Geht das überhaupt?», «Was wäre, wenn ...», «Aber ...», «Könnte doch ...». Solche Erwägungen des Verstandes sind manchmal nützlich und wichtig, aber manchmal kommen sie uns auch in die Quere und verhindern, dass wir spontan sind. Je nach Situation sollten wir also auf den Verstand hören oder eben auch nicht.

Ein Optimist sein

Eine weitere Möglichkeit, die eigene Schwingung zu erhöhen, ist: ein Optimist sein. Wenn wir die Dinge in unserem Leben positiv und optimistisch betrachten, unterstützt dies die Erhöhung unserer Schwingung. Es hilft uns auch dabei, irgendwelche Zustände nicht sofort als Probleme anzusehen. Wenn wir irgendeine Situation in unserem Leben als Problem ansehen, dann hat dies meistens damit zu tun, dass wir uns von dieser Situation überfordert fühlen oder dass wir keinen Plan haben, wie wir damit umgehen und was wir jetzt tun sollen.

Eigentlich gibt es gar keine Probleme; alles sind einfach Situationen. Ob wir eine Situation oder einen Zustand als Problem ansehen oder nicht, ist immer eine Frage unserer Perspektive und unseres Bewusstseins. Wir empfinden einen Zustand nur dann als ein Problem, wenn die Frequenz unseres Bewusstseins auf der gleichen Höhe oder unterhalb der Frequenz dieses Zustandes liegt. In dem Moment aber, in dem es uns gelingt, unsere persönliche Schwingung zu erhöhen und sie über die Schwingung des betreffenden Zustandes zu erheben, wird die Situation zwar noch immer da sein, aber wir werden einen anderen Blickwinkel darauf haben. Wir werden dieselbe Situation nicht mehr als ein Problem wahrnehmen, sondern als eine Chance.

Stellen wir uns zum Beispiel ein Haus vor, in dem es in der dritten Etage brennt. Solange wir durch die dritte Etage rennen und versuchen, den Brand von dort aus zu löschen, werden wir keine

Lösung finden. Wenn wir aber die Treppe hochgehen in die vierte Etage, dann finden wir dort vielleicht einen überdimensionalen Feuerlöscher. Damit haben wir eine Lösung für das Problem der dritten Etage.

Ein Optimist zu sein und lösungsorientiert zu denken und zu handeln hilft uns dabei, schwingungsmäßig über herausfordernden Zuständen zu stehen. Die Umstände mögen unverändert noch die gleichen sein, aber wir werden eine andere Wahrnehmungsperspektive und auch eine andere Handlungsgrundlage haben. Wir werden entweder sofort Lösungen erkennen, oder wir werden zumindest zuversichtlich sein, dass bald Lösungen kommen werden. Wenn wir bei einem Problem der Meinung sind, dass es dafür keine Lösung gebe, dann wird es dadurch ja nicht besser; weder wird sich die Situation verbessern, noch wird es uns persönlich besser gehen. Wenn wir hingehen davon überzeugt sind, dass es eine positive Lösung gibt, die entweder schon da ist oder die noch kommen wird, dann fällt es uns leichter, in der Situation konstruktiv zu sein und die richtigen Entscheidungen zu treffen. Selbst wenn sich eine Situation nicht ändert, wird es einem Optimisten innerhalb dieser Situation auf jeden Fall besser gehen als einem Pessimisten. Das ist doch eigentlich schon Grund genug, ein Optimist zu sein.

Ein weiterer sinnvoller Grund, Optimist zu sein, ist folgender: Als Optimist erkennen wir in unserem eigenen Leben und im Leben im allgemeinen einen Sinn. Und sobald wir einen Sinn hinter den Dingen erkennen, haben wir auch die Überzeugung, dass die Welt besser werden kann, und den Wunsch, etwas zu verändern. Die Welt kann sich nur dann zum Guten ändern, wenn die Menschen Hoffnung und Zuversicht in sich tragen. In den Zeitungen, im Fernsehen und auch im Internet wird uns vor allem das Schlimme gezeigt, und das könnte leicht dazu führen, dass wir zu Pessimisten werden. Aber als Optimisten wissen wir, dass es gemäß den kosmischen Gesetzen überall dort, wo es etwas Dunkles gibt, auch etwas Helles geben muss. Also liegt die Wahl bei uns, bewusst nach den hellen Dingen Ausschau zu halten und sie in unser Leben hineinzulassen.

Das Land und den Himmel harmonisieren

Wir können unsere Schwingung auch dadurch erhöhen, dass wir das Land und den Himmel harmonisieren.

Die persönliche Schwingung, die wir aussenden, setzt sich aus unterschiedlichen Komponenten zusammen. Gleichzeitig wirken – ob wir das bewusst wahrnehmen oder nicht – auch unterschiedliche Faktoren von außen auf unsere Schwingung ein. Zudem hat jede Ortschaft, jede Region, jedes Land, ja sogar jedes einzelne Gebäude und jeder Raum eine eigene Schwingung, eine eigene Energie. Der Ort, an dem wir uns aufhalten, beeinflusst also ebenfalls unsere persönliche Schwingung. Daher ist es sinnvoll darauf zu achten, wie gut die Schwingung um uns herum ist, denn sie hat Auswirkungen auf unser Bewusstsein. Natürlich sind am Ende immer wir selbst für unsere eigene Schwingung verantwortlich und nicht unser Umfeld. Das Umfeld liefert uns gewisse Trigger, aber was dadurch in unserem Inneren ausgelöst wird, ist individuell und abhängig von unseren eigenen Mustern und Prägungen.

Was nun den Himmel betrifft, so ist euch vielleicht schon aufgefallen, dass es an manchen Tagen so aussieht, als befände sich eine Art Gitternetz aus weißen Streifen am Himmel. Das sind sogenannte Chemtrails, und ich halte ihre Existenz nicht für eine Erfindung, sondern ich empfinde sie als etwas Reales, das sowohl uns Menschen als auch der Erde nicht gut tut. Es ist schon eine Weile her, da sah ich bei uns zu Hause mal wieder solche Gitternetze am Himmel, und ich überlegte mir, wie man sie beseitigen könnte, um den Himmel zu reinigen und zu harmonisieren. Im Internet fand ich eine ganze Anzahl von Tipps, die mir aber alle zu kompliziert oder zu langwierig und in einigen Fällen auch zu kostspielig waren, weil man dafür irgendwelche Dinge kaufen musste. Ich dachte mir: Einen reinen, klaren Himmel zu haben, der natürlich und unverschmutzt ist, sollte doch eigentlich eines unserer Geburtsrechte als Mensch sein. Und was ein Geburtsrecht oder ein Grundrecht ist, das sollte kostenlos möglich und ohne großen Aufwand erhältlich sein. So suchte ich weiter und fand irgendwann einen Tipp namens «Neun-Elemente-Wirbel», der nichts kostet und der versprach, den Himmel tatsächlich frei zu machen.

Ich ging also in den Wald, holte mir ein paar Äste und baute in unserem Garten einen solchen Wirbel auf, wobei ich mich für einen «Sieben-Elemente-Wirbel» entschied, also für eine Konstruktion aus sieben Ästen. Sobald ich den letzten Ast gelegt hatte, ging zu meiner großen Freude sofort der Himmel auf und wurde wieder völlig gereinigt und neutralisiert. Der Wirbel hatte ein energetisches Feld aufgebaut, das die weißen Streifen auflöste, so dass der Himmel wieder sein normales, tiefes Dunkelblau annahm. Als ich sah, dass der Wirbel wunderbar funktioniert, dachte ich: «Gut, Problem gelöst», und wandte ich mich wieder anderen Dingen zu.

Die Wirkung hielt genau drei Tage an. Während dieser Zeit wurden die weißen Streifen immer wieder aufgelöst, und wir hatten immer diese tiefe blaue Farbe am Himmel. Nach diesen drei Tagen klappte es plötzlich nicht mehr, und der Himmel war wieder so blass wie zuvor. Zuerst konnte ich es mir nicht erklären, aber dann wurde mir klar: Dieser Wirbel funktioniert gar nicht! Der Grund, warum die Konstruktion scheinbar funktionierte, war weder das Holz noch die Form noch die Größe noch irgendein anderer Aspekt des Wirbels. Der Grund waren einzig und allein meine Gedanken, war einzig und allein mein Glaube. Während ich den Wirbel legte, hatte ich meine Gedanken darauf gerichtet, dass dadurch der Himmel harmonisiert werde, und weil ich daran geglaubt hatte, funktionierte es. Das energetische Feld, das der Wirbel aufgebaut hatte, sowie dessen Funktion, die weißen Streifen aufzulösen, entstanden nur deswegen, weil ich den Wirbel mit genau dieser Absicht gebaut hatte.

Angenommen, wir haben ein Glas mit Wasser vor uns stehen. Wir können nun beobachten, dass sich das Wasser je nachdem, was wir zu ihm sagen, verändert. Dasselbe gilt auch für Pflanzen; auch sie reagieren auf unsere Gedanken und Worte. Mit dem Himmel ist es ebenso. Sobald wir unsere Aufmerksamkeit auf etwas lenken, geben wir dort unsere Energie hinein. Und überall dort, wo wir unsere Energie hinsenden, nehmen wir automatisch Einfluss.

Mit dem «Sieben-Elemente-Wirbel» war es nun so, dass der Effekt nach drei Tagen seine Kraft verlor, weil ich meine Aufmerksamkeit wieder von dem Thema weggezogen hatte, in der Annahme, es funktioniere jetzt ja automatisch. Das ist etwa so, wie wenn man eine gewisse Menge Treibstoff in ein Fahrzeug füllt: Das Fahrzeug wird genau so lange fahren, wie der Treibstoff reicht, dann wird es stillstehen. Genauso «funktionierte» der Wirbel nur so lange, wie die Restenergie meiner Aufmerksamkeit, meiner Gedankenenergie noch nachwirkte. Der Wirbel selbst hatte keine besonderen Kräfte, sondern wirkte bloß als eine Art «Gedankenverstärker». Im Prinzip hätte es ebenso funktioniert, wenn ich den Wirbel nur ganz klein gemacht hätte oder wenn ich ihn in einer anderen Form gelegt hätte oder sogar wenn ich ihn gar nicht gebaut hätte.

Meine Erkenntnis aus dieser Begebenheit war: Wir machen uns oft selber zu klein. Wir denken, wir seien so klein und der Himmel sei so groß und so weit entfernt. Wir denken, wir könnten nichts bewirken. Dabei vergessen wir, wie machtvoll unsere Überzeugungen und unsere Gedanken sind. Der Wirbel hat einfach deswegen funktioniert, weil ich es wollte. Im Vergleich mit dem großen Himmel mögen wir kleine physische Körper haben, aber in unserem Bewusstsein steckt eine immense Energie, die so groß ist, dass wir es uns kaum vorstellen können. Der Wirbel hat mir gezeigt: Wir Menschen haben so viel mehr Power in uns, als wir uns selber zugestehen. Wenn ich zu Beginn gezweifelt und gedacht hätte: «Na ja, vermutlich funktioniert das sowieso nicht», dann hätte es mit hoher Wahrscheinlichkeit tatsächlich nicht funktioniert. Aber weil ich daran glaubte und meine Aufmerksamkeit darauf fokussierte, hat es funktioniert. Sobald wir von einer Sache felsenfest überzeugt sind, werden sich alle unsere bewussten und unbewussten Blockaden gegen diese Sache auflösen. Dann ist sehr vieles möglich. Deshalb heißt es: Der Glaube kann Berge versetzen.

Voneinander lernen

In unserer Nachbarschaft gab es ein kleines Mädchen, das immer auch zusätzlich für ihren «unsichtbaren Freund» den Tisch mit deckte. Ich finde es wichtig, dass Eltern so etwas ernst nehmen und nicht belehrend sagen: «Du hast zu viel Fantasie» oder «Du hast wohl zu viele Filme gesehen, denn in Wirklichkeit gibt es gar keine unsichtbaren Freunde» oder so etwas. Gerade in der heutigen Zeit ist es im Gegenteil so, dass viele Kinder den Erwachsenen etwas beibringen können. Die seelische Reife hängt nicht vom Alter des physischen Körpers ab. Es gibt Achtzigjährige, die in ihrem Leben weniger Lernprozesse verstanden haben als Vierzehnjährige. Die Frage ist also nicht, wie alt jemand physisch gesehen ist, sondern wie viele Erlebnisse jemand schon gesammelt hat und vor allem, wie viel er daraus gelernt hat. Die seelische Reife hängt somit auch nicht davon ab, wie lange jemand schon insgesamt in dieser Welt ist und wie viele Inkarnationen er während dieser Zeit schon durchlaufen hat. Sogenannte «alte Seelen» sind nicht unbedingt auch reife Seelen. Denn es geht darum, wie viel eine Seele schon gelernt hat. Manche Seelen lernen in fünf Inkarnationen mehr als andere in zehn. Nur weil jemand schon hundertmal hier war, bedeutet das noch nicht, dass er mehr verstanden hat als jemand, der erst zehnmal hier war. Es geht hier um Qualität, nicht um Quantität.

Ich halte es für wichtig, dass Eltern und Kinder sich auf Augenhöhe begegnen. Jeder Mensch hat etwas, das er bereits verstanden hat und das er anderen weitergeben kann, und jeder hat auch etwas, das er noch nicht verstanden hat und das er von anderen empfangen kann. Aber wir können besser voneinander lernen, wenn wir Dinge, die wir zuvor noch nie gehört haben, nicht sofort vom Tisch wischen. Nur weil du etwas noch nicht gehört oder es nicht selbst erlebt hast oder nur weil du etwas nicht bewusst wahrnehmen kannst, bedeutet das nicht, dass es nicht existiert in der Welt.

Dadurch, dass wir unsere Schwingung erhöhen, erweitert sich auch unser Weltbild. Plötzlich gibt es in unserem Weltbild Platz für viel mehr, als wir uns zuvor hätten vorstellen können.

Dasselbe gilt auch umgekehrt: In dem Moment, in dem wir unsere Perspektive auf die Welt ändern und unser Weltbild bewusst öffnen für Neues, geht automatisch unsere Schwingung hoch. Dass immer wieder neue Dinge in unsere Alltagsschwingung integriert werden und dass sich durch dieses Integrieren unsere individuelle Schwingung entweder senkt oder erhöht – das ist etwas, das ständig und automatisch geschieht. Wir müssen uns darüber im Grunde keine Gedanken machen. Es passiert einfach, ohne dass wir zusätzlich etwas dafür tun müssten. Wir sollten nur darauf achten, dass wir uns möglichst mit positiven Dingen umgeben und dass wir Freude an unserem Leben haben.

Chakra-Arbeit

Eine weitere Möglichkeit zur Schwingungserhöhung ist die Chakra-Arbeit. Unter den Chakras gibt es nicht bessere und schlechtere, nicht nützlichere und weniger nützliche. Wir brauchen sie alle.

Die Dinge, die wir aus unserer aktuellen und aus unseren früheren Inkarnationen, aber auch von unserer Ahnenreihe her noch als Programme und Muster in uns tragen, blockieren uns auch in unseren Chakras. Sobald es uns gelingt, diese Dinge zu lösen und die Seele zu reinigen, kann die Energie wieder besser durch unsere Chakras fließen. Diesen Prozess könnte man Chakra-Arbeit nennen.

Übrigens haben wir Menschen Chakras sowohl innerhalb unseres Körpers als auch welche oberhalb und welche unterhalb des physischen Körpers, und jedes unserer Chakras besitzt seine eigene Schwingung. Da die Chakras zusammenspielen und sich gegenseitig brauchen, können wir gewisse Chakras nur dann entfalten, wenn andere Chakras ebenfalls entfaltet sind. Die oberen Chakras brauchen die unteren, und die unteren brauchen die oberen. Darum sind alle gleich wichtig und gleich nützlich.

Wie Chakras aussehen, ist schwierig in Worten zu beschreiben. Sie sind auf beiden Seiten offen und sehen etwa so aus wie Trichter. Könnt ihr euch das vorstellen? Ein Chakra sieht meistens aus wie ein Trichter, der vorne und hinten offen ist. Ein vollständig aktives Chakra strahlt jedoch in alle Richtungen aus und nimmt die Form einer Kugel an. Aus diesen Chakras – ob trichterförmig oder schon in Kugelform – entstehen dann die verschiedenen Energiekörper. Aber das ist ein anderes Thema.

4

Reinigung der Seele

Wir leben in einer Zeit des weltweiten Umbruchs, und wir müssen uns komplett neu orientieren. Deshalb haben wir in Band 2 eine Liste mit praktischen Tipps veröffentlicht, was jeder einzelne ganz konkret tun kann, um seine Schwingung zu erhöhen, seine Muster zu transformieren und sein Bewusstsein zu erweitern. Einer der Tipps lautete: «Mit der Vergangenheit abschließen, indem man Schwüre, Eide, Gelübde, Versprechen, astrale Konstrukte, Traumas und dergleichen auflöst.» *

Dieses wichtige Thema möchte ich noch etwas genauer ausführen. Denn jeder von uns hat in der Vergangenheit schon Tausende von Erfahrungen durchlaufen und dadurch eine Unmenge von Dingen in sich aufgenommen und entstehen lassen. Viele davon sind jedoch in der jetzigen Zeit nicht mehr aktuell und dürfen nun aufgelöst bzw. transformiert werden, da sie nicht mehr benötigt werden.

Die Technik für das Auflösen von nicht mehr benötigten Dingen, die ich anwende, geht folgendermaßen: Zuerst verbindet man sich mit der Quelle. Einige sagen dazu auch «Gott», «Schöpfer», «Urquelle» oder das «Alles-was-ist». Gemeint ist damit einfach das Schöpfungszentrum der allgegenwärtigen göttlichen, liebenden Intelligenz, aus der wir alle stammen. Mit dieser göttlichen

---

* Anmerkung des Verlages: Wie wir vernommen haben, gibt es mittlerweile Leute, die im Namen von Christina irgendwelche Auflöse- oder Reinigungstechniken anbieten. Hierzu möchten wir folgendes festhalten: Christina hat niemandem die Erlaubnis gegeben, dies zu tun, und es gibt von ihr auch keine Ausbildungen oder Lehrgänge dazu. Vielmehr vertritt sie die Auffassung, dass jeder Mensch sich ohne externe Hilfe direkt mit der Quelle, dem Schöpfer, verbinden und Dinge auflösen kann. Dafür benötigt man keinen Kurs, keinen Lehrer und keinen Therapeuten.

Intelligenz ist jeder von uns ständig verbunden, nur ist dies vielen Menschen nicht mehr bewusst. So ist es wichtig, wieder eine bewusste Rückverbindung zur Quelle herzustellen.

Wie man das macht, kann ganz unterschiedlich sein. Einige stellen sich vor, dass sie aus ihrem Kopf heraus durch alle energetischen Ebenen reisen, bis sie schließlich in ein strahlendes, goldenes Licht eintauchen, das die Quelle darstellt. Andere stellen sich vor, wie ein Lichtkanal zwischen ihrem Kronenchakra und der Quelle entsteht. Es gibt hier keine Methode, die bei jedem funktioniert, und zwar aus dem einfachen Grund, weil wir selbst darüber entscheiden, ob eine bestimmte Methode bei uns funktioniert oder nicht. Das Entscheidende ist, dass wir ein Bild finden, welches unser Bewusstsein als Quelle akzeptieren kann. Wenn jemand zum Beispiel gedanklich eine Lichtsäule erstellt, die aus seinem Kopf heraus so weit in den Himmel emporwächst, bis sie auf eine strahlende goldene Kugel trifft, dann ist diese Person in dem Moment mit der Quelle verbunden. Denn ihr Bewusstsein akzeptiert, dass die Verbindung sofort steht, sobald die Lichtsäule die Kugel berührt, und dass diese leuchtende Kugel die Quelle ist.

Nachdem man sich auf diese Weise bewusst mit der Quelle verbunden hat, kann man damit beginnen, nicht mehr benötigte Dinge aufzulösen. Man gibt also die Anweisung, dass zum Beispiel sämtliche Verträge, die nicht mehr zum eigenen höchsten göttlichen Wohl sind, aufgelöst werden – und zwar mitsamt allen dazugehörigen Speicher- und Sicherungskopien, mit allen infoenergetischen Abdrücken sowie allen Auswirkungen und Nebenwirkungen. Dies ist sehr wichtig, denn sonst werden sich die aufgelösten Dinge mithilfe der Sicherungskopien wieder von selbst neu installieren.

Dann wartet man. Meistens spürt man, wenn alles gelöst wurde, das auf diesem Weg gelöst werden konnte. Spürt man nichts, dann geht man ins Vertrauen, dass es aufgelöst ist. Es kann auch sein, dass gewisse Verträge energetisch noch weiter bestehen, beispielsweise weil man sie noch braucht oder weil man sie sich zuerst noch genauer anschauen soll, bevor sie aufgelöst werden können.

Dadurch, dass man etwas auflöst, entsteht an dieser Stelle eine energetische Lücke. Diese Lücke kann jedoch sofort wieder aufgefüllt werden – am besten mit bedingungsloser Liebe. Damit das geschieht, weist man die Quelle an, dass alle durch das Auflösen entstandenen Lücken mit bedingungsloser Liebe aufgefüllt werden. Auch eventuell entstandene Verletzungen, die von den zuvor aufgelösten Dingen stammen, kann man auf diese Weise per Anweisung von der Quelle heilen lassen. Wenn alle gewünschten Auflösungen geschehen sind, sollte man abschließend die Energie der Dankbarkeit fließen lassen.

Soweit zur empfohlenen Technik, wie man nicht mehr benötigte Dinge auflösen und dadurch seine Seele reinigen kann. Mit dieser Technik kann man nicht nur Verträge auflösen, sondern auch viele andere physische und energetische Verstrickungen. Einige dieser Dinge stammen aus dem gegenwärtigen Leben, andere haben wir bereits aus früheren Leben mitgebracht.

Hier folgt eine Liste mit möglichen Dingen, die wahrscheinlich im Leben der meisten Menschen schon längst nicht mehr aktuell oder nicht mehr förderlich sind und die nun aufgelöst werden können:

- Verträge, Abkommen, Bündnisse, Pakte
- Schwüre, Eide, Versprechen, Gelübde
- Schocks, Traumas
- Denkmuster wie z.B. Überzeugungen, Vorstellungen, Glaubenssätze, Weltbilder
- destruktive emotionale Muster wie z.B. Angstmuster, Schuldmuster, Wutmuster, Hassmuster
- Abneigungen, Feindbilder
- Anhaftungen
- karmische Belastungen
- Generationslasten
- Einweihungen, Sakramente
- Flüche, Verwünschungen, Verdammnisse, Banne

- energetische Blockaden, Verstopfungen, Abschirmungen, Versieglungen und Panzerungen
- mentale Programme, Manipulationen, Gehirnwäschen, Desinformationen, Codierungen
- Besetzungen durch fremde Energien, Andockungen
- Fremdenergien von Personen, die durch Gedanken, Emotionen und Worte aktiv mit uns verbunden sind (indem sie z.B. über uns nachdenken oder über uns sprechen)
- Projektionen von anderen Personen (d.h. deren Vorstellungen, die sie von uns haben)
- astrale Konstrukte (Energien, die mit bestimmten Befehlen programmiert sind)
- astrale Nägel, Schrauben, Ketten und Fesseln
- Hologramme, Energieverdrehungen, Energievampire
- physische oder energetische Implantate (Mikrochips, Sender, Schalter, Zeitschaltuhren, Nanoroboter usw.)

In diesem Zusammenhang ist es außerdem wichtig zu beachten, dass in den Zellen unseres Körpers nicht nur die Erfahrungen unserer eigenen Seele gespeichert sind, sondern darüber hinaus auch die gesammelten Erfahrungen unserer Ahnen. Dazu gehören die Erlebnisse, Vorstellungen und Muster unseres Vaters und unserer Mutter sowie auch aller ihrer Vorfahren. Somit tragen wir als Erbe von unseren Ahnen eine Unmenge von Dingen in unserem Zellgedächtnis mit uns, von denen die allermeisten wahrscheinlich nicht zu unserem höchsten göttlichen Wohl sind.

Mit dem gleichen Ablauf wie oben können wir auch diese geerbten Dinge von der Quelle auflösen lassen, indem wir sagen, dass sämtliche Verstrickungen, Muster, Einschränkungen, Blockaden, Krankheiten und Leiden, die wir noch von unseren Vorfahren in unseren Zellen tragen, jetzt vollständig ins Licht geschickt und bei Bedarf geheilt werden sollen. Auch hier natürlich wiederum mitsamt allen Speicher- und Sicherungskopien, infoenergetischen Abdrücken, Auswirkungen und Nebenwirkungen.

Wie oft man seine Seele auf die hier beschriebene Weise reinigen sollte, ist individuell unterschiedlich und hängt von der jeweiligen Person ab. Kaum ein Mensch trägt sämtliche Verstrickungen mit sich, die oben aufgelistet wurden, aber jeder von uns hat wohl die eine oder andere zu lösen. Je nach Lebensumstand sind manche Menschen auch mit gewissen Dingen stärker konfrontiert als andere. Wer zum Beispiel in der Öffentlichkeit steht und über den somit viele Leute nachdenken, sprechen oder schreiben, ist in einem überdurchschnittlich hohen Maße dem Einfluss solcher Fremdenergien ausgesetzt. Daher sollte er sich öfters von Fremdenergien reinigen.

So sind wir alle eingeladen, die Verantwortung für unseren Seelenzustand zu übernehmen, endlich mit den Belastungen unserer Vergangenheit abzuschließen und unser Bewusstsein gründlich auszumisten. Viel Freude bei diesem Prozess! *

* Dieser Text wurde im Juli 2018 auf Christinas Website veröffentlicht.

5

Dinge zum Auflösen

Viele Menschen haben Fragen gestellt zum Thema des letzten Kapitels. Deshalb gehe ich hier nochmals vertieft darauf ein.

Durch unsere Vergangenheit – das heißt durch unsere Erziehung, durch die Schule oder auch aus früheren Inkarnationen –, tragen wir alle gewisse Muster, Prägungen und Programme in uns. Unter diesen Programmen gibt es solche, die nützlich, hilfreich und noch aktuell sind, während andere inzwischen veraltet sind und uns blockieren. Wenn wir unsere innere Entwicklung fortsetzen möchten, müssen wir beginnen, diese nicht mehr aktuellen Programme, Glaubenssätze, Vorstellungen, Überzeugungen, Ängste, destruktiven Emotionen und so weiter aufzulösen. Es kann sein, dass manche dieser Muster möglicherweise tief vergraben in den Schichten unseres Unterbewusstseins liegen. Falls du dich fragst, wie du an dieses Unterbewusstsein herankommen kannst, stell dir zum Beispiel eine Torte vor, die du Schicht für Schicht aufisst. Zuerst isst du die oberste Schicht, dann kommt die nächste dran, und so weiter. Mit jeder Schicht, die verschwindet, gelangen neue Dinge vom Unterbewusstsein ins Tagesbewusstsein.

Wenn man vom Auflösen von feinstofflichen Mustern, Programmen und Glaubenssätzen spricht, denken manche Leute, dass sie allesamt aufgelöst werden müssen. Doch erstens wird das nicht funktionieren, und zweitens brauchen wir es auch gar nicht zu tun. Denn Denk- oder Handlungsmuster an sich sind nicht etwas, das uns zwangsläufig blockiert. Es gibt auch nützliche Glaubenssätze und Überzeugungen, die wir noch brauchen und die wir bei uns behalten können. Zum Beispiel haben wir alle die Vorstellung und das Vertrauen, dass uns die Decke nicht auf den Kopf fällt oder dass uns der Boden nicht unter den Füßen wegbricht. Dieses Vertrauen, dieses Denkmuster muss nicht aufgelöst werden. Es reicht also, einerseits das nicht mehr Aktuelle und Veraltete sowie andererseits das nicht mehr Förderliche und Blockierende aufzulösen.

Wichtig ist dabei, dass wir nicht versuchen, Dinge aufzulösen, weil wir sie verdrängen oder nicht wahrhaben wollen, sondern weil wir innerlich tatsächlich fertig sind mit ihnen – weil wir sie im Laufe unserer Entwicklung überwunden haben und sie jetzt loslassen können. Verdrängung bedeutet, dass man traumatische Erlebnisse energetisch einkapselt und sie dann irgendwo im Unterbewusstsein vergräbt. Dies geschieht dann, wenn die Person in dem Moment, in dem sie ein Ereignis erlebt, nicht die Möglichkeit hat, die Erfahrung zu verarbeiten, und sie deshalb erst einmal wegpackt. Das Verdrängte ist dann zwar noch da, aber abgekapselt vom Tagesbewusstsein. Diese Kapsel öffnet sich erst dann wieder, wenn die betreffende Seele der Meinung ist, dass das System des Menschen jetzt fähig ist, das Erlebnis konstruktiv zu verarbeiten. Verdrängung ist also keine Lösung, denn das Verdrängte und Weggesperrte ist immer noch da und drängt darauf, wieder Einlass ins Bewusstsein zu bekommen. Besser ist es, belastende Emotionen anzunehmen und sie bewusst aufzulösen, denn dann gehen sie wirklich weg.

Was das Auflösen von Mustern betrifft, so gibt es aus meiner Sicht zwei verschiedene Wege. Der eine Weg ist, dass wir uns einfach darüber bewusst werden, dass wir in uns ein bestimmtes Muster tragen, das inzwischen veraltet ist und das wir nicht mehr brauchen. Allein durch dieses Bewusstwerden kann es – dank der neuen Energie, die jetzt auf der Erde wirkt – sein, dass sich das Muster von einer Sekunde auf die nächste einfach auflöst. Der andere Weg ist, dass die Seele entscheidet, dass sie durch den Prozess des Auflösens noch etwas zu lernen habe. Sie geht dann Schritt für Schritt durch diesen Prozess: erkennen, dass man ein bestimmtes Muster mit sich trägt; herausfinden, woher man das Muster hat; das Muster ohne Verurteilung annehmen; dann das Muster liebevoll loslassen und auflösen. Bei beiden Wegen ist es so, dass das Muster letztlich durch die Hilfe von oben, also durch die Quelle, aufgelöst wird.

Eine dritte Möglichkeit ist zudem, dass ein veraltetes Muster oder Programm nicht aufgelöst, sondern mit einem anderen Programm überschrieben wird. Dies geschieht im Grunde ständig: Ein nicht mehr aktueller Glaubenssatz wird ersetzt durch einen neuen, weil wir neue Erkenntnisse und Einsichten gewonnen haben. Wir entscheiden uns – bewusst oder unbewusst – dafür, einem anderen Angebot den Vorzug zu geben.

Alles, was wir denken, fühlen, sagen und tun, senden wir energetisch aus. Wenn wir also beispielsweise etwas Bestimmtes denken, so öffnen wir dadurch ein Eingangstor für die entsprechenden äußeren Ereignisse, die jetzt die Möglichkeit haben, bei uns energetisch anzudocken. Jeder Glaubenssatz, den wir in uns tragen – egal ob bewusst oder unbewusst –, ist ein Eingangstor für das, was der Satz beinhaltet. Darum ist es wichtig, dass wir veraltete, nicht mehr aktuelle Denkmuster, Glaubensmuster und Gefühlsmuster entweder löschen oder transformieren oder überschreiben.

Sofern wir diese Dinge nicht auflösen, werden sie für uns zu einer zunehmenden Belastung, und wir werden durch sie energetisch immer schwerer. Das ist etwa so, wie wenn man mit Kleidern schwimmen geht: Die Kleider saugen sich immer mehr mit Wasser voll und werden dadurch schwerer und schwerer. Genauso überdecken all jene Dinge, die wir eigentlich auflösen sollten, immer mehr unser wahres Sein, ziehen uns energetisch runter und blockieren unsere spirituelle Entwicklung. Umgekehrt ist das Auflösen dieser Belastungen etwa so, als würden wir bei einem Heißluftballon immer mehr Gewichte wegnehmen, so dass er immer weiter in die Höhe steigen kann.

Beim Auflösen von Mustern ist auch Folgendes wichtig: Mit jedem unserer Denk- oder Gefühlsmuster sind ja entsprechende Handlungsweisen verbunden. Nachdem wir erfolgreich ein Muster aufgelöst haben, ist es dann zwar aus dem feinstofflichen Körper entfernt und durch ein aktuelles ersetzt worden, aber die Herausforderung besteht nun darin, auch unser Handeln zu ändern. Der Mensch ist bekanntlich ein Gewohnheitstier, und wer vielleicht zwanzig Jahre lang nach einem bestimmten Muster gelebt hat, der braucht eine gewisse Zeit, um sich an das neue

Denken und Empfinden zu gewöhnen. So wird er sich anfangs immer wieder bewusst daran erinnern müssen, nach der neuen Energie zu handeln.

Akzeptanz ist die Basis jeder Veränderung

Bei jeder Veränderung besteht die wichtigste Voraussetzung darin, den aktuellen Zustand erst einmal zu akzeptieren. Solange in unserem Inneren noch ein Widerstand gegen das Aktuelle vorhanden ist, kann keine positive Veränderung stattfinden.

Mit jeder unserer Entscheidungen und Handlungen senden wir energetische Wellen aus und erzeugen dadurch energetische Felder. Wir sind also ständig umgeben von Energiefeldern, die wir selbst und die andere erschaffen haben. Sobald wir in einer Situation, die wir aktuell nicht ändern können, nicht genügend Gelassenheit besitzen, werden wir Widerstand ausstrahlen. Wir werden versuchen, gegen die unerwünschte Situation anzukämpfen, aber dadurch vergrößern wir bloß die entsprechende Energie. Außerdem geht unsere persönliche Schwingung sofort nach unten, sobald wir uns über etwas ärgern. Wenn wir aber unseren Widerstand aufgeben und einen bestehenden Zustand einfach neutral akzeptieren, kollabiert dadurch sofort das unerwünschte Feld um uns. Erst, wenn diese Wellen weg sind, können wir neue produzieren und somit ein neues Feld erschaffen. Sobald wir es schaffen, die Situation ohne Ärger und ohne Widerstand zu akzeptieren, geht unsere Schwingung nach oben. Mit dieser höheren Schwingung haben wir dann die Möglichkeit, die Umstände wirklich zu ändern.

Ärger, Ablehnung, Widerstand und Kampf sind Merkmale der alten Energie, die auf unserer Erde jetzt abgelöst wird. In der Energie der neuen Zeit hat das Kämpferische keinen Platz mehr. Indem wir der alten Energie etwas Positives und Hochschwingendes entgegensenden, bereiten wir ein Feld vor, in das die neue Energie einströmen kann. Wenn wir sogar denjenigen, die dunkle Dinge tun, unsere Liebe entgegensenden, geben wir ihnen die Möglichkeit zu entscheiden, ob sie diese Liebe annehmen wollen oder nicht. Dadurch, dass wir auf diese Weise in der neuen Energie handeln und anderen Menschen Verständnis, Mitgefühl und Verzeihung anbieten, bekommen sie die Chance, die neue Energie ebenfalls anzunehmen und sich zu transformieren.

Vermutlich gibt es in der heutigen Gesellschaft viele Menschen, die innerlich die destruktiven Systeme nicht mehr mittragen wollen, die aber keine Ahnung haben, wie es anders funktionieren könnte. Sie möchten zwar raus aus den bestehenden Systemen, sehen aber noch keinen Ausweg und können sich nicht vorstellen, wie es danach weitergehen soll. Indem wir diesen Menschen positive Alternativen anbieten und vorleben, beschleunigen wir den gesamten Prozess der globalen Veränderung. Wenn wir ihnen jedoch verurteilend, nachtragend oder rachsüchtig begegnen, verlangsamen wir diesen Prozess.

Das Licht suchen

Auf der Grafik sind hier noch einmal einige der vielen Dinge aufgelistet, die man möglicherweise als veraltete Muster, Prägungen und Programme noch mit sich trägt. (Das bedeutet natürlich nicht, dass jeder Mensch sämtliche dieser Dinge in sich hat, aber die meisten tragen wahrscheinlich das eine oder andere noch in sich.)

Wenn man solche Dinge nachhaltig hinter sich lassen möchte, ist es oft nicht damit getan, dass man sie einmal auflöst, denn manche Muster bilden sich immer wieder neu. Sobald man zum Beispiel unkritisch Fernsehen oder andere Massenmedien konsumiert, ist man schon wieder der Gefahr der Gehirnwäsche ausgesetzt. Fernsehen, Radio, Zeitungen und Internet sind an sich ja nichts Schlechtes; die Frage ist nur, wie wir diese Medien nutzen. Ich finde, wir sollten wachsam und nicht in einer blinden Konsumhaltung sein; wir sollten nicht unkritisch alles glauben. In unserem Bewusstsein können wir eine Art Filter einbauen zwischen dem Anschauen und dem Annehmen.

Im Idealfall sollten uns die Medien das ganze Spektrum dessen aufzeigen, was es an Weltanschauungen und an Ereignissen in

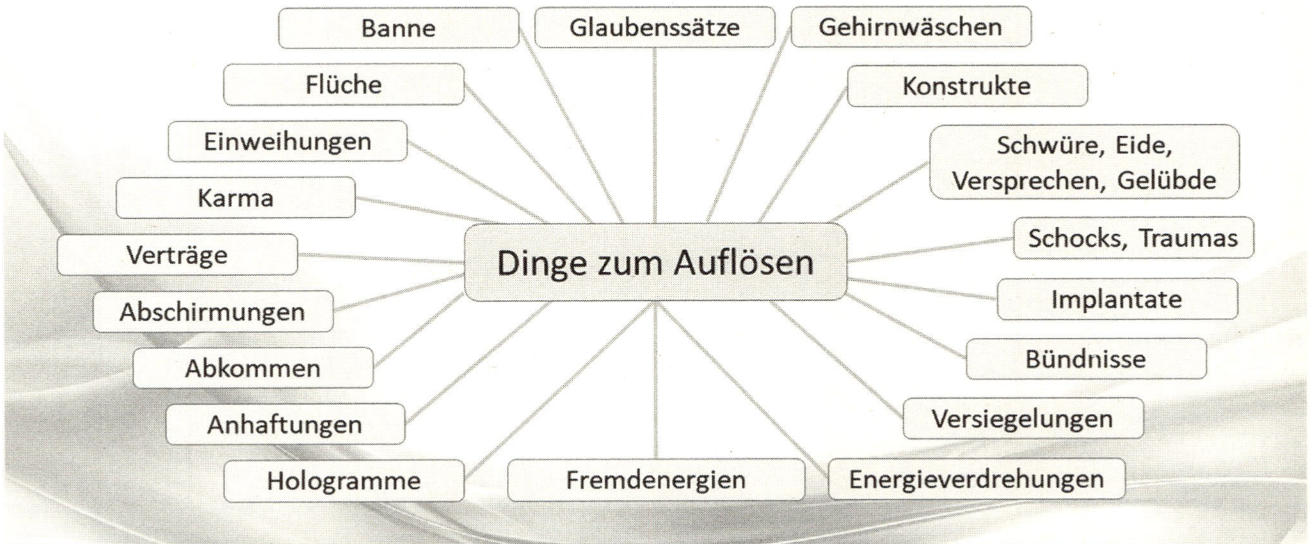

- auflösen mitsamt allen Speicher- und Sicherungsprogrammen, infoenergetischen Abdrücken sowie Aus- und Nebenwirkungen
- anschließend alle entstandenen Lücken auffüllen

dieser Welt gibt, so dass wir uns selbständig für das eine oder das andere entscheiden können. Da wir hier in einer Dualität leben, muss es überall dort, wo viel Schatten ist, auch viel Licht geben. Auch wenn die Medien einseitig nur über Missstände, Elend, Kriege und Terror und über all die vielen Schattendinge berichten, so können wir doch sicher sein: Irgendwo wird genauso viel Licht sein. Auch wenn das Fernsehen und die anderen Medien uns dieses Licht nicht zeigen, wissen wir doch, dass es da ist. Falls wir erkennen wollen, wo das Licht ist und in welcher Form es da ist, liegt es in unserer eigenen Verantwortung, bewusst danach zu suchen.

Versprechen und Schwüre

Durch den Tod lassen wir zwar unseren physischen Körper zurück, aber unsere Denkmuster, Glaubensmuster, Gefühlsmuster und Handlungsmuster nehmen wir allesamt als energetische Information in unsere nächsten Inkarnationen mit. Besonders problematisch sind dabei Versprechen, Gelübde und Schwüre, die beispielsweise die Worte «für immer» oder «niemals» oder «in alle Ewigkeit» beinhalten, denn sie werden mit Sicherheit Auswirkungen auf unsere kommenden Leben haben. Es kann sehr gut sein, dass gewisse Überzeugungen, Glaubenssätze, Versprechen, Schwüre und dergleichen in einem späteren Leben gar nicht mehr aktuell sind, weil die Seele sich in einem bestimmten Bereich inzwischen weiterentwickelt hat. Doch solange diese Dinge nicht aufgelöst sind, werden sie sich für die zukünftige Entwicklung der Seele als Blockade und Hindernis auswirken.

Angenommen, jemand schwört in einem Leben einer anderen Person «ewige Liebe». Nach Beendigung der Inkarnation wandern dann beide Seelen irgendwohin weiter, doch aufgrund des Schwures treffen sie sich irgendwann in einer neuen Inkarnation wieder. Weil das Versprechen noch nicht aufgelöst ist, wird nun die Person, die früher ewige Liebe geschworen hat, das fortwährende Gefühl haben, in die andere Person verliebt zu sein – obwohl dieses Gefühl womöglich gar nicht in gleichem Maße erwidert wird. Dies führt bei ihr im neuen Leben zu einer emotionalen Blockade, die gemeinsam aufgelöst werden sollte.

Energetische Konstrukte

Mit dem Begriff «Konstrukte» sind feinstoffliche Energieformen gemeint. Auch Energie kann eine Form aufweisen, etwa als Kugel oder als Dreieck oder als Viereck. Eine solche Energieform kann eine Aufgabe haben, also eine bestimmte Programmierung, die auf unser Bewusstsein einwirkt. Ein Computer zum Beispiel läuft mit gewissen Programmen, die definieren, was geschieht, wenn man bestimmte Tasten drückt. Den Tasten wurden vom Programmierer entsprechende Befehle zugewiesen. Genauso gibt es feinstoffliche Energieformen, denen irgendeine Aufgabe einprogrammiert wurde.

Auf der Grafik stehen auch Begriffe wie «Abschirmungen» und «Versiegelungen». Das sind spezifische Arten von energetischen Konstrukten. Eine Abschirmung hat die Aufgabe, irgendetwas abzuschirmen, und eine Versiegelung hat die Aufgabe, Dinge oder Zustände energetisch zu verschließen, so dass nichts hinein oder nichts hinaus kann.

Nun kann es sein, dass es in unserem Leben energetische Konstrukte – entweder aus früheren Inkarnationen oder aus der gegenwärtigen – gibt, die noch immer auf uns einwirken, obwohl wir sie aktuell nicht mehr benötigen. In diesem Fall sollten sie jetzt aufgelöst werden.

Implantate und Sender

Mit Begriffen wie «Implantate» oder «Sender» sind physische oder energetische Objekte gemeint, die uns möglicherweise eingepflanzt worden sind und die unsere spirituelle Weiterentwicklung behindern können. Es gibt also nicht nur grobstoffliche Implantate oder Chips, sondern auch feinstoffliche. Und nicht immer sind sie nur negativ; es gibt auch positive. Auch solche Objekte können, wenn sie veraltet oder schädlich sind, von der Quelle aufgelöst werden – so, wie ich das vorher beschrieben habe.

Eine andere wirksame Methode ist auch, dass wir die Quelle anweisen, eine Welle von bedingungsloser Liebe durch uns hindurch zu schicken. Diese Liebe hat eine derart hohe Frequenz, dass die Implantate sozusagen durchschmoren. Das Gleiche können wir beispielsweise auch zur Reinigung von Räumen machen, in denen sich feinstoffliche Wesen aufhalten, die uns nicht gut tun. Wir können eine Welle von bedingungsloser Liebe durch diese Räume schicken, und aufgrund dieser hohen Liebesfrequenz wird alles, was nicht Liebe ist, den Raum verlassen.

Räume, in denen noch irgendwelche unangenehme Energierückstände von vorherigen Ereignissen oder Personen hängen, kann man ebenfalls auf ähnliche Weise reinigen. Man kann zum Beispiel eine positive Gegenfrequenz in den Raum senden, die das beinhaltet, was man in dem Raum haben möchte. Oder man kann anfangen, im betreffenden Raum über hochschwingende göttliche Themen zu sprechen, was zur Folge haben wird, dass sich diese höhere Energie ausbreitet.

Fremdenergien und Projektionen

Mit dem Begriff «Fremdenergien» sind die Gedanken und Emotionen von anderen Wesen gemeint. Sobald irgendjemand über dich spricht oder sich gedanklich oder emotional aktiv mit dir beschäftigt – sei es im konstruktiven oder im nicht konstruktiven Sinne –, sendet er dadurch seine Gedanken- oder Emotionsenergien zu dir, die sich an deinen Energiekörper andocken. Das ist etwa so, wie wenn dir viele Leute Briefe schreiben, die sich dann in deinem Briefkasten anhäufen. Auch wenn du auf der Straße irgendeinem anderen Menschen begegnest, der dich aktiv wahrnimmt, wird er sofort bestimmte spontane Gedanken und Emotionen über dich haben. Diese bewegen sich energetisch durch den Raum und kleben sich ebenfalls an dir fest. Dies alles sind Fremdenergien, und auch sie kann man durch Auflösen wieder aus seinem Bewusstseinsfeld entfernen.

Projektionen sind etwas Ähnliches. Mit dem Begriff «Projektionen» sind die Vorstellungen gemeint, die andere Personen von dir haben – und zwar unabhängig davon, ob sie zutreffen oder nicht. Selbst wenn diese Vorstellungen nicht bewusst zu dir gesendet werden, wirken sie dennoch auf deinen Energiekörper.

Bei mir zum Beispiel ist es so, dass ich keine Lust hatte, jeden Abend Anweisungen an die Quelle zu geben, um mich von den vielen Fremdenergien und Projektionen zu reinigen. So kam ich auf die Idee, von der Quelle ein Double, das heißt eine energetische Kopie, von mir erstellen zu lassen. Diese Kopie habe ich an einen schönen Ort hingestellt, und zu ihr werden nun alle Fremdenergien und Projektionen, die an mich gerichtet sind, automatisch weitergeleitet und sammeln sich dort an. Ich habe die Quelle angewiesen, dass die Double-Konstruktion mit der Energie der Quelle versorgt werden soll und dass die angesammelten Fremdenergien in regelmäßigen Abständen aufgelöst werden. Auf diese Weise habe ich das Problem mit den Fremdenergien für mich gelöst.

Speicher- und Sicherungsprogramme ebenfalls löschen

Alle auf der Grafik aufgeführten Dinge lassen sich im Grunde genommen auf die gleiche Art und Weise lösen. Nämlich dadurch, dass wir uns mit der Quelle verbinden und dann wie beschrieben anweisen, dass dieses oder jenes aufgelöst werden soll – und zwar auf sämtlichen physischen und energetischen Ebenen und unabhängig davon, ob wir uns im Einzelnen darüber bewusst sind oder nicht.

Zu den physischen Ebenen gehört übrigens auch die Kleidung, die wir tragen, sowie andere Objekte, mit denen wir regelmäßig in Kontakt sind, wie zum Beispiel Rucksäcke und dergleichen. Dasselbe gilt auch für unsere Wohn- und Arbeitsräume. Diese Objekte und Räume können wir ebenfalls von Fremdenergien oder von anderen aufgelisteten «Dingen zum Auflösen» reinigen – mit so etwas Ähnlichem wie «feinstofflichen Waschmaschinen» oder «feinstofflichen Staubsaugern», die wir entweder von der Quelle für uns konstruieren lassen können oder die wir selber energetisch erschaffen und programmieren.

Beim Reinigen und Auflösen genügt es, dass man jeweils den entsprechenden Oberbegriff nennt, also beispielsweise «Verträge», «Implantate», «Abkommen», «Flüche» oder was auch immer. Wenn man zwei oder drei ähnliche Glaubenssätze hat, kann man diese sozusagen im Paket zum Löschen anweisen. Man braucht dabei nicht zu wissen, wie lange man diese Dinge schon mit sich herumträgt, woher man sie hat, warum und wofür sie im Einzelnen da sind, wie viele es sind oder wo genau sie sich befinden. Das alles muss man nicht wissen. Man muss nur klar benennen, was man auflösen möchte. Denn die Quelle respektiert unseren freien Willen, und wenn wir nicht deutlich sagen, was aufgelöst werden soll, dann macht sie es nicht. Ich empfehle euch an dieser Stelle die Formulierung: *«All das soll aufgelöst werden, was nicht mehr zu meinem höchsten göttlichen Wohl ist.»* Durch diese Formulierung vermeidet man, dass auch Dinge aufgelöst werden, die gar nicht veraltet sind und die man noch gebrauchen kann, die also noch zu unserem Wohl sind. Dieses Auflösen von Dingen, die veraltet und nicht mehr zu unserem höchsten göttlichen Wohl sind, ist der erste Schritt.

Der zweite Schritt besteht darin, dass man beim Entfernen dieser Dinge daran denkt, sie mitsamt ihren dazugehörigen Speicher- und Sicherungskopien, den infoenergetischen Abdrücken, den Auswirkungen und Nebenwirkungen sowie eventuellen Reproduzierern und Wächtern zu löschen. Angenommen, jemand löscht auf seinem Handy oder auf seiner Computerfestplatte ein Bild oder eine andere Datei, die er nicht mehr braucht. Das Bild ist dann zwar aus seiner Sicht verschwunden, aber irgendwie ist es trotzdem im Hintergrund noch da. Jeder, der sich genügend mit Technik auskennt, kann das gelöschte Bild finden und es wieder sichtbar machen. Genauso ist es mit energetischen Speicher- und Sicherungskopien: Auch dann, wenn wir Dinge energetisch auflösen, bleiben sie im Hintergrund nach wie vor gespeichert und können sich von selbst neu installieren. Darum sollten wir immer auch alle Hintergrundkopien mit auflösen.

Energetische Lücken wieder auffüllen

Anschließend sollten wir in einem dritten Schritt daran denken, nach dem Löschen sämtliche entstandenen Lücken wieder aufzufüllen. Denn wenn man etwas energetisch löscht, dann bleibt dort ja eine energetische Lücke zurück. Diese Lücke kann theoretisch wie eine Reset-Taste genutzt werden, mit der das gesamte gelöschte Programm gleich wieder installiert wird. Oder sie kann auch mit irgendetwas Neuem gefüllt werden. Natürlich kann jeder Mensch selber darüber entscheiden, womit die in seinem Energiekörper entstandenen Lücken aufgefüllt werden sollen. Meine persönliche Empfehlung lautet: *mit göttlichem Licht und mit bedingungsloser Liebe.*

Wir können die Lücken auch mit anderen positiven Energien auffüllen lassen, wie zum Beispiel mit Glück oder Freude oder Vertrauen. Dabei sollten wir darauf achten, dass wir die Quelle anweisen, die Lücke jeweils mit der Urenergie von Vertrauen oder mit der Urenergie von Freude zu füllen. Als Mensch haben wir eine bestimmte subjektive Vorstellung davon, was Vertrauen, was Freude, was Glück oder was Liebe ist, doch unsere verstandesmäßigen Vorstellungen entsprechen wahrscheinlich nicht dem, was diese Energien tatsächlich sind. Deshalb würde ich der Quelle sagen, dass sie die jeweilige Urenergie oder Uressenz oder die göttliche Urschwingung nehmen soll.

Falls wir die energetischen Lücken nicht auf diese Weise bewusst mit etwas Positivem und Göttlichem auffüllen lassen, kann es sein, dass sie mit irgendwelchen Fremdenergien aufgefüllt werden, die nicht wirklich lichtvoll sind, die wir nicht benötigen und die nicht unserem höchsten göttlichen Wohl dienen. Denn auch in den feinstofflichen Sphären gibt es nicht nur pinkfarbene Einhörner und Regenbögen, sondern auch dunkle Wesen, die unsere Energien für ihre eigenen Zwecke missbrauchen wollen und die versuchen, unseren feinstofflichen Körper zu kontrollieren.

Dasselbe gilt übrigens auch, wenn man beispielsweise mit Verstorbenen Kontakt aufnehmen möchte. Es ist dabei wichtig, sich vorher mit der Quelle zu verbinden und der Quelle genau mitzuteilen, welche Seele man kontaktieren will. Ansonsten ist es etwa so, als würde man einen bestimmten Namen auf einen Zettel schreiben und diesen Zettel dann zusammenknüllen und wahllos in eine riesige Menschenmenge werfen. Was dann passiert, ist dass ganz viele Leute sich auf den Zettel stürzen werden und von sich behaupten, die gesuchte Person zu sein, nur um ein wenig Aufmerksamkeit zu bekommen. So wird man am Ende höchstwahrscheinlich irgendwen an der Leitung haben, der sich für den gesuchten Verstorbenen ausgibt und als dessen Doppelgänger oder Kopie auftritt. Nur weil jemand feinstofflich das Aussehen von jemand anderen annimmt, heißt das noch lange nicht, dass es sich auch tatsächlich um diese Person handelt. Wenn man hingegen über die Quelle geht, hat man eine Verbindung, die nicht «gehackt» oder manipuliert werden kann.

Nachdem wir alles aufgelöst haben, was nicht mehr unserem höchsten göttlichen Wohl dient, einschließlich aller Hintergrundkopien, und nachdem wir sämtliche entstandenen energetischen Lücken mit Liebe aufgefüllt haben, können wir in einem vierten Schritt zum Abschluss anweisen: Möge alles Licht, alles Bewusstsein, alle Schwingung, die ich verloren habe, komplett geheilt und gereinigt zu mir zurückkehren und richtig integriert und aktiviert werden.

Fragen zum Thema Auflösen

Frage: Kann ich beim Auflösen von Mustern eigentlich auch Fehler machen?

Antwort: Das hängt davon ab, was du unter «Fehler» verstehst. Wie bereits gesagt, empfehle ich beim Auflösen von Dingen die Formulierung: «Alles soll aufgelöst werden, was nicht mehr zu meinem höchsten göttlichen Wohl ist.» Man könnte also sagen, dass es ein Fehler sei, diesen Zusatz zu vergessen. Denn es könnte passieren, dass du nach dem Auflösen beispielsweise das Wort «Gewürzgurke» nicht mehr kennst. Wir alle tragen sowohl im Energiekörper als auch in den physischen Zellen Informationen in uns, von denen viele tatsächlich nicht mehr aktuell und nicht mehr hilfreich sind, andere hingegen schon noch. Wenn wir die Quelle anweisen, dass sämtliche alten Informationen aus den Zellen entfernt werden sollen, ist womöglich einfach alles weg. Dann schauen wir ein Glas mit Gewürzgurken an und wissen nicht mehr, was Gurken sind. Dasselbe gilt auch in Bezug auf Glaubenssätze. Es ist nicht wirklich sinnvoll, sämtliche Glaubenssätze löschen zu lassen. Denn es gibt ja Glaubenssätze, die praktisch und immer noch aktuell sind.

Doch sogar dann, wenn wir sagen, dass nur jene Glaubenssätze gelöscht werden sollen, die nicht mehr zu unserem göttlichen Wohl sind, kann es sein, dass nur wenige oder gar keine aufgelöst werden. Ein Grund dafür könnte sein, dass die Quelle möchte, dass du erkennst und weißt, was sie auflöst. Vielleicht sollst du bei dem einen oder anderen Thema nochmals genauer hinschauen und etwas lernen, bevor es schließlich aufgelöst werden kann.

6

Frieden finden

Innerer und äußerer Friede ist der natürliche Zustand jeder Seele. Er stellt sich ganz natürlich dann ein, wenn wir Menschen voll und ganz in unserem Herzen sind. Weil wir aber durch die Erziehung, die Schule und durch all die Muster, die wir in unsere Inkarnation mitgebracht haben, im Moment in unserem Bewusstsein ein wenig vom Herzen abgetrennt sind, müssen wir uns erst wieder zu unserem Herzen hin entwickeln. Indem wir dies tun, ändert sich unsere Schwingung.

Erdung

Damit sich unsere Schwingung erhöhen kann und wir Frieden finden können, brauchen wir eine gute Erdung. Wir brauchen deshalb Erdung, weil wir erstens hier auf der Erde sind und weil wir zweitens dadurch das Licht unserer Seele viel besser verankern und wieder aussenden können.

Eine gute Erdung bedeutet, dass die Seele zu einhundert Prozent im physischen Körper verankert ist. Es reicht nicht, einfach nur irgendwie «anwesend» zu sein. Es gehört auch eine Dankbarkeit und eine Freude dazu, hier zu sein und einen physischen Körper zu haben. Selbstliebe heißt, sich mit allem zu lieben, was man hat, einschließlich dem Charakter, dem physischen Körper, einfach mit allem. Wenn diese Freude fehlt – wenn also jemand seinen physischen Körper nicht akzeptiert und ihn nicht mag –, fällt es der Seele schwer, sich vollständig im Körper zu integrieren. Dann findet es die Seele irgendwie blöd, überhaupt hier zu sein. Doch je mehr wir in die Energie der neuen Zeit hineinkommen, desto mehr steigt unsere Lebensfreude und unsere

Leichtigkeit. Deshalb ist es wichtig, dass wir der Freude folgen und dass wir sie leben.

Manche Leute denken, dass man seine geistige Verbindung nach oben verliere, wenn man sich erdet. Das trifft aber nicht zu. Wir können sowohl geerdet als auch im Geistigen tätig sein. Es ist sogar so: Je besser du geerdet bist, desto höher kannst du im Geistigen springen – wie bei einem Trampolin. Gerade in der spirituellen Szene meinen manche Leute auch, dass der physische Körper aus irgendeinem Grund gar nicht so gut sei, und so schweben sie mit ihrer Seele immer zwei, drei Meter über dem Kopf und sind gar nicht richtig in ihrem Körper drin. Dass wir feinstofflich den Körper verlassen, geschieht sowieso ständig. Sobald du dich irgendwohin denkst, bist du mit einem Teil deines Bewusstseins dort und nicht mehr hundertprozentig hier, wo dein Körper ist. Wichtig ist aber, dass du nach einer solchen Reise wieder zu einhundert Prozent zurückkommen kannst und dass deine Seele nicht auf halbem Weg stecken bleibt.

Es geht im spirituellen Leben nicht darum, den physischen Körper zu ignorieren. Der Körper ist ja keine Strafe, sondern er ist im Gegenteil etwas sehr Cooles! Wir alle wollten uns hierher in die Dreidimensionalität inkarnieren, und so haben wir gemäß unserem Wunsch einen physischen Körper bekommen. Es ist daher unsere Aufgabe, ihn zu schätzen und ihn dankbar anzunehmen.

Stress auflösen

Um Frieden zu finden, ist es ebenfalls wichtig, dass wir den Stress in unserem Leben auflösen. Wir leben heutzutage in einer Gesellschaft, in welcher der Stress bereits in der Schule anfängt, weil die Kinder schon dort riesigem Druck ausgesetzt sind. Und wenn sie endlich den Stress der Schule verlassen, fallen sie sofort in den Stress der Arbeitswelt. Wenn Menschen über längere Zeit unter Stress oder unter Zeitdruck stehen, trennen sie sich immer mehr von ihrer Seelenverbindung ab. Sie sehen nur noch ihren täglichen Erledigungsplan vor sich, und während sie die vielen Punkte abarbeiten, finden sie keine Zeit, um auf ihre Seele zu hören und darauf, was ihre Seele tatsächlich will. So haben die meisten heutigen Menschen – zumindest in unserem Kulturkreis – keine Zeit, um sich auf sich selbst und auf die Wünsche ihres Herzens zu konzentrieren. Ihnen bleibt, um in ihrem Alltagsstress irgendwie bestehen zu können, keine andere Wahl, als die Verbindung zu ihrer Seele zu ignorieren. Genau deswegen wird ja auch fleißig dafür gesorgt, dass unsere Gesellschaft so hektisch ist: um die Leute von ihrer Seelenverbindung fernzuhalten und auf diese Weise ihre Entwicklung zu blockieren.

Ich finde, dass wir die Sache mit dem Zeitdruck manchmal ein wenig zu ernst nehmen. Ich fahre oft mit der Bahn, und als ich neulich mal wieder im Zug saß und auf die Abfahrt wartete, kam irgendwann die Durchsage, dass wir noch vier Minuten warten müssten. Die meisten Leute im Zug blieben in dem Moment noch ziemlich ruhig. Etwas später hieß es, wir müssten noch zehn, dann sogar noch zwanzig Minuten warten. Schließlich wurde uns mitgeteilt, dass dieser Zug heute gar nicht mehr fahren würde und dass wir alle aussteigen sollen. Da konnte ich beobachten, dass viele Leute total gestresst reagierten, da sie nun wahrscheinlich ihre Anschlusszüge und ihre Termine verpassen würden. Bei manchen brach sogar eine Art Panik aus.

Dieses Gestresstsein ist jedoch irgendwie sinnlos, denn wir können dadurch die Situation ja nicht ändern. Wenn ein Zug Verspätung hat, können wir das nicht verhindern, dann ist es eben so. Stattdessen könnte man in einer solchen Situation auch seinen Horizont erweitern und die Vorteile erkennen, zum Beispiel dass man nun unverhofft etwas Zeit für sich geschenkt bekommen hat. Doch viele Menschen sind in einem solchen Hektik-Modus, dass sie es gar nicht bemerken, wenn sie plötzlich Zeit für sich bekommen. Dies liegt auch daran, dass diese Hektik und dieser Stress im kollektiven Energiefeld unserer heutigen Gesellschaft verankert sind.

Darum halte ich es für sinnvoll, dass man ein Optimist wird und in allem das Positive zu sehen versucht. Die Welt ist eben so, wie sie nun einmal ist, und gewisse Dinge kann man einfach nicht ändern. Wir haben nur die Wahl, mit welchen Augen wir

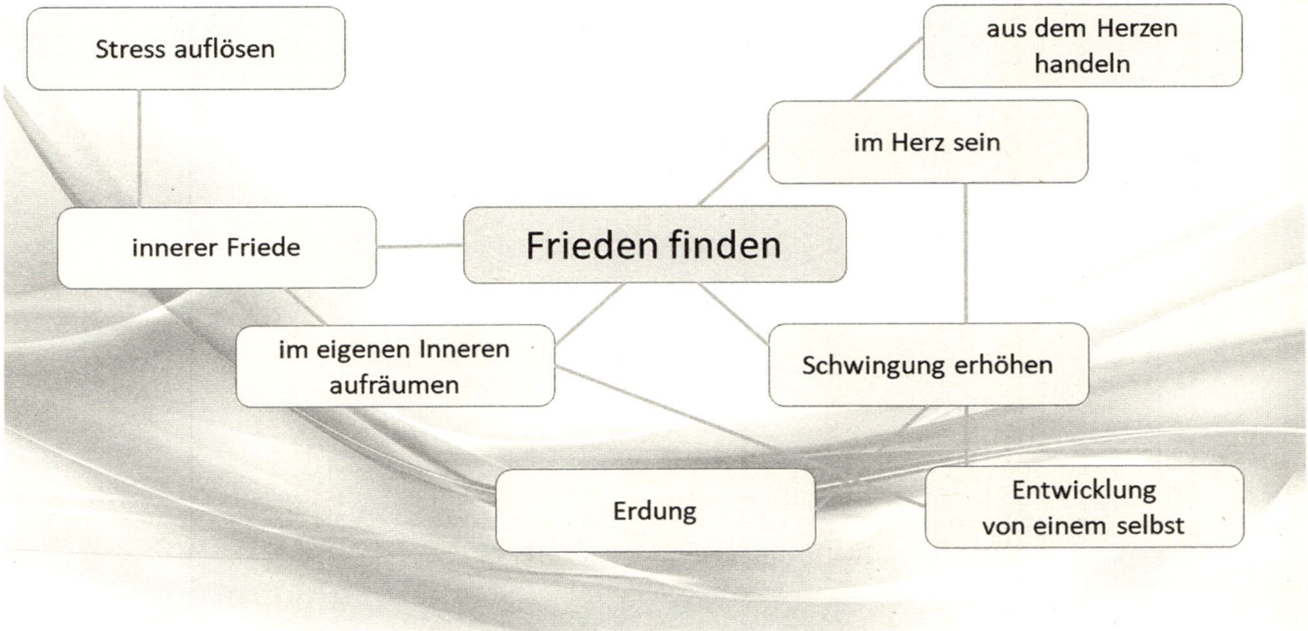

Stress auflösen
innerer Friede
Frieden finden
im Herz sein
aus dem Herzen handeln
im eigenen Inneren aufräumen
Schwingung erhöhen
Erdung
Entwicklung von einem selbst

die Welt betrachten und wie wir auf sie reagieren. Optimistisch zu sein und die Dinge positiv zu sehen, lässt uns den Sinn unseres Lebens viel besser erkennen.

Vielen Menschen würde mehr Leichtigkeit und mehr Spielfreude im Leben gut tun. Man muss nicht immer alles so ernst nehmen. Dies gilt auch für eure eigenen Lernthemen, die ihr noch vor euch habt: Lacht einfach mal über euch selbst! Schaut euch die lange Wegstrecke an, die ihr schon hinter euch gebracht habt, und freut euch darüber. So werdet ihr inneren Frieden finden.

7

Erdung

Warum eine gute Erdung wichtig ist

Das Besondere an der irdischen Inkarnation besteht darin, dass wir hier eine geistige Entwicklung machen können und gleichzeitig in einem dreidimensionalen physischen Körper stecken. Der physische Körper bewirkt, dass wir uns isoliert und voneinander getrennt fühlen. Aber geistig können wir uns in andere Ebenen begeben, in denen das Bewusstsein der Einheit und des Verbundenseins mit allem existiert. Deshalb bietet uns das Leben als Erdenmensch die einzigartige Möglichkeit, immer wieder von Neuem zu wählen, ob wir uns gerade getrennt fühlen möchten oder nicht, denn wir können zwischen dem Einheitsbewusstsein und dem Trennungsbewusstsein hin und her switchen. Das ist das Spezielle und Faszinierende daran, hier in der dritten Dichte einen physischen Körper zu bewohnen: Wir nehmen uns als multidimensionales Wesen wahr, das gleichzeitig im Physischen und im Feinstofflichen lebt. Das ist etwas, das es im Universum nicht sehr häufig gibt.

Allerdings ist es wichtig, dass wir hier gut geerdet sind. Dies ist die Voraussetzung dafür, dass die Seele sich an alle Zellen des Körpers andocken und den Körper vollständig nutzen kann. Wir alle haben uns bewusst dafür entschieden, einen dreidimensionalen physischen Körper anzunehmen, damit wir ihn hier auf der Erde bewohnen und nutzen können. Unser Körper kommt von der Erde, und so ist er auch mit der Erde verbunden. Eine gute Erdung bildet also das Fundament unserer Inkarnation, auf dem unser Dasein hier in der Dreidimensionalität aufgebaut ist. Es ist wie bei einem Haus: ohne gutes Fundament können wir kein stabiles Haus bauen.

Eine mangelnde Erdung erkennt man zum Beispiel daran, dass die betreffende Person ständig am Tagträumen und manchmal irgendwie «nicht erreichbar» ist – so, als wäre sie auf der physischen Ebene nicht ganz anwesend. Es kann tatsächlich sein, dass die Seele nicht vollständig in ihrem physischen Körper drin ist, sondern dass sie außerhalb des Körpers einige Meter über dem Kopf herumtanzt. In manchen Fällen ist diese mangelnde Erdung eine Flucht, weil man mit der heutigen Gesellschaft nicht klarkommt. Auch Traumas, Schocks oder Unfälle aus der Vergangenheit sind eine häufige Ursache dafür, dass die Seele im darauffolgenden Leben physisch nicht vollständig inkarnieren möchte, damit sie diese Verletzungen nicht nochmals so hautnah erleben muss.

Anzeichen für eine mangelnde Erdung sind außer dem Tagträumen und dem geistigen Abwesendsein zum Beispiel auch: geringes Körpergefühl, Wahrnehmungsschwierigkeiten, schwache physische Manifestationskraft, Rückzug und Abschottung vor anderen Menschen, Mühe mit den gesellschaftlichen Strukturen, wenig Urvertrauen, geringe Selbstliebe oder Aussagen wie: «Ich bin hier nie richtig angekommen» oder «Ich werde von der Welt nie richtig verstanden».

In unserer spirituellen Entwicklung gibt es einen Punkt, an dem ein Weiterkommen nur dann möglich ist, wenn man vollständig geerdet ist. Bewusstseinserweiterung und ganzheitliche Entwicklung beinhaltet nicht nur eine Verbindung nach oben in die geistigen Sphären, sondern auch nach unten ins Herz der Erde. Das ist unverzichtbar, damit wir als Mensch optimal funktionieren und agieren können. Die Seele muss zu einhundert Prozent in ihrem physischen Körper integriert sein, so dass sie auf der physischen Ebene all das umsetzen kann, was sie sich in ihrem Seelenplan vorgenommen hat. Es ist also beides notwendig: dass wir physisch gut geerdet sind und dass wir uns feinstofflich mit höheren energetischen Ebenen verbinden. Nur so können wir unseren Seelenplan erfüllen. Je besser wir geerdet sind, das heißt je tiefer wir in unserem physischen Körper verankert sind, desto höher hinauf können wir in die feinstofflichen Sphären reisen. Denn durch eine gute Erdung schwingen wir erstens schöner und harmonischer, und zweitens haben wir einen stabilen Ankerpunkt, um nach feinstofflichen Ausflügen jedes Mal wieder richtig in der Dreidimensionalität zu landen. Sich gut zu erden heißt jedoch nicht, dass wir selber zum Element Erde werden, denn dadurch würden wir ja wieder langsamer schwingen. Sich gut zu erden heißt einfach, dass wir uns mit der Energie der Erde verbinden.

Wenn eine Seele nicht im Körper integriert ist, sondern sich entweder neben dem Körper oder hinter dem Körper befindet oder einige Meter über dem Körper schwebt, dann ist sie zwar noch mit ihrem physischen Körper verbunden, denn sonst wäre der Mensch ja tot. Aber es ist so ähnlich wie bei Koma-Patienten, bei denen die Seele sich in vielen Fällen auch außerhalb des Körpers aufhält, während die energetische Verbindung zum Körper weiterhin besteht: Die Seele ist dann noch mit einer Art Silberschnur mit dem Körper verbunden. Im Tod würde diese Schnur reißen, und die energetische Verbindung würde aufgelöst, so dass die Seele weiterreisen könnte.

Bei Menschen, die nicht genügend geerdet sind, kann es sein, dass die Seele sich zwar nicht völlig außerhalb des Körpers befindet, dass sie aber auch nicht vollständig im Körper drin ist. Sie kann zum Beispiel nur in der rechten Körperhälfte richtig integriert sein und links nur halb. Oder umgekehrt. Rechts steht immer für die männlichen Energien und Eigenschaften und links für die weiblichen. Falls jemand nur rechts geerdet ist und nicht auch links, ist die weibliche Energie der Seele nicht genügend verankert. Umgekehrt gilt dasselbe für die männliche Energie. Die meisten betroffenen Menschen bemerken dies wahrscheinlich gar nicht, aber trotzdem hat es Auswirkungen auf ihr Leben. Solche Menschen sind aufgefordert, in ihre Mitte zu kommen und beide Energien – das Männliche und das Weibliche – in eine harmonische Balance zu bringen.

Falls frühere Traumas, Schocks oder Unfälle die Ursache für die mangelnde Erdung sind, sollte man diese auflösen, damit die Seele endlich vollständig in den Körper kommen kann. In anderen Fällen kommt die Blockade nicht durch Traumas, sondern beispielsweise durch zu viele Schwüre, Eide, Versprechen und dergleichen, die man in der Vergangenheit geleistet hat und die jetzt nicht mehr der Aktualität entsprechen. Oder dadurch, dass jemand in einem früheren Leben gesagt hat, er wolle nie mehr auf die Erde kommen. Sobald man diesen Satz einmal ausgesprochen hat, wird er in der Seele abgespeichert und kann bei einer späteren Inkarnation genau dieses vollständige Ankommen der Seele im Körper verhindern, da ein Teil der Seele ja gar nicht mehr hier auf die Erde sein will. Auch diese Programme sollte man auflösen und durch Lebensfreude ersetzen.

Alles, was wir denken, fühlen, sprechen und handeln, wird einerseits in der Akasha-Chronik und andererseits sowohl in unserer feinstofflichen Aura als auch in den Zellen unseres physischen Körpers abgespeichert. Diese energetischen Informationen und Muster nehmen wir allesamt in unsere nächsten Inkarnationen mit, denn sie lösen sich mit dem Tod des physischen Körpers nicht automatisch auf.

Erdung ist Voraussetzung für Potenzialentfaltung

Bei vielen Menschen weisen der Körper und die Seele aktuell noch eine unterschiedliche Schwingungsfrequenz auf. Für die Weiterentwicklung ist es aber von großer Wichtigkeit, dass sich die Frequenzen synchronisieren, dass also der Körper und die Seele etwa gleich hoch schwingen. Dabei sollte natürlich nicht die Seele die tiefere Frequenz des Körpers annehmen, sondern der Körper die höhere Frequenz der Seele. Der übergeordnete Plan ist ja, dass die Menschen zusammen mit ihrem physischen Körper in eine höhere Dimension aufsteigen. Unsere Herausforderung besteht also darin, dass wir uns einerseits geistig weiterentwickeln und uns andererseits vollständig im Körper erden. Bei der geistigen Entwicklung öffnen sich die Chakras, die sich über dem Kopf befinden, und bei der Erdung öffnen sich die Chakras, die unter den Füßen liegen. Beides ist wie gesagt gleich wichtig.

Eine gute Erdung macht zudem unsere Aura stabil. Gerade dann, wenn wir sehr sensitiv sind und viele geistige Informa-

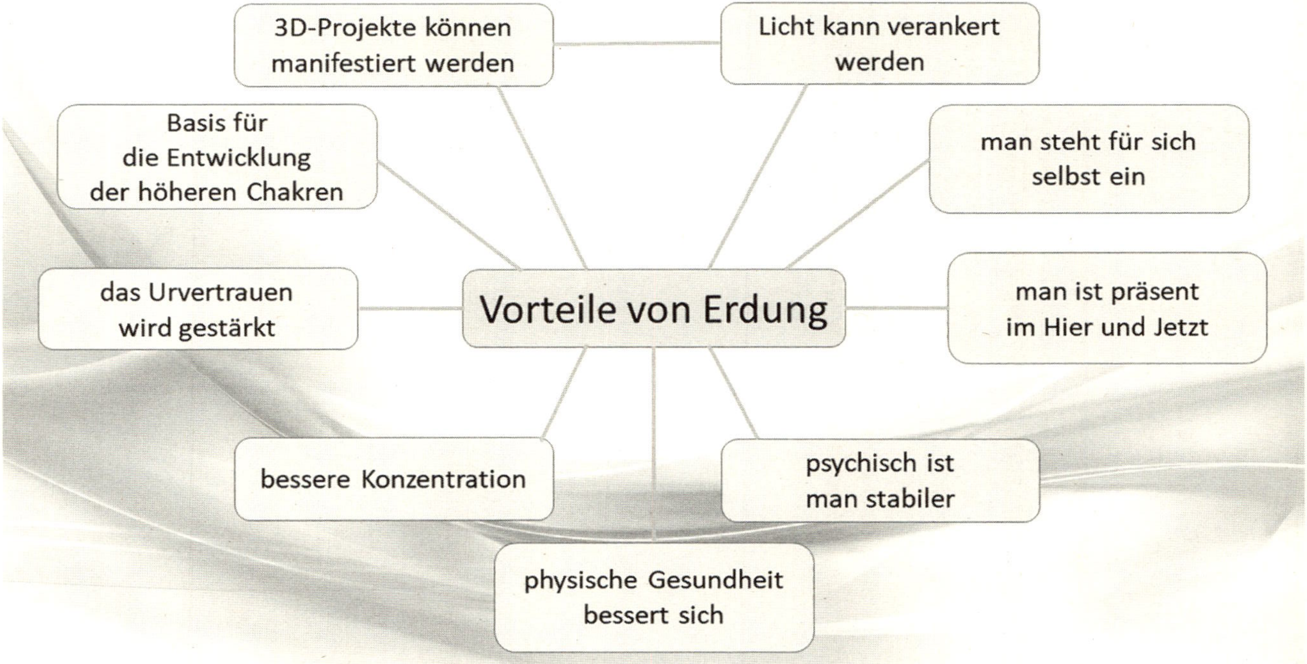

Vorteile von Erdung
3D-Projekte können manifestiert werden
Licht kann verankert werden
Basis für die Entwicklung der höheren Chakren
man steht für sich selbst ein
das Urvertrauen wird gestärkt
man ist präsent im Hier und Jetzt
bessere Konzentration
psychisch ist man stabiler
physische Gesundheit bessert sich

tionen gleichzeitig kommen, wirkt das Geerdetsein als Schutz – wie etwa ein Blitzableiter. Direkt um unseren Körper herum befindet sich unsere Aura. Sie ist eine Art elektromagnetisches Feld und dient unter anderem als unsere persönliche Abschirmung. Weiter außen vermischt sich unsere Aura mit allen anderen Auren, wodurch sie manchmal ins Wackeln kommen und instabil werden kann. Dann stützt und schützt uns unsere Aura nicht mehr richtig. Wenn wir jedoch gut geerdet sind, ist unsere Aura stabiler, und wir sind weniger durcheinander.

Ein weiterer Vorteil einer guten Erdung ist, dass es uns viel leichter fällt, unsere feinstofflichen Wahrnehmungskanäle zu nutzen. Denn angenommen eine Person, die nicht vollständig im Körper ist, hat zudem noch feinstoffliche Wahrnehmungen – dann wäre die Seele dieser Person ja noch weniger im Körper.

Wie man seine Erdung verbessern kann

Hier folgt zur Erinnerung noch einmal die Liste aus Band 2, was man zum Beispiel tun kann, um die eigene Erdung zu verbessern:

- den Körper bewegen (durch Sport, Wandern, Tanzen usw.)
- bewusst barfuß laufen
- Arbeit mit den Händen
- Chakra-Arbeit bei den unteren Chakras (Wurzelchakra oder Erdstern-Chakra)
- sich mit dem Herzen der Erde verbinden
- die Frequenz von Kristallen nutzen
- Glaubensmuster transformieren, welche die Erdung blockieren
- ein Bewusstsein für die Natur entwickeln (erkennen, dass jeder Stein, jede Pflanze, jedes Tier und alles Erschaffene über ein Bewusstsein verfügt und dass die Erde selbst ebenfalls ein lebendiges, kommunikationsfähiges Wesen ist)

8

Körperwesen und Zellkommunikation

Sobald wir gut geerdet sind und eine entsprechende Feinfühligkeit entwickelt haben, kommt etwas sehr Geniales unseres physischen Körpers zum Vorschein: Wir können mit allen unseren Organen sowie auch mit allen unseren Körperzellen kommunizieren! Wir können sogar sämtliche Informationen von andern Lebewesen aufnehmen, weil wir ständig im bewussten Austausch mit allem sind, was hier auf dem Erdplaneten existiert.

Unser physischer Körper ist nicht einfach nur ein plumper Sack, den wir mit uns herumschleppen. Er besteht aus unzähligen Zellen, von denen jede einzelne ein unglaubliches Potenzial in sich trägt. Dieses Potenzial unserer Körperzellen ist viel größer als die meisen Leute denken. Die Hautzellen zum Beispiel empfangen ständig Informationen von allen Lebewesen auf der ganzen Welt, und wir, die Seele, können mit allen unseren Zellen in eine bewusste Kommunikation treten. Wir alle verfügen also theoretisch über die Fähigkeit der Zellkommunikation, doch die meisten Menschen haben dies vergessen. Wir können uns jedoch wieder daran erinnern und erkennen, dass wir unser Bewusstsein, sobald wir genügend Erdung haben, direkt an unser Körperwesen andocken können. Unser Körperwesen wird sich total darüber freuen! Eigentlich fängt dann unser Körperleben erst richtig an. Wenn wir unser irdisches Dasein wertschätzen, wenn wir dankbar und voller Freude anerkennen, dass wir Mensch sind – mit allem, was dazu gehört, einschließlich unseres Körpers –, dann verbinden wir uns mit all dem, was tief in unseren Zellen steckt. Das ist genial! Wir können dann entweder mit unserem Körperwesen als Ganzes kommunizieren oder auch mit einzelnen Teilen.

Körperwesen: Unser Körper ist ein eigenständiges Wesen

Was meine ich mit dem Begriff «Körperwesen»? Ich meine damit, dass unser physischer Körper ein eigenständiges Wesen mit einem eigenständigen Bewusstsein ist. Man könnte dieses Wesen als «das Bewusstsein des Körpers» oder eben als «das Körperwesen» bezeichnen.

Wie alles, was erschaffen wurde und existiert, so hat auch der physische Körper ein Bewusstsein. Als Menschen tragen wir also sowohl eine feinstoffliche Bewusstseinsschwingung als auch eine grobstoffliche Körperschwingung in uns. Wie alles Erschaffene ist auch der physische Körper dazu fähig, eigenständig seine Umwelt wahrzunehmen – jedenfalls in einem bestimmten Radius, der abhängig ist von der jeweiligen Frequenz. Wie alles Erschaffene hat auch der physische Körper eigenständige Emotionen, Gedanken, Charakterzüge und Handlungsmöglichkeiten. Und wie alles Erschaffene ist auch der physische Körper kommunikationsfähig. Dies alles zusammen nenne ich «Körperwesen».

Als Seele haben wir die Möglichkeit, mit unserem Körperwesen zu kommunizieren. Das Körperwesen ist dabei der Seele unterstellt und steht in ihrem Dienst, damit die Seele ihre Wünsche und Vorhaben manifestieren kann. Wenn sich eine Seele wünscht, in der grobstofflichen 3D-Welt Dinge zu erleben oder zu bewirken, braucht sie dazu einen physischen Körper, in den sie sich inkarnieren kann, und es ist die Wesenheit dieses Körpers, die der Seele die Möglichkeit bietet, überhaupt physisch zu handeln. Es ist übrigens ähnlich mit dem Verstand; auch der Verstand ist eigene Konstruktion, eine eigene Wesenheit. Die Seele steht sowohl über dem Körperwesen als auch über dem Verstandeswesen und kann ihnen Anweisungen geben.

Sobald unsere Seele zum Beispiel bemerkt, dass der als Mensch inkarnierte Teil von uns zu sehr vom Lebensplan abgewichen ist, kann sie anordnen, dass wir eine Ruhezeit bekommen sollen, um nachzudenken und unser Leben neu zu ordnen. Sie weist dann das Körperwesen an, dieses oder jenes zu veranlassen, so dass wir krank werden und für eine Weile im Bett liegen. Solche Dinge macht die Seele nicht aus Bosheit, sondern aus einer liebevollen Haltung heraus, um uns zu zeigen: «Schau, ich gebe dir jetzt eine Chance, aus deinem Alltagsstress rauszukommen, mal eine Pause einzulegen und in Ruhe nachzudenken, damit du das, was du dir für dieses Leben vorgenommen hast, wieder klarer siehst. So hast du die Zeit und den Raum, um gewisse Dinge neu zu organisieren und deine Vorhaben zu verwirklichen.» Auf diese Weise arbeiten die Seele und das Körperwesen zusammen.

Falls Menschen ihr Körperwesen über eine längere Zeit ignorieren, kann es sein, dass es sich sozusagen von der Seele zurückzieht. Dann kann es eine Weile dauern, bis das gegenseitige Vertrauen wiederhergestellt ist und das Körperwesen sich wieder öffnet und richtig funktioniert. Bei vielen Menschen beschränkt sich die Wahrnehmung ihres Körpers heutzutage darauf zu spüren, dass er Hunger oder Durst hat oder dass er schlafen will. Das ist oft schon alles. Darum frage dich doch einfach einmal: Habe ich meinen eigenen Körper eigentlich schon einmal zu mir sprechen gehört?

Unsere Hautzellen sind Informationsträger und Kommunikationsmedium

Unser Körper kann durch Zellkommunikation selbständig an Informationen darüber kommen, was in unserem Umfeld geschieht und was in der Welt vor sich geht. Dabei dient unsere Haut als eine Art Antenne, die Informationen aus unserer Umwelt aufnimmt und diese dann entweder in unser Tagesbewusstsein oder in unser Unterbewusstsein abgibt, wo sie verarbeitet werden. In den Zellen unserer Haut werden diese Informationen abgespeichert, so dass wir später jederzeit wieder Zugriff darauf haben. So gesehen könnte man sagen, dass unsere Hautzellen eine Art «Fernseh-Ersatz» oder «Internet-Ersatz» sind – obwohl es genau genommen eigentlich umgekehrt ist: Die heutigen Massenmedien und digitalen Kommunikationsmittel sind ein Ersatz für die natürliche Zellkommunikation, wie sie im Schöpfungsplan vorgesehen ist.

Unsere Zellen sind also so etwas wie kleine «Bibliotheken», in denen unzählige Informationen gespeichert sind. Die Informationen in unseren Zellen stammen sowohl von uns selbst – aus dieser und aus vergangenen Inkarnationen – als auch von unseren Ahnenreihen mütterlicherseits und väterlicherseits. Zudem speichern sich auch äußere Einflüsse in unsere Zellen ein. Das Körperwesen – das übrigens schon existierte, bevor unsere Seele in den Körper einging – steuert sämtliche Abläufe auf der physischen und energetischen Ebene in unserem Körper. Das Körperwesen ist eine eigenständige Intelligenz, und es funktioniert unabhängig von unserem jeweiligen Tagesbewusstsein.

Weil das Körperwesen aus der Erde entstanden ist, sind alle Körperzellen energetisch mit der Erde verbunden. Und durch diese Verbindung mit der Erde ist jeder einzelne physische Körper, das heißt jedes Körperwesen, energetisch mit jedem anderen Körperwesen verbunden. Du kannst dir das etwa so vorstellen, dass ein energetisches Seil von deinem Körper aus in die Erde geht und dort mit den energetischen Seilen aller anderen Körper in einem riesigen unterirdischen Netzwerk oder Geflecht verknüpft wird. Dadurch kann sich theoretisch gesehen jedes einzelne Körperwesen jederzeit darüber informieren, was auf dem ganzen Erdplaneten vor sich geht – also was jedes andere physische Wesen denkt, fühlt und handelt. Denn die Zellen auf unserer Haut stehen nonstop mit den Zellen der anderen Lebewesen in Verbindung und in Kommunikation. Diese natürliche Zellkommunikation wird durch unser Körperwesen gesteuert; ihr Funktionieren hängt nicht von unserer Frequenz oder vom Grad unseres Tagesbewusstseins ab.

Die meisten Menschen in der heutigen Gesellschaft haben den bewussten Zugang zu diesem Kommunikationssystem verloren. Daher geht es heute auch darum, dass wir unseren Körper wieder spüren lernen. Dieses Spüren unseres Körpers hat sehr viel mit einer guten Erdung zu tun, das heißt damit, ob unsere Seele ganz in unserem physischen Körper integriert ist oder nicht. Wenn erstens unsere Seele ganz im Körper drin ist und wenn wir zweitens uns in unserem eigenen Tempo stetig weiterentwickeln, dann kommen wir völlig natürlich dahin, dass wir nicht nur im Unterbewusstsein mit dem Körperwesen verbunden sind, sondern dass sich auch unser Tagesbewusstsein an unsere Zellen andockt. Dann verbinden wir uns nach und nach wieder mit dem globalen Datenstrom.

Für viele Menschen ist es gut, dass sie aktuell noch nicht bewusst an diesen konstanten Datenstrom angedockt sind, denn sie wären mit all den vielen Informationen komplett überfordert. Darum kommt immer nur jener Teil an Informationen ins Tagesbewusstsein, der im Moment tatsächlich gebraucht wird. Ob ein Mensch bewussten Zugriff darauf hat, hängt also einerseits davon ab, wie hoch seine Schwingung ist und zu wie viel Prozent er in sein Körperwesen integriert ist, und andererseits davon, ob ein solcher Zugriff für die betreffende Seele im Moment sinnvoll ist oder nicht.

Die Aufgabe unserer Haare

Dass wir durch unseren Körper Informationen empfangen und sie in unseren Hautzellen abspeichern können, ist ein wichtiger Aspekt des Körperwesens. Zum einen bringen wir bereits viele wichtige Informationen in unseren Zellen mit, und zum anderen erhalten wir von überall auf der Welt noch zusätzliche Informationen. Alle diese Informationen helfen uns, im Leben richtig zu handeln.

Allerdings stellt die Ebene dieser Informationszellen nur einen Aspekt des gesamten Körperwesens dar. Ein physischer Körper ist ja sehr komplex und hat viele verschiedene Aspekte und Ebenen, und jeder einzelne Aspekt, jedes einzelne Organ hat seine eigenen Aufgaben im Dienste des Körperwesens. Genauso, wie die Hautzellen die Aufgabe haben, Informationen zu sammeln, abzuspeichern, aufzubewahren und weiterzugeben, haben zum Beispiel die Kopfhaare die Aufgabe, den emotionalen Zustand eines Menschen zu erfassen und Zugriff auf seinen Emotionalkörper zu gewähren. Das heißt, die Kopfhaare zeigen den emotionalen Status einer Person an, seine emotionalen Erinnerungen und momentanen Befindlichkeiten wie etwa Freude, Überraschung und so weiter. Auch Dinge wie das Wahrnehmen der Energie eines Raumes laufen häufig nicht über die Hautzellen, sondern über die Haare. Die Haarspitzen unserer Kopfhaare gleichen Mini-Antennen, die die emotionalen Schwingungen in der Außenwelt scannen und dann im Unterbewusstsein abspeichern. Falls mein Körperwesen den Eindruck hat, dass es für mich wichtig ist, eine bestimmte Informationen zu bemerken, dann schaltet es um und lenkt diese Information in mein Tagesbewusstsein.

Auch die sonstigen Körperhaare haben die Aufgabe, Informationen aufzunehmen, nicht nur im Bereich des Emotionalkörpers, sondern auch im Bereich des Mentalkörpers. Sie speichern zum Beispiel Gedanken ab oder historische Fakten oder Wissen, das man aus vergangenen Inkarnationen mitgebracht hat.

Übrigens: Falls jemand keine Kopfhaare (mehr) hat, muss das nicht zwangsläufig zu einem Mangel führen. Das Gehirn wird feststellen, dass dieser Kanal nicht zur Verfügung steht, und so wird sich das Körperwesen einfach einen anderen Kanal suchen, um die entsprechenden Funktionen wahrzunehmen.

Energetische Nährstoffaufnahme durch die Füße

Wenn wir uns von der Natur entfremden und so gut wie keinen Kontakt mehr zu ihr pflegen, hat das Konsequenzen für unser Leben, weil uns dadurch vieles verloren geht.

Wenn wir zum Beispiel barfuß über den Erdboden laufen – also über natürlichen Waldboden, über Wiesen, Felder, Gestein und so weiter –, kommt es zu einem direkten Energieaustausch zwischen unserem physischen Körper und der Erde. Der Körper weiß ja instinktiv, welche Stoffe ihm gerade fehlen – Mineralstoffe zum Beispiel oder Vitamine –, und durch unser Barfußlaufen kann unser Körperwesen diese fehlenden Stoffe energetisch direkt aus der Erde beziehen und in den Körper holen. Dies ist nur ein Beispiel von vielen. Unser Körper ist zu viel mehr fähig, als wir üblicherweise denken.

Es ist hier auch wichtig zu berücksichtigen, dass jeder Mensch ein individuelles Wesen ist – nicht nur spirituell betrachtet, sondern auch was seine kosmische Herkunft betrifft. Seelen sind von den unterschiedlichsten Orten des Universums hierher auf die Erde gekommen, um sich als Mensch zu inkarnieren, und deshalb weisen die Menschen ganz unterschiedliche feinstoffliche Strukturen auf. Es macht einen großen Unterschied, ob ein Mensch feinstofflich gesehen zu 90 % ein irdisches Wesen ist oder nur zu 10 %. Daher ist es nicht möglich, allgemeingültige Aussagen darüber zu machen, was für den menschlichen Körper gesund und förderlich ist und was nicht. Eine wirklich ganzheitliche Medizin und Ernährungslehre sollte daher nicht ausschließlich auf den physischen Körper ausgerichtet sein, sondern sozusagen auch die individuellen energetischen Bedürfnisse der unterschiedlichen Wesen mit einbeziehen, die sich hier in einer menschlichen Form inkarniert haben.

Indem unser Körperwesen durch unser Barfußlaufen die momentan benötigten Nährstoffe direkt aus der Erde bezieht, holt es sich sozusagen die Ur-Information des jeweiligen Stoffes und nicht etwas, das nur in den Vorstellungen der Menschen existiert, aber gar nicht der göttlichen Urform entspricht; und auch nicht etwas, das künstlich in eine Form gepresst wurde wie etwa bei Vitaminpräparaten oder ähnlichem.

Die energetische Nährstoffaufnahme funktioniert natürlich auch, wenn wir uns beispielsweise mit bloßem Körper auf eine Wiese legen. Auch dann findet ein energetischer Austausch statt. Aber durch die Füße geht es am besten, denn sie sind von Natur aus darauf angelegt, Stoffe aufzunehmen und an den Körper weiterzuleiten. Selbstverständlich kann man wie immer auch direkt die Quelle anweisen, dass alle momentan benötigten Vitamine, Mineralstoffe und so weiter in ihrer Urform in den Körper heruntergeladen werden sollen.

Sonnenlicht downloaden

Durch das Sonnenlicht bekommt unser Körper sowohl auf der physischen als auch auf der energetischen Ebene viele wichtige Dinge, die die Entwicklung unserer DNA beschleunigen. In der

Zeit, in der wir hier in Europa im Winter monatelang physisch fast kein Sonnenlicht bekommen, fehlt uns diese Unterstützung. Weil unser Gehirn aber nicht zwischen Wirklichkeit und Vorstellung unterscheidet, können wir uns in dieser Zeit einfach gedanklich mit der Sonne verbinden und auf diese Weise alles downloaden lassen, was wir brauchen.

9

Mit Gedanken und Emotionen Dinge erschaffen

Gedankenformen und Energiekugeln

Wenn wir etwas denken oder uns etwas vorstellen, erzeugen wir ein feinstoffliches Bild in unserem Kopf. Die Leute nennen das «etwas vor dem geistigen Auge sehen». Ich verwende dafür den Begriff «Gedankenform». Denn es ist wirklich so, dass unsere Gedanken bewirken, dass wir das, was wir denken, anfangen zu manifestieren und in eine Form zu bringen – zuerst energetisch, dann auch physisch.

Angenommen, du stellst dir einen roten Ball vor. In demselben Moment, in dem du dir diesen roten Ball vorstellst, siehst du ihn schon vor deinem geistigen Auge. Das heißt, du hast ihn bereits auf der feinstofflichen, energetischen Ebene manifestiert; er existiert dort bereits. Du hast ihn sozusagen aus dem Feld der Möglichkeiten in die feinstoffliche Ebene hinein gepflückt. In einem nächsten Schritt kannst du ihn dann theoretisch auch ins Physische hinein manifestieren, denn physische Materie ist nichts anderes als verdichtete Energie. Indem du intensiv und mit Emotionen an diesen roten Ball denkst, verdichtet er sich immer mehr hinunter, bis er schließlich im Physischen erscheint.

Emotionen sind dabei von großer Bedeutung, denn sie besitzen eine große Kraft und können somit Prozesse beschleunigen. Sobald wir etwas mit starken Emotionen tun, geschieht es schneller. Nehmen wir an, du denkst an Blumen und hast gleichzeitig auf der emotionalen Ebene eine große Freude an Blumen. Auch wenn im Physischen keine Blumen da sein mögen, erfreut dich doch die intensive Vorstellung von Blumen. Dann kann es gut sein, dass du noch am selben Tag einem Menschen begegnen wirst, der dir Blumen schenkt. Auf diese Weise haben deine Gedanken und Emotionen Blumen manifestiert. Du hast den Gedanken, wie wundervoll es doch wäre, Blumen zu haben, so stark ins kollektive Feld gesendet, dass ein anderer Mensch diese Freude aufgeschnappt und entschieden hat, Blumen zu verschenken.

Ein weiteres Beispiel: Angenommen, du stellst dir einen kleinen Zimmerspringbrunnen von vielleicht 30 cm Höhe vor. Wie zuvor beim roten Ball holst du ihn aus dem Feld der Möglichkeiten und manifestierst ihn zunächst vor deinem geistigen Auge auf der feinstofflichen, energetischen Ebene. Nun kannst du die Quelle anweisen, dass das Wasser, dass im Springbrunnen zirkuliert, eine bestimmte Frequenz ausstrahlen soll – beispielsweise die Frequenz der Entspannung. So beginnt der von dir erschaffene feinstoffliche Springbrunnen den Raum, in dem er steht, positiv zu verändern. Diesen Springbrunnen kann man als eine «Gedankenform» bezeichnen. Falls du magst, kannst du zusätzlich noch weitere Gedankenformen erschaffen, denen du jeweils eine bestimmte Aufgabe zuteilst. Du kannst zum Beispiel feinstoffliche Rosen manifestieren, die du überall im Raum platzierst und die die Frequenz der Liebe aussenden. Und so weiter.

Eine andere praktische Anwendungsmöglichkeit von Gedankenformen ist: Wenn einem zu warm ist, kann man sich zum Beispiel eine Energiekugel aus kühler Energie erschaffen, das heißt eine Art feinstoffliche Kühltruhe, und dann gedanklich die Hände in diese Kühltruhe stecken. Man wird feststellen, dass sich der Körper tatsächlich abkühlt. Umgekehrt funktioniert es ebenfalls: Wenn einem zu kalt ist, kann man sich eine Energiekugel aus warmer Energie erschaffen oder auch sich vorstellen, dass man von wärmenden Flammen umgeben ist.

Energiekugeln kann man etwa auch dafür einsetzen, feinstoffliche Dinge zu transportieren. Falls du zum Beispiel den feinstofflichen Springbrunnen aus deiner alten Wohnung in deine neue transportieren möchtest, kannst du eine Energiekugel erschaffen und diese darauf programmieren, dass sie dir beim Umzug von Gedankenformen hilft.

Verwandlung von physischer Materie

Physische Objekte bestehen aus Molekülen, und man kann auch in der Kommunikation mit physischen Objekten entweder mit dem gesamten Objekt sprechen oder mit einem bestimmten Teil von ihm. Man kann beispielsweise mit einem Haus als Ganzem sprechen oder mit einem einzelnen Zimmer oder auch einer einzelnen Türe.

Eine andere Möglichkeit ist, mit einem Objekt auf der molekularen Ebene zu kommunizieren. Sofern du in einer Frequenz von Liebe und Wohlwollen bist, kannst du ein Objekt bitten, sich zu verändern und eine neue materielle Form anzunehmen. Auf diese Weise lässt sich die molekulare Struktur und damit etwa das Aussehen, die Form oder die Farbe eines physischen Objekts – zum Beispiel von einem Kissen – verändern. Voraussetzung dafür ist, dass du in der erforderlichen liebevollen Frequenz bist, so dass das Kissen deinen Wunsch überhaupt erfüllen möchte. Ansonsten verschließt und verweigert es sich dir. Auch ein Kissen ist ja ein Wesen mit einem Bewusstsein und mit gewissen Gefühlen und Gedanken.

Das ist in diesem Zusammenhang ein wichtiger Punkt: Solche Phänomene, die die Leute üblicherweise als «paranormal» bezeichnen, sollten nicht mit Druck oder Stress und auch nicht bloß aus dem Verstand heraus erzwungen werden. Man sollte einfach ins Herz gehen und sie dann mit einer Leichtigkeit und aus einer liebevollen Schöpferkraft heraus tun. Dann funktionieren sie am besten. Ansonsten werden sich die beteiligten Objekte verschließen und nicht mitspielen wollen.

Angenommen, man möchte, dass ein Glas Wasser nach Zitrone schmeckt, dass also dieses Wasser uns zuliebe seine Molekularstruktur verändert. Sowohl das Wasser als auch die Zitrone sind ja bewusste Wesen, mit denen man kommunizieren kann und die man – wie alle Wesen – respektvoll behandeln sollte. Man geht also nicht einfach energetisch in die Molekularstruktur des Wassers hinein und zwingt die Moleküle, sich anders zu ordnen. Vielmehr sollte man sich zuerst mit seinem Bewusstsein in eine Liebesfrequenz begeben und dann in dieser Liebesfrequenz die Moleküle bitten, ihre aktuelle Struktur zu lösen und sich neu zusammenzusetzen. Man fragt also das Wasser, ob es bereit sei, den Geschmack von Zitrone anzunehmen, und ebenso fragt man die Zitrone, ob sie bereit sei, dem Wasser etwas von ihrem Geschmack abzugeben. Falls beide einverstanden sind, kann man energetisch in die Zitrone hineingehen und sich die Molekularstruktur der Zitrone anschauen. Anschließend geht man energetisch ins Wasser hinein und schaut sich die dortige Molekularstruktur an. Noch immer in der Liebesfrequenz, kann man dann dem Wasser aus der eigenen Erinnerung das Bild der Zitronen-Molekularstruktur schicken, mit der Bitte ans Wasser, sich danach zu richten. Dann wird es sich freiwillig verändern. Dazu müssen keine Zitronenmoleküle transportiert werden, denn sonst würde die Zitrone ja zerfallen.

Dies alles funktioniert ohne jeden Zwang. Nichts und niemand in dieser Welt sollte zu irgendetwas gezwungen werden. Infolge der neuen Energie reagiert die gesamte Natur heute nur noch auf Liebe. Solange die menschliche Gesellschaft also weiterhin meint, dass man Frieden erreichen könne, indem man Gewalt anwendet, wird sie nicht mehr weiter vorankommen. Denn dies ist noch die alte Energie, die auf Gewalt und Zwang, auf Druck und Stress reagierte. Wenn wir heute die Natur erreichen möchten, sollten wir das aussenden, worauf sie reagiert: Liebe. Die Veränderung hin zum Guten, die wir wollen, ist nicht möglich in der alten Energiestruktur, sondern nur in der neuen Energiestruktur der Liebe. Liebe ist der neue Aggregatzustand der Erde.

10

Unser geistiges Team

Frage: Unter welchen Voraussetzungen kann ich mit meinem geistigen Team bewusst kommunizieren?

Antwort: Es geht immer um Schwingungsfrequenzen. Falls deine eigene Schwingung auf der gleichen Frequenz ist wie ein anderes Wesen oder oberhalb dieser Frequenz, kannst du bewusst kommunizieren. Dies gilt sowohl für die Mitglieder deines geistigen Teams als auch für Verstorbene, für Elementarwesen sowie für alle anderen Wesen. Um mit deinen Geistführern synchron zu werden, musst du also deine Frequenz bewusst auf ihre höhere Frequenz ausrichten. Du kannst auch visuell mithelfen. Für manche ist es einfacher, eine visuelle Vorstellung zu haben. Auch das kann helfen, die Frequenz zu ändern.

Aber auch wenn wir noch nicht direkt mit unserem geistigen Team kommunizieren können, ist es hilfreich zu wissen, dass sie da sind, dass wir nicht alleine sind. Jeder von uns ist stets von liebevollen geistigen Begleitwesen umgeben, die wir jederzeit fragen oder um Unterstützung bitten können. Sie stehen immer bereit für uns, und sie sind nicht im Vergessen wie wir. Wir brauchen einfach ein wenig Vertrauen darauf, dass sie da sind. Aber wenn wir uns selbst nicht vertrauen, werden wir auch anderen nicht vertrauen – grobstofflichen Wesen nicht und auch nicht feinstofflichen Wesen.

Allerdings respektieren die Geistführer und die Läufer unseren freien Willen und drängen sich uns nicht auf. Nur dann, wenn wir ihnen etwas sagen, machen sie es auch. Sonst bleiben sie in einer Art Stand-by-Modus. Aber sie freuen sich über jeden Auftrag von uns, denn dafür sind sie ja da. Wir brauchen sie einfach nur danach zu fragen.

Frage: Lernen sie auch mit uns?

Antwort: Ja, sie reagieren auf uns und sie lernen mit uns. Alles hat ein Bewusstsein, alles reagiert, alles kommuniziert, alles lernt. Falls zum Beispiel dein Laptop dich nicht mehr mag, funktioniert er möglicherweise nicht mehr. Dann kannst du ihn – oder auch dich – fragen, warum er dich nicht mehr mag. Alle Wesen sind lernfähig und kommunikationsfähig.

Frage: In welchen Situationen darf ich meinen Geistführer oder meinen Schutzengel rufen?

Antwort: Du darfst sie immer rufen, wenn du möchtest. Sie freuen sich darüber. Sie alle sind ja äußerst freundliche und liebe Wesen. Stell dir vor: Dein ganzes Leben lang sind diese Wesen schon bei dir und begleiten dich. Sie müssen dich also ziemlich gerne haben.

Frage: Wie genau funktioniert die Kommunikation mit dem geistigen Team:

Antwort: Für die Kommunikation mit dem geistigen Team braucht es keine spezielle oder komplizierte Technik. Es hat viel mit Erfahrung und mit Gewohnheit zu tun. Es ist ein wenig so wie mit technischen Geräten: Sobald man den Dreh erst einmal raus hat, läuft es wie von selbst. Für mich ist das geistige Team die klarste und direkteste Quelle, um an Wissen zu kommen.

Wenn dein geistiges Team dir eine Information sendet, erkennst du dies zum Beispiel daran, dass du plötzlich etwas weißt, aber du weißt möglicherweise gar nicht, warum. Das ist das, was die Leute manchmal als «Geistesblitz» bezeichnen. Es bedeutet, dass man mit seinem Bewusstsein in die höhere Frequenz des geistigen Teams geht und dort gewisse Informationen sammelt. Es kann jedoch passieren, dass man später in der Frequenz seines Tagesbewusstseins keinen bewussten Zugriff auf diese Informationen mehr hat.

Was die Kommunikation mit geistigen Wesen betrifft, so hat jeder Mensch so etwas wie einen individuellen «Hauptkanal», der von Mensch zu Mensch unterschiedlich ist. Ich zum Beispiel bin eher im Fühlen, während andere eher im Sehen oder im Hören sind. Je nach Hauptkanal kommuniziert das geistige Team unterschiedlich mit der jeweiligen Person. Falls jemand als Hauptkanal das Hören hat, kann es sein, dass er innerlich tatsächlich eine Stimme hört oder auch irgendwelche Geräusche. Wer eher im Sehen ist, bekommt innere Bilder gezeigt, und wer eher im Fühlen ist, bekommt Gefühle vermittelt.

Manchmal haben die Menschen seltsame Vorstellungen davon, wie die Antwort ihrer geistigen Begleitwesen sein soll. Sie erwarten irgendwelche spektakulären Dinge und übersehen dabei, dass auch ein klares inneres Gefühl – ein Gefühl, nicht eine oberflächliche Emotion – schon eine Antwort von oben sein kann. Wenn sie vermeintlich keine Antwort erhalten, beginnen einige daran zu zweifeln, ob das geistige Team oder selbst die Quelle eine bestimmte Frage überhaupt bekommen habe. Aber keine Sorge, sie bekommen unsere Fragen immer, und wir bekommen auch immer eine Antwort. Wenn dein Geistführer höher schwingt als du, kommt die Antwort zwar, aber sie geht direkt in dein Unterbewusstsein und nicht in dein Tagesbewusstsein. Denn wir nehmen nur das bewusst wahr, was gleich hoch schwingt wie wir oder tiefer als wir. Die Kommunikation mit dem geistigen Team ist dann so etwas wie eine Einbahnkommunikation.

Damit eine beidseitig bewusste Kommunikation stattfinden kann, muss man fähig sein, auf der gleichen Schwingungsfrequenz zu senden und zu empfangen, in der sich das betreffende geistige Wesen befindet. Doch selbst wenn man in einer zu tiefen Frequenz ist und somit eine bewusste Kommunikation nicht möglich ist, wird die Handlungsfähigkeit unseres geistigen Teams dadurch nicht beeinträchtigt. Sie erfüllen ihre Aufgaben auch dann, wenn wir es nicht bewusst bemerken.

Auch hier ist der entscheidende Punkt die individuelle Frequenzerhöhung. Indem wir unsere Schwingungsfrequenz erhöhen, können wir unser Unterbewusstsein immer mehr mit dem Tagesbewusstsein verbinden. So wird aus der Einbahnkommunikation mit der Zeit eine beidseitige Kommunikation. Eine solche beidseitige Kommunikation funktioniert wie gesagt nur dann, wenn man in synchroner Schwingung miteinander ist. Das gilt übrigens auch für den Austausch zwischen Menschen. Obwohl ich gerade deutsch spreche, kann es sein, dass das, was ich sage, bei manchen wie «chinesisch» ankommt, weil sich ihr Tagesbewusstsein im Moment gerade in einer anderen Schwingungsfrequenz befindet.

Manchen Menschen fällt es leichter, zuerst mit einem physischen Objekt wie zum Beispiel einem Kristall oder etwas Ähnlichem Kontakt aufzunehmen, weil ihnen das Physische näher steht und sie die Frequenz dieses Objektes schon kennen. Sie nutzen dann dieses Objekt als Hilfsmittel, um mit dem Geistführer oder einem anderen feinstofflichen Wesen zu kommunizieren.

Wichtig in der Kommunikation mit dem geistigen Team ist auch, dass wir unser Anliegen immer ganz klar formulieren. Das ist bei ihnen ein wenig anders als unter uns Menschen. Wenn ich einen anderen Menschen frage: «Kann ich das Glas Wasser haben?», wird er mir höchstwahrscheinlich das Glas Wasser reichen. Die feinstofflichen Wesen aber antworten nur: «Ja, du kannst das Glas Wasser haben» – nichts weiter. Denn du hast ja gefragt, ob du es haben kannst. Du hast nicht gesagt, dass sie es dir reichen sollen.

Frage: Ist ein Gebet auch ein wirksames Mittel für die Verbindung zu höherdimensionalen Wesen?

Antwort: Ja. Alles, was für dich hilfreich ist, um eine Verbindung herzustellen, wirkt. Falls für dich ein Gebet der geeignete Weg ist, ist das richtig so und wird funktionieren.

Eine andere Möglichkeit ist, dass wir uns vorstellen, uns direkt mit der Quelle, dem Schöpfer, zu verbinden. Aus unserem Herzen geht dann ein Lichtstrahl zum Schöpfer, und vom Schöpfer geht eine Lichtsäule durch unser Herz in das Herz der Erde. Sobald die Verbindung auf diese Weise hergestellt ist, können wir der Quelle sagen, dass wir nun gerne mit unserem Geistführer kommunizieren möchten, und dann wird es auch sofort funktionieren.

Wir können uns auch vorstellen, dass wir zum Beispiel durch eine Baumallee gehen und dass dann am Ende der Allee auf einer Lichtung unser Geistführer steht. Wenn dein Bewusstsein diese Ausrichtung hat und wenn du es gerne so hättest, dann wird es funktionieren. Dann wird dein Geistführer für dich dort stehen.

Frage: Geht es besser, mich mit der Quelle zu verbinden, wenn ich gereinigt bin? Muss ich also vorher gewisse energetische Reinigungsarbeiten machen, oder kann ich meine Frage auch direkt zur Quelle hinauf senden?

Antwort: Kein Problem. Die Quelle ist kein König, der dich rausschmeißt, wenn du mal nicht ganz so sehr leuchtest.

Übrigens ist es so, dass dein Herz immer mit der Quelle verbunden ist. Daher müssten wir uns eigentlich gar nicht ständig neu mit ihr verbinden. Aber bei den meisten Menschen ist diese Verbindung noch unbewusst – irgendwo vergraben unter ganz vielen Schichten von Sand. Was es braucht, ist, dass wir uns über diese Verbindung wieder bewusst werden und dass wir vertrauen, dass es tatsächlich so einfach geht. Wenn wir uns mit der Quelle verbinden, stellen wir also keine neue Verbindung her, sondern wir graben die Verbindung, die schon immer existiert, wieder aus – aus unserem Unterbewusstsein hinauf ins Tagesbewusstsein.

Frage: In unserer Kultur sind wir es gewohnt, dass man Gott oder göttliche Wesen demütig um ihre Hilfe bittet. Du aber sprichst meistens davon, dass du die Quelle «anweist». Worin besteht der Unterschied zwischen bitten und anweisen?

Antwort: Es gibt gewisse Dinge, die man energetisch anweisen kann, und andere Dinge, um die man bitten sollte. Der entscheidende Punkt hierbei ist die Frage nach dem freien Willen. Falls du zum Beispiel mit der Seele eines Verstorbenen kommunizieren möchtest, solltest du diese Seele darum bitten zu kommen. Denn es besteht für diese Seele ja keine Verpflichtung und kein Zwang, dass sie zu dir kommen und mit dir reden muss. Aber wenn du dich energetisch etwa mit der Erde oder mit der Sonne oder mit deinem geistigen Team verbindest, dann kannst du sie anweisen, dieses oder jenes für dich zu tun. Denn es gehört ja in den Bereich ihrer Aufgaben innerhalb des göttlichen Plans, dich zu unterstützen.

Frage: Darf ich die Quelle zum Beispiel bitten, mir mehr Kraft und Lebensenergie zu schenken?

Antwort: Ja, natürlich kannst du der Quelle sagen, dass du mehr Lebensenergie brauchst. Dann gibt es zwei Möglichkeiten: Entweder bekommst du tatsächlich neue Energie oder aber nicht. Falls du das Gefühl hast, dass sich an deiner Lebensenergie nichts geändert hat, könnte dies bedeuten, dass die Quelle dir empfiehlt, deinen Lebensstil zu ändern. Die Quelle sieht, dass du, sofern du deinen Lebensstil nicht änderst, auch die neue Energie sofort wieder verbrauchen würdest und bald schon wieder keine Energie mehr hättest. Sie möchte deshalb, dass du zuerst erkennst, dass du für dein Leben und für deine Energie selbst verantwortlich bist.

Frage: Halten sich in den feinstofflichen Welten nicht auch viele Wesen auf, die nicht gerade von höchstem Licht sind?

Antwort: Doch. Genau deswegen ist es ja so wichtig, dass wir uns immer zuerst mit dem Schöpfer verbinden. Wenn sich Wesen des Unlichts in unsere feinstoffliche Kommunikation einschleichen, so geschieht dies immer nur dann, wenn wir mit ihrer Frequenz in Resonanz stehen oder wenn wir ihnen einen «Einschlupf» in unser Bewusstsein bieten. Zum Beispiel eröffnet ihnen nur schon unsere Angst davor, dass es solche Wesen geben könnte, einen Zugang zu unserem Bewusstsein.

Unser Denken hat eine große Manifestationskraft. Sobald wir an etwas denken, bauen wir dadurch eine Verbindung dazu auf. Und sobald wir uns etwas ausdenken, erschaffen wir es dadurch auf der feinstofflichen Ebene. Wenn du zum Beispiel an die Pyramiden in Ägypten denkst, dann taucht in deinem Bewusstsein sofort ein Bild auf, und ein Teil von dir ist feinstofflich schon dort, denn sonst könntest du sie ja nicht innerlich sehen. Oder wenn du dir einen fliegenden Elefanten vorstellst, dann siehst du ihn innerlich nicht deshalb, weil du ihn dir bloß einbildest, sondern weil du ihn gerade feinstofflich manifestiert hast.

Es gibt keine Einbildungen oder Fantasien im Sinne davon, dass sie nicht real seien. Denn alles, was wir uns ausdenken oder sogenannt «einbilden» können, alles was wir in unserem Kopf sehen, das existierte entweder bereits vorher, oder aber wir haben es gerade neu erschaffen. Wenn etwas nicht entweder grobstofflich oder feinstofflich existieren würde, dann könnten wir es auch nicht innerlich in unserem Kopf sehen. Auf diese Weise erschaffen unsere Gedanken und unsere Gefühle fortwährend Wesen und Realitäten – nonstop, wie am Fließband.

Wir alle besitzen diese Manifestationskraft, und wir alle sind hellsichtig. Wir sollten nur lernen, darauf zu vertrauen, dass die Bilder, die wir im Kopf sehen, keine Einbildungen sind, sondern feinstoffliche Realitäten, die wir manifestiert haben. Wir alle sind die Schöpfer unserer eigenen Realität.

Frage: Haben auch Tiere ein geistiges Team?

Antwort: Ja. Niemand ist ohne Begleitung. Kein Wesen wird nicht von anderen Wesen geführt. Manche Tiere sind übrigens in gewisser Hinsicht bewusster als wir. Zum Beispiel Katzen: Katzen sind in der Lage, während des Schlafens aus ihrem Körper hinauszugehen, feinstofflich umherzulaufen und zurückzukommen – und sie wissen danach noch alles bewusst. Wir Menschen gehen im Schlaf ebenfalls aus unserem Körper hinaus, laufen feinstofflich umher und kommen wieder zurück – aber wir wissen danach nichts mehr davon. Jedenfalls die meisten nicht.

Frage: Kann ich meine Läufer auch im Dienst für jemand anderen losschicken?

Antwort: Im Prinzip ja, aber du solltest die andere Person vorher um Erlaubnis fragen. Die Person hat allerdings auch eigene Läufer, darum wäre es besser ihr zu sagen, dass sie welche hat und dass sie sie mobilisieren kann. Sofern die Person noch ein Baby ist oder krank ist oder aus irgendwelchen anderen Gründen nicht sprechen kann, kannst du telepathisch zu ihrer Seele sprechen.

Frage: Ist es sinnvoll, unsere Bitten oder Aufträge an unser geistiges Team zu wiederholen?

Antwort: Wenn man einer Freundin oder einem Freund etwas sagt oder sie um etwas bittet, dann vertraut man darauf, dass es funktioniert. Warum sollten wir nicht genauso unserem geistigen Team vertrauen? Das sind ja auch unsere Freunde; meistens sind es sogar bessere Freunde als Menschen. Es reicht also aus, dass wir etwas einmal sagen. Wichtig ist aber, dass wir sie aktiv dazu auffordern und einladen, uns zu unterstützen. Denn ihre Hilfe steht zwar immer bereit, doch solange wir ihnen nicht unsere Einwilligung geben, greifen sie nicht ein. Sie respektieren unseren freien Willen, und nur dann, wenn wir ihnen aktiv die Erlaubnis geben, uns in einer bestimmten Situation zu helfen, werden sie es tun. Allerdings braucht man es ihnen nur einmal zu sagen, denn sie haben ein gutes Gedächtnis.

Außerdem können sie auch telepathisch mit uns reden. Die meisten Menschen sind heute der Meinung, dass Gedanken im Gehirn entstehen. Das sehe ich anders. Denn wenn das so wäre, dann könnten wir nicht mit feinstofflichen Wesen kommunizieren, die ja kein physisches Gehirn haben. Wir könnten uns zum Beispiel auch nicht an Dinge aus früheren Leben erinnern. Nicht unser Gehirn ist also für unsere Denkfähigkeit verantwortlich, sondern vielmehr unsere Seele.

Frage: Welche geistigen Helfer können uns vor Naturkatastrophen warnen?

Antwort: Bei solchen Fragen gilt es immer zuerst zu berücksichtigen, ob du überhaupt gewarnt werden darfst oder nicht. Es könnte ja sein, dass deine Seele sich dafür entschieden hat, ein bestimmtes Ereignis erleben zu wollen. In einem solchen Fall würde niemand dich vorher warnen oder versuchen, dich davon abzuhalten. Dein geistiges Begleitteam steht ja mit deiner Seele in ständigem Kontakt und kennt deinen Seelenplan.

Falls es jedoch so ist, dass man dich von einem bestimmten Ereignis fernhalten soll, so kommt es darauf an, wie du innerlich «gestrickt» bist. Entweder verpasst du zum Beispiel einen Zug; oder du bekommst ein inneres Gefühl, dass es nicht gut ist, dorthin zu gehen oder dies oder jenes zu machen; oder du bekommst einen Traum, und so weiter. Es gibt da ganz unterschiedliche Möglichkeiten, und je nachdem werden verschiedene geistige Helfer aktiv sein.

Falls es um ein Ereignis geht, bei dem die Natur sozusagen ein wenig aus dem Rahmen fällt, gibt es auch die Möglichkeit, die Elementarwesen um Hilfe zu bitten. Wenn wir als Menschen bei einer Naturkatastrophe in eine problematische Situation geraten – und sofern es sein darf, dass uns geholfen wird –, sind die Elementarwesen in der Lage, sofort einzugreifen und tatsächlich die Situation zu ändern. Es genügt für dich im Grunde zu wissen, dass sie existieren. Falls du irgendwann in eine schwierige Lage gerätst, kannst du an sie denken und sie um ihre Hilfe bitten. In Notfällen helfen uns die Elementarwesen meistens sofort. Ansonsten kann es sein, dass sie den betreffenden Menschen zuerst prüfen, um herauszufinden, ob sie ihm vertrauen können oder nicht. Es gibt Menschen, bei denen die Elementarwesen sofort spüren, dass sie ihnen vertrauen können, aber wenn sie sich nicht sicher sind, dann testen sie ihn zuerst. Zum Beispiel liegt vielleicht irgendwo auf einer Wiese etwas Abfall rum, und dann schauen sie, ob der betreffende Mensch den Abfall beseitigt oder nicht. Danach entscheiden sie, ob sie dem Menschen helfen wollen oder nicht.

Üblicherweise leben die Elementarwesen kreuz und quer in der ganzen Natur verstreut. Heutzutage aber ist es vielerorts leblos geworden, weil wir ihnen den Lebensraum genommen und sie vertrieben haben. In Wäldern und in gewissen Gärten jedoch leben sie noch, und sie freuen sich immer darüber, wenn Menschen kommen, die sich über die Existenz von Elementarwesen bewusst sind. Denn bei solchen Menschen können sie sicher sein, dass sie auf sie acht geben werden.

Frage: Wie soll man damit umgehen, wenn die geistige Welt einem Zeichen schickt? Muss man davor Angst haben?

Antwort: Nein, davor muss man keine Angst haben. Vor unserem geistigen Team brauchen wir keine Angst zu haben, denn sie mögen uns ja. Sie schicken uns Zeichen, damit wir besser verstehen können, wo entlang wir auf unserem Lebensweg laufen sollen. Wenn wir sie um Unterstützung bitten, können wir ihnen sagen, was wir uns von ihnen als Antwortzeichen wünschen, und sie werden sich daran halten. Sie tun das alles, weil sie uns mögen. Eigentlich warten sie ständig darauf, dass wir sie um ihre Hilfe und Unterstützung bitten.

Selbstverständlich ist in der feinstofflichen Welt auch nicht alles nur Zuckerwatte und Regenbögen und Einhörner. Auch dort herrscht Dualität, und auch dort gibt es unlichte Wesen. Sofern wir jetzt aber nur von den lichtvollen Wesen sprechen, dann geben sie uns ja Zeichen, um uns zu helfen oder auf etwas aufmerksam zu machen. Wenn du also fragst, wie du mit diesen Zeichen umgehen sollst, dann würde ich vorschlagen, sie zu beachten.

Frage: Nach meinem Empfinden ist es so, dass ich auch Geistführer habe, die bisher noch nicht auf der Erde inkarniert waren. Kann das sein?

Antwort: Ja, das kann sein. Auch wir Menschen kommen ja nicht alle ausschließlich von der Erde. Wenn sich eine Seele von außerhalb als Mensch auf der Erde inkarniert, was ist sie dann? Ein Mensch, ein Einwanderer, ein Flüchtling, ein Außerirdischer? Die meisten von uns gehören nicht zu den Ureinwohnern der Erde. Die heutige Erde ist so etwas wie ein multikulturelles Zentrum, in dem sich viele galaktische Touristen treffen. Galaktischer Tourismus ist etwas völlig Normales. So gesehen sind wir in unserer Familie oder bei der Arbeit oder in jedem anderen Lebensbereich ständig umgeben von irgendwelchen Wesen, mit denen wir möglicherweise schon mal in anderen – sowohl irdischen als auch in nicht-irdischen – Inkarnationen zu tun hatten. Dasselbe gilt auch für Mitglieder unseres geistigen Teams.

11

WE ARE PEACE – Ein Impuls

Friede ist kein plötzlicher Zustand, der einfach so entsteht. Friede ist eine Entscheidung – von jedem einzelnen Menschen, sich ausweitend auf alle Länder.

Wir alle wünschen uns Frieden auf der Welt und für die Welt. Es ist Zeit, dass wir verstehen: Wir sind für die Erde verantwortlich. Wir als Bevölkerung sind diejenigen, die die Veränderung für die Welt bringen werden. Wenn wir uns wirklich Frieden auf der Welt wünschen, dann sollten wir verstehen, dass äußerer Frieden zuerst inneren Frieden voraussetzt.

Es ist Zeit, dass wir der Gewalt auf der Erde mit Liebe begegnen und dass wir aus unserem Herzen heraus leben. Unsere Herzen sind nichts anderes als Liebe, die sich als Wahrheit ausspricht, als Mensch verkörpert, als Freude anfühlt und als Freiheit lebt.

Weil wir Menschen sind, lernen wir zu verstehen,
was es bedeutet, mit und durch Liebe zu ändern,
mit Wahrheit zu leben und mit Freiheit zu denken.

Der Schlüssel für Frieden ist nicht die Politik, sondern wir als Weltbevölkerung. In dem Moment, in dem die Herzen einer Gruppe von Menschen im gleichen Rhythmus schlagen, ausgerichtet auf den Frieden und auf das Licht für diese Welt, wird das Tor des Friedens und der Freiheit für die ganze Menschheit geöffnet.

Wir verfügen über einen freien Willen. Es liegt somit an uns, ob wir JA zum Frieden sagen und anfangen, den Frieden zu leben, oder ob wir noch zögern. Wenn wir JA sagen und anfangen, wie der Friede zu handeln, dann beginnen wir die Welt zu verändern. Es ist wichtig, dass wir verstehen, dass jede noch so kleine Handlung eine Auswirkung hat. Wir alle sind miteinander im Menschheitsfeld verbunden. Jeder, der bei sich zu Hause auf der physischen Ebene etwas Kleines für den Frieden tut, sendet seine Handlung in das globale Menschheitsfeld und gibt damit global einen weiteren Friedensfunken in das Feld hinzu.

Der Schlüssel für das Tor des Friedens und der Freiheit für die Menschheit liegt in der gemeinsamen Ausrichtung unserer Herzen. Und der Schlüssel für eine gemeinsame Ausrichtung ist es, das zu leben, was wir in unseren Herzen tragen. Je mehr Menschen ihr Herz leben, desto mehr wird diese Fähigkeit, diese Information, in das Menschheitsfeld einfließen. Und je größer diese Fähigkeit im Menschheitsfeld ist, desto einfacher werden es die Menschen haben, die in der Zukunft hinzukommen werden.

Jeder Mensch, der sein Herz lebt, entfacht damit das Feuer der Liebe und hilft mit, die noch dunklen Fackeln anzuzünden, so dass jeder die Chance bekommt, das Feuer der Liebe in sich zu tragen und durch das Tor des Friedens und der Freiheit zu gehen. Denn Frieden im Außen beginnt mit dem Frieden in uns selbst. Jeder Mensch ist somit aufgerufen, sein eigenes Herz in seinem Leben zu verkörpern, um Liebe, Wahrheit und Freiheit hier zu verankern, Frieden entstehen zu lassen und das Feuer der Liebe erstrahlen zu lassen.

Nachstehend findest du einige Anregungen, mit deren Hilfe du deine eigene und damit auch die globale Schwingung auf einen neuen Level heben kannst, damit Frieden sich manifestiert – im Kleinen wie im Großen!

1.) Sag ja zu deinem Leben. Es ist eine Ehre, als Mensch hier zu sein.

2.) Suche deine Wahrheit nicht im Außen, sondern in deinem eigenen Inneren.

3.) Erkenne, dass jede friedvolle Handlung, egal wie klein, in ein globales energetisches Feld eingewebt wird. So trägst du direkt zum Weltfrieden bei.

4.) Lass Liebe in all ihren verschiedenen Formen in dein Leben treten, wie zum Beispiel als: Dankbarkeit, Freude, Akzeptanz, Vergebung, Ehrlichkeit.

5.) Sei dankbar und erkenne den Wert jeder Sekunde deiner Vergangenheit und deiner Gegenwart.

6.) Spüre dein Herz und lebe es, folge deinem Herzensimpuls. Dein Herz führt dich mit der Wahrheit des Moments dorthin, wo es jetzt für dich richtig ist.

7.) Gib dir selbst das Recht, mit der Quelle der Schöpfung in Kontakt treten zu dürfen.

8.) Begegne den Kindern auf Augenhöhe.

9.) Geh nicht in Resonanz mit unlichten Aktionen.

10.) Sei dir bewusst, dass alles, was du aussendest, auf dich zurückfallen wird.

11.) Verzeihe allen Menschen, die jetzt in deinem Leben sind oder die in der Vergangenheit in deinem Leben waren.

12.) Respektiere den freien Willen all deiner Mitmenschen, unabhängig von ihrer Nationalität und von ihrem Aussehen.

13.) Tue das, was dir Spaß macht und was dich erfreut. Liebe dich selbst.

14.) Lebe deine Berufung.

15.) Lebe die Veränderung in dir und in deinem Leben, die du gerne in der Welt sehen würdest.

16.) Eine Situation, die nicht mehr zu deinem göttlichen Wohl ist, kannst du entweder annehmen oder ändern – oder du erschaffst eine bessere.

17.) Achte die Natur und erkenne ihre Schönheit.

18.) Wende dich von allen Medienkanälen ab, die dich herunterziehen, und beschäftige dich mit positiven Dingen.

19.) Pflege Kontakt zu Menschen, die dir gut tun.

20.) Höre auf das, was dein Körper dir sagt, und sei dir bewusst darüber, dass alle physischen Krankheiten immer einen Ursprung in deinem mentalen und/oder emotionalen Leben haben.

21.) Sobald du in deinem Herzen bist, erhöht sich deine Schwingung sofort. Du musst gar nicht mehr dafür tun.

22.) Füge weder in Gedanken noch in Worten oder Taten einem Lebewesen Schaden zu.

23.) Liebe ist die transformativste Kraft, die auf der Welt existiert. Nutze sie und begegne jeder Gewalt mit Liebe und Mitgefühl.

24.) Seine Stimme verändert die Welt. Wir leben auf der Welt und tragen gemeinsam die Verantwortung für sie. *

WE ARE PEACE

* Anmerkung des Verlages: Der Text «We Are Peace» ist entstanden im August und September 2018 und wurde seitdem sowohl als Download auf den Websites als zum Teil auch als gedrucktes Flugblatt in bislang 14 Sprachen veröffentlicht. Man kann ihn kostenlos beim Govinda-Verlag beziehen: govinda.ch.

Erläuterungen zum Text «We Are Peace»

Diese 24 Anregungen beschreiben Dinge, die eigentlich logisch und selbstverständlich sein sollten. Sie sind nichts Neues, und wahrscheinlich seid ihr und sind auch andere schon selbst auf die Idee gekommen, nach solchen Hinweisen zu leben. Das bedeutet, dass dieser Impuls nicht alleine von mir stammt und auch nicht von mir abhängig ist. Jeder, der sich schon einmal die Frage gestellt hat, wie die Menschen in Frieden zusammenleben können, hat diesen Impuls ebenfalls empfangen. Und jeder, der sich aktiv für den Frieden einsetzt, ist diesem Impuls schon gefolgt.

Wir haben diese Anregungen dennoch aufgeschrieben und in einem Flugblatt zusammengefasst, weil sie heutzutage in unserer Gesellschaft irgendwie doch nicht für alle Menschen selbstverständlich und normal sind. Sonst würden alle ja längst danach leben. Diese 24 «We Are Peace»-Punkte sind zwar nichts Neues, aber sie sollen euch als Erinnerung daran dienen, was ihr persönlich zu einer friedlicheren Welt beitragen könnt. Falls ihr bei dem einen oder anderen Punkt den Eindruck habt, dass ihr dies schon tut, dass ihr an diesem Thema schon dran seid, so bedeutet dies, dass ihr euch bereits mitten in eurer bewussten spirituellen Entwicklung befindet.

Das «We Are Peace»-Projekt hat nicht mit mir angefangen. Unzählige Menschen haben schon lange vor mir begonnen, über diese Punkte zu sprechen oder sie einfach zu leben. Schon lange vor mir gab es Menschen, die aus ihrem Herzen heraus gelebt haben und die anderen mit Verständnis, Mitgefühl und Akzeptanz begegnet sind. Jemand, der in seinem Herzen ist, handelt wie selbstverständlich nach diesen Anregungen. Das Flugblatt ist nur eine Erinnerung daran, dass unsere Urnatur als Mensch herzbasiert und liebevoll ist. Sobald eine Gesellschaft von den urnatürlichen Wesenszügen des Menschseins abweicht, entstehen destruktive Zustände, wie wir sie heute haben.

Wenn wir wollen, dass unsere Welt langfristig wieder schöner und friedlicher wird, wenn wir wieder eine herzbasierte Gesellschaft wollen, die lösungsorientiert denkt und handelt, dann besteht der erste Schritt darin, dass wir uns selber ändern. Diese Änderung betrifft unser gesamtes Bewusstsein – sowohl unser Denken und unser Fühlen als auch unser Sprechen und Handeln. Indem wir unser Denken ändern, ändert sich auch unser Fühlen. Und indem sich unser Denken und Fühlen ändert, ändern sich auch unsere Handlungen.

Alles, was gegenwärtig auf der Erde geschieht, geschieht durch uns Menschen. Das bedeutet: Sobald wir Menschen uns ändern, werden sofort andere Dinge geschehen. Wir sollten aufhören, immer nach Schuldigen zu suchen und uns dadurch ständig um die Lösung unserer Probleme herum zu drehen. Was in der Vergangenheit geschehen ist, ist geschehen, und wir können es nicht rückgängig machen. Aber wir können aus der Vergangenheit lernen und es in Zukunft besser machen. Es geht darum, dass wir selber zu dem werden, was wir in der Zukunft auf diesem Planeten sehen möchten. Die Zustände werden sich nicht verändern, solange wir alle nur passiv dasitzen und darauf warten, dass sich auf mysteriöse Weise alles verändert.

Wir leben auf der Erde und tragen gemeinsam die Verantwortung für sie und für das, was auf ihr geschieht oder auch nicht geschieht. Wenn wir eine schönere und bessere Welt haben wollen, dann kann diese Veränderung nur bei uns, den Menschen, anfangen, und zwar bei jedem einzelnen von uns. Denn wir können niemand anderen verändern, wir können nur uns selbst ändern. Was auch immer wir in der Welt geändert haben möchten – der erste Schritt besteht immer darin, dass wir uns fragen: Was kann ich bei mir selbst ändern?

Das ist aus meiner Sicht der einzige Weg: dass überall auf der Welt die Menschen Ideen empfangen, wie man Dinge verbessern kann, und dass sie dann diese Ideen gemeinsam umsetzen. Nur gemeinsam als Menschheit können wir das schaffen und nicht, indem jeder auf seiner eigenen Schiene fährt. Wir brauchen uns gegenseitig, um eine globale Änderung zu bewirken.

Wenn wir die Welt zum Guten verändern wollen, wenn wir Frieden wollen, dann gilt es zu verstehen, dass nicht die Erde das Problem ist, sondern unser kollektives Denken und Handeln als Gesellschaft. Weil also wir Menschen das Problem sind, besteht die Lösung ganz einfach darin, dass wir beginnen, anders zu denken und anders zu handeln. Wenn wir sehen, wohin unser aktuelles Denken uns gebracht hat, ist es logisch, dass wir mit dem gleichen Denken nicht anderswohin gelangen werden.

Was ist Frieden?

Frage: Dein Impuls heißt «We Are Peace – Wir sind Frieden». Was verstehst du unter Frieden?

Antwort: Frieden ist in erster Linie ein Bewusstseinszustand, nicht etwas Politisches oder Äußerliches. Frieden ist eine innere Schwingungsfrequenz. Frieden heißt nicht bloß, dass wir nicht andere bekriegen, sondern auch, dass wir mit Liebe handeln.

Wenn wir keinen Krieg wollen, sondern Frieden, dann funktioniert das nicht dadurch, dass sich die jeweiligen Parteien zu einer Krisensitzung zusammensetzen und miteinander Friedensverträge aushandeln. Solange wir noch Friedensverträge schließen müssen, solange ist das kein Frieden, der wirklich langfristig hält. Verträge sind ja nichts anderes als dass du deinem Gegenüber nicht vertraust und du eine schriftliche Bestätigung haben willst, dass er die Vereinbarungen auch sicher einhält. Sofern aber beide Parteien wirklich im Herzen sind, ist die Konsequenz automatisch, dass keiner von den beiden irgendwelche Bomben werfen wird.

Hier in Mitteleuropa haben wir aktuell zwar keine kriegerischen Auseinandersetzungen, aber dennoch sind wir kollektiv gesehen in einem nicht friedlichen Bewusstseinszustand. Die meisten Menschen sind noch nicht in ihrem Herzen, sonst würden sie zum Beispiel nicht miteinander streiten. Die 24 Anregungen, die im Flugblatt beschrieben werden, sind alles logische Konsequenzen davon, dass ein Mensch in seinem Herzen ist.

Wir wurden dazu erzogen, der «Ethik» des Staates zu folgen. Aber eigentlich sollten wir der Ethik unseres Herzens folgen. Wahre Ethik kann nur aus dem Herzen kommen. Wenn alle Menschen das tun, was ihr Herz will, dann wird dies irgendwann die neue Staatsethik sein. Dann wird auch Frieden sein.

Das Menschheitsfeld: die «Überseele» der Menschheit

Frage: Du sprichst in diesem Text vom «globalen Menschheitsfeld». Was genau bedeutet das?

Antwort: Immer dann, wenn mehrere individuelle Seelen zusammenkommen, bildet sich aus ihrer gemeinsamen Energie ein energetisches Feld, das man «Überseele» nennen könnte. Jede Region hat eine solche Überseele, auch jedes Land und jeder Kontinent. Jede Gruppe von Menschen hat eine Überseele und auch eine ganze Zivilisation. Die Überseele der gesamten Menschheit kann man als «Menschheitsfeld» oder als «Menschheitsseele» bezeichnen.

Da wir als Menschen auf der Erde geboren wurden, bilden wir alle zusammen dieses globale Menschheitsfeld und sind über dieses Menschheitsfeld alle miteinander verbunden. Wenn irgendwo auf der Erde ein Mensch etwas denkt oder fühlt oder spricht oder tut, dann wird diese Information umgehend in das Menschheitsfeld geschickt und dort für immer abgespeichert. Das heißt: Alles, was jemals von einem Menschen auf der Erde gedacht, gefühlt, gesagt oder getan wurde – egal wie groß oder wie klein es war –, ist energetisch in der Menschheitsseele abgespeichert. Da jeder Mensch mit dem Menschheitsfeld verbunden ist – entweder bewusst oder unbewusst –, haben wir alle die Möglichkeit, in dieses Feld hineinzugehen und Zugriff zu nehmen auf alle Informationen, die jemals dort abgespeichert worden sind. Auf diese Weise sind wir mit jedem anderen Menschen auf diesem Planeten verlinkt. Nichts ist voneinander abgekoppelt. Alles, was du tust, hat unmittelbar eine Auswirkung auf die Überseele der Menschheit und erreicht somit alle anderen. Darum trägst du eine große Verantwortung für das, was du denkst, was du sagst und was du tust.

Falls du der Erste bist, der etwas Bestimmtes denkt oder macht, entsteht durch deinen Impuls in der Überseele der Menschheit eine neue Möglichkeit. Jemand anders kann dann deinen Impuls aufnehmen und weiterentwickeln. Sobald also jemand einen ersten Schritt getan hat, braucht der Nächste nicht mehr alle einzelnen Schritte von neuem zu machen, sondern er kann gewisse Schritte sozusagen überspringen und somit schneller vorwärts gehen.

Selbst wenn man die Verbindung zum Menschheitsfeld noch nicht bewusst herstellen kann, kann es sein, dass man unbewusst einen plötzlichen Impuls empfängt, der von jemand anderem ins Feld gesetzt worden ist. Deshalb kommt es vor, dass verschiedene Menschen an unterschiedlichen Orten fast zeitgleich irgendwelche Dinge erfinden – scheinbar unabhängig voneinander. Je mehr Menschen das Gleiche denken oder tun, desto mehr Gewicht bekommt es und wird irgendwann zu einem Selbstläufer. Das heißt auch: Je mehr Menschen ihr Bewusstsein erweitern und ihre Schwingung erhöhen, desto mehr wird die Bewusstseinserweiterung und die Schwingungserhöhung in der Menschheitsseele abgespeichert und desto leichter wird es für andere sein, darauf zuzugreifen. Wenn wir eine Erkenntnis haben, wenn wir etwas Neues wagen, wenn wir unsere Schwingung erhöhen oder etwas zum globalen Frieden beitragen, dann ist dies deshalb nicht nur ein Dienst an uns selbst, sondern immer auch ein Dienst an der ganzen Menschheit.

Jeder einzelne positive Impuls ist wie ein kleiner Lichtpunkt im Menschheitsfeld, und jeder dieser Punkte wird in einer kollektiven Lichtkugel gesammelt, die immer größer und größer wird. So wächst innerhalb des Menschheitsfeldes so etwas wie ein energetischer «Informationsball», und je mehr Menschen das Gleiche denken, fühlen, sagen oder tun, desto mehr Energie, desto mehr Gewicht bekommt dieser Ball. Es ist wie ein Lauffeuer. Je mehr Lichtenergie entsteht, desto mehr Menschen haben Zugriff auf den Ball, selbst wenn sie nicht bewusst danach suchen. Irgendwann wird daraus eine riesige globale Welle, die an einem gewissen Punkt von einer Sekunde auf die nächste alles überschwemmen wird. Genau so wird das kollektive Erwachen der Menschheit stattfinden. Darum ist es wichtig, dass jeder einzelne von uns jetzt einen Anfang macht, damit möglichst viele positive Informationsfunken entstehen können.

Gewaltlosigkeit in der Ernährung

Frage: Wenn ich deinem Grundsatz folgen möchte: «Füge weder in Gedanken noch in Worten oder Taten einem Lebewesen Schaden zu» – wie ist das dann mit der Ernährung?

Antwort: Das mit dem Essen ist tatsächlich ein wenig kompliziert. Denn alles lebt, und so können wir gar nichts essen, das nicht lebendig ist. Die Frage ist also, ob ein Lebewesen es will, dass es gegessen wird, oder ob es das nicht will. Alles Leben hat eine bestimmte Aufgabe, und eine der Aufgaben kann auch darin bestehen, gegessen zu werden. Salate zum Beispiel haben diese Aufgabe. Mich hat jedenfalls noch nie ein Salat angeschrien – doch einmal, da wollte ein Salat tatsächlich nicht mit in den Einkaufskorb.

Die Wesen des Lichts akzeptieren den freien Willen der anderen, die Wesen des Unlichts respektieren diesen freien Willen nicht. Das ist der Unterschied. Daher essen die Wesen des Lichts nur Lebewesen, die damit einverstanden sind, gegessen zu werden. Das heißt: Wir sollten das essen, was von der Natur für uns Menschen als Nahrung vorgesehen ist. Tiere sollten wir nicht niedrig stellen, denn wir können von ihnen vieles lernen. Beispielsweise sogar von Fliegen: Sie zeigen uns mit ihrer Verspieltheit, dass wir das Leben auch mit mehr Humor und Leichtigkeit nehmen können. Alle Tiere haben Emotionen, und sie verstehen teilweise sehr viel mehr von der Welt als wir. Es ist nicht artgerecht, was wir heutzutage mit den Tieren machen. Von der Natur ist es nicht vorgesehen, dass Tiere eingesperrt oder geschlachtet werden sollen. Hier muss sich etwas ändern.

12

Das große Spiel des Vergessens

Ich erzähle euch jetzt mal eine Geschichte, eine wahre Geschichte: Vor Zehntausenden von Jahren sind wir als Menschheit freiwillig in ein großes Theaterstück, in ein großes Spiel des Vergessens eingetreten, von dem wir anfangs nicht einmal wussten, wie es ausgehen würde. Der Planet Erde sollte die Bühne für dieses Stück sein, und manche Seelen würden als Schauspieler diese Bühne physisch betreten, während alle anderen von außen zuschauen würden.

Jede einzelne Seele, die jetzt hier auf der Erde inkarniert ist, hat damals als bewusstes Wesen die freiwillige Entscheidung getroffen, in diesem Theaterstück als Schauspieler verschiedene Rollen zu übernehmen. Eine der vereinbarten Spielregeln war, dass die Schauspieler vergessen würden, dass sie bloß eine Rolle spielen. Eine andere Vereinbarung bestand darin, dass sie nach einer gewissen Zeit wieder geweckt und sich wieder an ihre ursprüngliche Identität erinnern würden. Am Ende sollten in einem großen Finale alle aufgewachten Seelen gemeinsam mit der Erde die Dimensionsebene wechseln – und zwar zusammen mit ihren jeweiligen physischen Körpern.

Der letzte Punkt ist etwas sehr Spezielles, das es in dieser Form zuvor noch nicht gegeben hat. Vergessen, Aufwachen und Aufsteigen ist etwas ganz Normales im Universum. Ständig steigen einzelne Seelen oder ganze Zivilisationen in höhere Dimensionen auf, jedoch immer nur mit dem Bewusstsein und nicht mit dem physischen Körper. Dass die physische Ebene mit aufsteigt, würde etwas Erstmaliges sein.

Das heißt: Alle beteiligten Seelen sind bei diesem speziellen Spiel des Vergessens ein großes Risiko eingegangen, denn zu Beginn wusste man nicht, ob ein Aufstieg mit dem physischen

Körper überhaupt möglich ist oder nicht. Niemand im Universum konnte mit Sicherheit sagen, ob das Experiment gelingen und ob die Menschheit am Ende tatsächlich wie geplant aufsteigen würde. Jede Seele, die damals ins Vergessen ging, konnte sich nicht sicher sein, ob sie aus dieser düsteren Welt des Vergessens wieder herauskommen würde. Es wäre theoretisch auch möglich gewesen, dass alles in einer kompletten Katastrophe enden würde und dass die Erde letztlich verwüstet, ausgetrocknet und ohne etwas Lebendiges dastehen würde.

Mit Beginn des Spiels des Vergessens wurden dann wie vereinbart alle Seelen, die als Schauspieler mitspielen wollten, in eine Art Vollnarkose versetzt, und so haben sie komplett alles vergessen. Obwohl wir alle eigentlich voll bewusste göttliche Lichtwesen sind, haben wir als Menschheit kollektiv vergessen, wer wir wirklich sind, woher wir kommen und warum wir hier sind. Wir sind so tief ins Vergessen gefallen, dass wir sogar vergessen haben, dass wir vergessen haben. Stellt euch das mal vor: Wir haben alles vergessen, und in unserem Vergessen wissen nicht einmal mehr, *dass* wir vergessen haben und *was* wir vergessen haben!

So sind wir während vielen Jahrhunderten und Jahrtausenden in einer vollständigen Illusion aufgewachsen – mit neuen Weltbildern, die der Seele fremd sind, und mit unzähligen neuen Identitäten und Persönlichkeiten. Wir haben fremde Ansichten und Meinungen übernommen und sie als wahr empfunden, obwohl sie nicht wahr sind. Wir haben angefangen zu glauben, wir seien unser physischer Körper und es gebe nichts anderes als die physische 3D-Ebene. Wir haben angefangen zu glauben, dass Gewalt und Krieg etwas Normales seien. Wir haben vergessen, dass Liebe die Lösung für alle Probleme ist, dass wir alle Licht sind und dass wir auf ewig an das Göttliche angebunden sind. Für eine lange Zeit haben wir entweder in dem Glauben gelebt, dass es gar nichts Göttliches gebe oder aber dass wir vom Göttlichen getrennt seien, dass das Göttliche außerhalb von uns sei. Beides ist eine komplette Illusion, denn niemals in allen euren Leben – ob in diesem oder in irgendwelchen früheren – wart ihr je abgeschnitten oder getrennt vom Göttlichen. Niemals! Auch in der Zeit, in der ihr vergessen hattet, dass ihr vergessen hattet, gab es keine Trennung zwischen dem Göttlichen und euch. Man hat es euch bloß eingeredet, und ihr habt es geglaubt und wart überzeugt davon. Diese Überzeugung war über eine lange Zeit hinweg ziemlich hartnäckig. Und trotzdem wart ihr immer an das Göttliche angebunden, und ihr wurdet auch immer vom Göttlichen geführt und beschützt.

Nichts, das im Universum geschieht, geschieht ohne Sinn. So sind auch all die Dinge, die im Verlauf dieses Spiels in der Vergangenheit geschehen sind, nötig gewesen, damit wir als Menschheit heute da sind, wo wir sind. Das heißt: Die gesamte Vergangenheit von jedem einzelnen von euch und auch von der Erde insgesamt ist komplett in Ordnung und musste so sein. Sonst hätten wir als Menschheit gewisse Dinge nicht erfahren und nicht erkennen können, was ja der Grund für dieses Spiel war.

Bevor ihr in dieses Spiel eintratet, wart ihr euch über die Konsequenzen bewusst. Ihr wusstet, dass es nicht sicher sein würde, ob am Ende ein Aufstieg aus dieser extrem hohen Dichte gelingen würde oder nicht. Und trotzdem habt ihr mitgemacht. Dafür dürft ihr euch jetzt mal selbst auf die Schulter klopfen … [Kurze Lesepause zum Schulterklopfen.]

Aus meiner Sicht bedeutet das aber auch: Jeder einzelne von euch, der jetzt als Mensch hier auf der Erde lebt, trägt eine tiefe Zuversicht in sich, dass es am Ende gut ausgehen wird. Und jeder von euch trägt auch eine gewisse Verrücktheit in sich sowie außerdem einen großen Mut. Um in das Spiel des Vergessens einzutreten, brauchte es diese Verrücktheit und diesen Mut, und ohne diesen Mut wäret ihr alle gar nicht hier, auch wenn ihr dies im Moment vergessen habt. Was jetzt nötig ist, ist dass ihr nun den gleichen Mut aufbringt, wieder aus dem Vergessen aufzuwachen und zum Ursprung zurückzukehren. Ihr hattet damals den Mut, euren Ursprung zu vergessen, also werdet ihr jetzt auch den Mut haben, diesen Ursprung wieder zu erreichen. Denn von dort kommen wir alle, und irgendwann werden wir alle wieder dorthin zurückkehren.

Seit vielleicht einhundert Jahren lässt nun die Vollnarkose der Menschheit allmählich nach. Seit etwa einhundert Jahren ist das spirituelle Wissen wieder öffentlich zugänglich geworden – dank spiritueller Bücher, Seminare und so weiter. Seitdem beginnt die schlummernde Spiritualität der Menschheit wieder aufzuwachen. Seitdem beginnen die Menschen wieder bewusst zu erkennen, dass das Göttliche in uns allen ist und dass wir selbst das Göttliche sind.

Und das Erfreulichste ist: Inzwischen weiß man im Universum, dass ein Aufstieg zusammen mit dem physischen Körper tatsächlich möglich ist und auch tatsächlich stattfinden wird. Diese Erkenntnis hat man euch, der Erdenmenschheit, zu verdanken. Denn ihr habt diese Herausforderung angenommen, und ihr habt euch selbst bewiesen, dass es möglich ist. Das ist eure große gemeinsame Leistung, und sie wurde nicht von irgendwelchen Wesen von außerhalb erbracht, sondern von euch Menschen. Eure Leistung wird das ganze Universum verändern. Ihr alle werdet Geschichte schreiben im Universum.

Die spannende Frage lautet natürlich, wie lange dieser Prozess des Aufwachens der Menschheit noch dauern wird. Die Antwort ist, dass dies jeder von euch für sich selbst entscheidet. Jeder wird in seinem eigenen Tempo aufwachen, denn allein ihr selbst seid für euer eigenes Dasein verantwortlich. Irgendwann wird die kollektive Schwingung genügend hoch sein, so dass das ganze System kippt und daraufhin die gesamte Menschheit als Kollektiv erwachen wird. Wann dieser Augenblick kommt, lässt sich zeitlich nicht festlegen, denn es hängt von der Summe der individuellen Entwicklung der Menschen ab.

Unser heutiges Gesellschaftssystem ist noch das System der Schlafenden. Wenn wir schlafen und träumen, sind wir uns meistens nicht darüber bewusst. Aber es gibt Situationen, wo wir sozusagen im Traum wach werden und merken: «Hey, wir sind ja gerade am Träumen. Und hey, wir können unseren Traum ja selber steuern!» Kennt ihr das? Als Menschheit befinden wir uns aktuell genau in dieser Phase: Wir sind dabei zu erkennen, dass wir eine lange Zeit geschlafen und geträumt haben. Wir sind dabei aufzuwachen und zu beginnen, die Geschehnisse auf diesem Planeten wieder selbst in die Hand zu nehmen und sie bewusst zu steuern.

Geschenkseelen

Ich habe vorhin das Spiel des Vergessens mit einem großen Theaterstück verglichen. Betrachten wir die Erde als den Theatersaal, in dem das Stück aufgeführt wird, so gab es damals in diesen Saal hinein sozusagen zwei unterschiedliche Eingänge. Vor dem einen Eingang wurden die Zuschauer-Tickets ausgehändigt, und vor dem anderen die Schauspieler-Tickets. In der ersten Schlange standen also diejenigen Seelen an, die sich entschieden hatten, beim großen Spiel des Vergessens Zuschauer zu sein. Und in der zweiten Schlange standen diejenigen Seelen an, die den Wunsch hatten, im Stück mitzuspielen und eine Rolle auf der Bühne zu übernehmen. Ich weiß nicht genau, wie es in der Schlange der Zuschauer-Tickets war, aber in der Schlange, in die ich mich angestellt hatte, waren alle – wie soll ich's sagen – ein wenig verrückt.

Vor beiden Eingängen stand natürlich jeweils ein Türsteher, der aufpasste, dass niemand ohne Ticket reingehen würde. Dem Türsteher beim zweiten Eingang ist irgendwann aufgefallen, dass es in der Schlange derjenigen mit einem Schauspieler-Ticket immer wieder vereinzelte Seelen gab, die kleine Geschenkpäckchen mit sich trugen. Er beobachtete, dass immer dann, wenn diese «Geschenkseelen» auf der Bühne zu spielen begannen, die Menschheit irgendwie glücklicher wurde. So hat er eine neue Regel gemacht, nämlich dass alle Seelen, die ein solches Geschenk mitgebracht haben, sich nicht in der Schlange anstellen müssen, sondern sofort ins Spiel reingelassen werden.

Jedes dieser Geschenke ist ein Aspekt von dem, was wir vergessen haben – zum Beispiel, dass wir alle göttliche Wesen sind oder dass es so etwas wie Selbstliebe gibt. Während die Geschenkseelen also auf der Bühne ihre jeweiligen Rollen spielten – sie hatten übrigens meistens eine Rolle, die ein wenig aus dem Durchschnitt fiel –, packten sie irgendwann ihre Geschenke aus und begannen sie an die anderen zu verteilen. Dies führte dazu, dass viele andere, die dieses Auspacken der Geschenke sahen, früher oder später merkten, dass sie das, was die Geschenkseele besaß und verteilte, ja ebenfalls besaßen. Sie hatten bloß vergessen, dass sie selbst auch Geschenkseelen sind und dass sie in ihrer Tasche schon die ganze Zeit über ebenfalls ein Geschenk mit sich trugen.

Es gibt also sozusagen zwei Arten von Geschenkseelen, nämlich erstens diejenigen, die wissen, dass sie Geschenkseelen sind, und zweitens diejenigen, die es noch nicht wissen, die es aber dann merken, wenn sie mit anderen Geschenkseelen in Berührung kommen. Wenn jemand etwas zu uns sagt, von dem wir uns berührt und angesprochen fühlen und von dem wir spüren, dass es wahr ist, so bedeutet dies, dass wir in diesem Moment bewusst ein Geschenk annehmen, das uns angeboten wird. Und zugleich entdecken wir im selben Moment das Geschenk auch in uns selbst und erkennen, dass wir ebenfalls Geschenkseelen sind. Auf diese Weise werden irgendwann alle mitgebrachten Geschenke entdeckt und ausgepackt sein.

Fragen zum Spiel des Vergessens, zum Übergang und zum Aufstieg

Frage: Kannst du nochmals einige Dinge aufzählen, die wir im Spiel des Vergessens vergessen haben?

Antwort: Wir haben vergessen, wer wir sind, woher wir kommen und warum wir hier sind. Wir haben vergessen, dass wir göttliche Wesen sind, dass wir aus Licht bestehen, dass unsere Gedanken die Realität erschaffen, dass wir einen Seelenplan haben und dass unsere Seele unsterblich ist. Wir haben vergessen, dass ein herzbasiertes Leben Dinge wie Krieg nicht zulässt und dass Krieg nur dann entsteht, wenn wir ausschließlich im Verstand sind und wenn einseitig die männliche Energie dominiert. Und wir haben vergessen, dass alle Lebewesen einen freien Willen haben. An all diese vielen Dinge, die wir vergessen haben, erinnern wir uns jetzt Stück für Stück wieder.

Frage: Wie können wir uns auf den aktuell stattfindenden Übergang und auf den bevorstehenden Aufstieg in eine höhere Dimension vorbereiten – individuell und kollektiv?

Antwort: Als erstes sollten wir uns wieder daran erinnern, dass wir multidimensionale, göttliche Lichtwesen sind. Wir haben diese Wahrheit zwar eine gewisse Zeit lang vergessen, aber wir haben sie niemals verloren. Dieses Erinnern wird unsere Schwingungsfrequenz sofort ändern. Wir erkennen dann zum Beispiel, dass jeder Mensch, jedes Tier und überhaupt jedes Geschöpf ein Recht darauf hat, frei zu leben. Wir verstehen, dass wir keine Gewalt und keine Kriege brauchen, sondern dass wir alles auch friedlich lösen können. So beginnen wir immer bewusster zu erkennen, wer wir wirklich sind. Auch diejenigen, die dies noch nicht bewusst erkennen, merken doch unbewusst, dass sich etwas verändert. Darauf reagieren manche von ihnen im Moment mit Vorfreude, andere noch mit Angst.

Der Aufstieg in eine höhere Dimension ist eigentlich nichts Außergewöhnliches. Es passiert die ganze Zeit, dass irgendwo im Universum eine Seele oder auch eine ganze Zivilisation von einer Ebene in eine höhere wechselt. Das ist völlig normal. Aber in früheren Zeiten verlief der Dimensionswechsel einer Zivilisation immer so, dass die Körper zurückblieben und nur das Bewusstsein sich erhöhte. Dieses Mal jedoch besteht der Plan jedoch erstmals darin, dass beim Dimensionswechsel die physischen Körper mitgehen. Deshalb wird sich zum Beispiel die DNA des Menschen verändern.

Der göttliche Plan sieht nicht vor, dass letztlich alles in Gewalt und Zerstörung endet, sondern vielmehr, dass die Menschheit am Ende die bedingungslose Liebe lernt. Wenn wir das schaffen, ist das wie eine Revolution im ganzen Universum, denn es wird eine völlig neue Variante des Aufstiegs installieren. So etwas gab es vorher noch nie; es ist eine komplett neue Situation. Denn wenn man es hier in der dritten Dichte schafft, physisch aufzusteigen, dann bekommt man das überall sonst im Universum auch hin. Hier mit dabeisein zu dürfen – das ist das Faszinierende am Menschsein in der heutigen Zeit.

Der Aufstieg wird nicht von einem Einzelnen abhängen, sondern vom Kollektiv, von der Masse der Menschen. Jeder einzelne Mensch trägt mit seiner Schwingung, mit seinen persönlichen Eigenschaften zum kollektiven Gelingen bei.

Frage: Welche Rolle spielt dabei die Dunkelheit?

Antwort: Im göttlichen Plan ist immer alles sinnvoll, somit hat auch die Dunkelheit ihren Sinn. Das Göttliche ist überall, auch im Unlicht, das uns ins Vergessen gestürzt hat. Alle Seelen, die jetzt hier auf der Erde sind, haben an diesem Experiment unbedingt teilnehmen wollen. Es wurden Freiwillige gesucht, und wir alle haben gesagt: «Ja, ich mache mit.» Wir alle haben irgendwann einmal freiwillig «ja» gesagt, obwohl wir wussten, worauf wir uns einlassen. Aber wir wollten in diesem Spiel des Vergessens mitspielen. Damit das Spiel stattfinden konnte, brauchte es jemanden, der uns vergessen ließ – und genau das ist die Funktion des Unlichts. Doch jetzt, da das Spiel zu Ende geht, braucht es jemanden, der uns wieder aufweckt – und das ist die Funktion des Lichts. Auf diese Weise arbeiten alle Wesen im Universum zusammen, um dem göttlichen Plan zu dienen, aber nur die Wesen des Lichts bemerken es.

Die Dunkelwesen sind sich nicht bewusst darüber, welche Rolle sie innerhalb des göttlichen Plans spielen. Aktuell gibt es unter ihnen solche, die im Moment noch im Unlicht bleiben wollen, und das gilt es zu respektieren. Es gibt jedoch auch welche, die aus dem Unlicht heraus wollen, aber nicht wissen, wie. Ihnen sollten wir bedingungslose Liebe schicken, das wird ihnen helfen.

Frage: Wo ungefähr stehen wir aktuell in diesem Prozess des Übergangs?

Antwort: Die Erde macht gerade eine Schwingungserhöhung durch, und wir als Menschheit ebenfalls. Die Schwingung ist energetisch bereits deutlich höher geworden, aber auf der 3D-Ebene ist der Tiefpunkt noch nicht erreicht. Die physischen Ereignisse hinken dem Feinstofflichen immer hinterher.

Frage: Wann und wie wird der Aufstieg vonstatten gehen?

Antwort: Dafür lässt sich kein bestimmtes Datum festlegen. Das kollektive Erwachen der Menschheit wird von einem Moment auf den andern geschehen, und zwar genau dann, wenn die kollektive Schwingungsfrequenz einen gewissen Level erreicht. Dann wird alles kippen, und alle werden mit einem Mal wach sein. Theoretisch könnte es in der nächsten Sekunde passieren. Doch da dies vom kollektiven Bewusstsein der gesamten Erdbevölkerung abhängt, kann man nicht verlässlich einen Zeitpunkt voraussagen. Man kann natürlich auf der Grundlage des aktuellen globalen Bewusstseinsstandes heute eine ungefähre Hochrechnung anstellen. Aber weil sich alles am Verändern ist, ist diese Aussage morgen schon wieder nicht mehr aktuell.

Es ist auch aus zwei weiteren Gründen besser, dass man keinen festen Termin prophezeit. Nämlich erstens: Falls man beispielsweise sagen würde, dass es am Ende dieses Jahres passieren werde, dann würde man dadurch die Möglichkeit verhindern, dass es schon morgen passiert. Und zweitens: Falls man verkünden würde, dass es im Jahr XY passieren werde, dann würden viele Menschen denken, es werde dann ja sowieso passieren und sie bräuchten im Hier und Jetzt gar nichts dafür zu tun. Wenn aber zu viele Menschen nur noch wartend auf dem Sofa sitzen und nicht ihren individuellen Beitrag erbringen, dann wird es nicht so bald passieren. Dann wird das prophezeite Jahr XY kommen und vorübergehen, ohne dass es geschieht.

Wichtig ist in diesem Zusammenhang zu verstehen, dass das kollektive Erwachen der Menschheit und der Aufstieg in die fünfte Dimension zwei unterschiedliche Dinge sind. Dadurch, dass die Menschheit irgendwann als Kollektiv erwacht, befindet sie sich noch nicht automatisch in der neuen Dichte. Bevor die Menschheit tatsächlich in die fünfdimensionale Zukunft übergeht, wird von der Zentralsonne unseres Universums her eine extrem hohe Liebesenergie fließen. Diese Liebesenergie geht in das Herz und in das Energiesystem jedes Menschen ein und breitet sich von dort wie eine Welle auf seinen ganzen Körper und seine ganze Umgebung aus. Es mag vereinzelte Menschen geben, die dann noch zu viele Widerstände in sich tragen werden, so dass die Liebeswelle nicht ungehindert durch ihr System fließen kann und ins Stocken kommt. Dadurch wird in diesem Moment ihre Inkarnation beendet, und die Seele gelangt irgendwo anders im Universum hin, wo es weiterhin dreidimensionales Leben gibt. Alle anderen aber haben dann die Möglichkeit, zusammen mit ihrem physischen Körper aufzusteigen.

Da wir hier in der Dualität leben, gibt es hier immer irgendwelche Opfer/Täter-Spiele. Jedes Mal, wenn ein neues Opfer/Täter-Spiel beginnt, werden Seelenanteile ausgetauscht: Ein Seelenanteil des Opfers geht zum Täter, und umgekehrt geht ein Seelenanteil des Täters zum Opfer. Dies ist deswegen so, damit die beiden sich in einer späteren Inkarnation besser wiederfinden können, um Dinge auszugleichen und ihre Verstrickungen zu lösen. Aber jeden Seelenanteil, den wir auf diese Weise verlieren, müssen wir irgendwann wieder zurückholen, und zwar vor dem Aufstieg. Denn erst dann, wenn wir sämtliche verlorenen Seelenanteile wieder in uns integriert haben, ist für uns der Aufstieg möglich.

Frage: Was hat es damit auf sich, wenn viele Menschen heute das Gefühl haben, dass sich die Zeit verkürze?

Antwort: Hier in der Dreidimensionalität existiert die Zeit in einer bestimmten Form, so wie wir sie eben kennen. In der fünften Dimension aber gibt es diese Form der Zeit nicht. Da wir uns als Menschheit auf den Aufstieg von der dritten in die fünfte Dimension zubewegen, bedeutet dies, dass sich auch die Zeit verändern wird. Als Folge davon werden in unserer subjektiven Wahrnehmung gegenwärtig die Tage immer kürzer; die Zeit wird gefühlt immer weniger. Der irdische Zeitstrom ist dabei, sich zu verändern, und viele Menschen spüren dies bewusst oder unbewusst.

Frage: Besteht die Gefahr, dass der Zug sozusagen irgendwann abgefahren ist und ich den Aufstieg nicht mehr schaffen kann?

Antwort: Nein. Aber es gibt wie erwähnt Menschen, die – aus irgendwelchen Gründen, die ich mir nicht vorstellen kann – den Dimensionswechsel gar nicht mitmachen wollen, sondern lieber weiterhin in einer Dreidimensionalität leben. Sie werden, wenn es soweit ist, die Erde verlassen und irgendwo anders hingehen.

13

Karma und Schöpferkraft

Sobald es uns gelingt, unsere individuelle Schwingung zu erhöhen, verändert sich auch unsere bewusste Schöpferkraft und Manifestationskraft. Ich denke, es ist logisch, dass wir nicht nur mit unseren Handlungen, sondern auch mit unseren Gedanken und unseren Gefühlen unser Leben in der dreidimensionalen Welt mitgestalten. Was wir denken und fühlen, das ziehen wir an und werden es im Physischen manifestieren. Das, worauf wir unsere Aufmerksamkeit lenken, wird sich früher oder später in unser Leben hinein manifestieren. Je höher dabei unsere persönliche Schwingung ist, desto bewusster sind wir uns über unsere Schöpferkraft und desto schneller manifestieren wir Dinge. Wenn wir eine hohe Schwingung haben, kann es sein, dass die Dinge, die wir durch unsere Gedanken in unser Leben ziehen, nicht erst nach Wochen oder Monaten eintreten, sondern sofort. Selbst wenn wir nicht daran glauben, dass wir eine Schöpferkraft haben und Dinge manifestieren können, oder wenn wir diese Kraft unterschätzen, wirkt sie trotzdem im Hintergrund unseres Daseins ständig und gestaltet unsere Realität mit.

Die dreidimensionale Realität, die wir tagtäglich in unserem individuellen Alltag erleben, funktioniert auf sehr komplexe Art und Weise, die nicht immer leicht zu verstehen ist. Es gibt ja verschiedene kosmische Gesetze, und eines davon ist das Karma-Gesetz, das Gesetz von Ursache und Wirkung. Dieses Gesetz wird häufig so verstanden, dass man denkt: Alles, was mir in meinem Leben widerfährt, ist die karmische Reaktion auf das, was ich zuvor selbst ausgesandt und verursacht habe. Meiner Ansicht nach trifft dies nur zum Teil zu. Es ist nicht so, dass ausnahmslos alles, was in unserem Leben passiert, alleine durch unsere früheren karmischen Handlungen zu uns gekommen ist. Das ist nur einer von verschiedenen Gründen für das, was wir erleben. Diese Gründe können sein:

Erstens unsere eigene Schöpferkraft und Manifestationskraft: Viele Dinge treten deswegen in unser Leben, weil wir sie durch unsere eigenen Gedanken und Gefühle, durch unseren Glauben und unsere Überzeugungen in unser Leben ziehen. Man nennt dies auch das Gesetz der Resonanz.

Zweitens karmische Ursachen: Wir erleben bestimmte Situationen, weil wir dadurch gewisse Dinge aus der Vergangenheit lösen wollen, die sich durch unsere früheren Entscheidungen und Handlungen gebildet haben.

Drittens unsere Wünsche und Aufgaben: Wir erleben Dinge, weil unsere Seele sich gewünscht hat, sie hier zu erleben – entweder um daraus etwas zu lernen oder um dadurch anderen etwas aufzuzeigen.

Viertens unsere Abmachungen: Es ist auch möglich, dass wir jetzt Dinge erleben, weil unsere Seele damals, als wir vor unserer aktuellen Inkarnation noch «da oben» waren, mit anderen Seelen gewisse Abmachungen getroffen hat. Wir könnten zum Beispiel zugestimmt haben, eine bestimmte Rolle zu übernehmen und dieses oder jenes zu erleben, um dadurch jemand anderem eine Erfahrung zu ermöglichen, die er sich gewünscht hat. Das heißt: Während wir unser Erdenleben im Voraus planen, treffen wir mit anderen zukünftigen Menschen bestimmte Abmachungen, und im Laufe der irdischen Inkarnation begegnen wir dann diesen Menschen scheinbar «per Zufall». Wir haben uns irgendeine Erfahrung vorgenommen, für die wir den Austausch mit einer anderen Seele benötigen, und irgendeine Seele hat gesagt: «Ja, das kann ich gerne tun.» Auf diese Weise trifft man die Vereinbarung, wann, wo und warum man sich im Leben begegnen wird. Doch weil wir diese Vereinbarungen oft vergessen, haben wir manchmal das Gefühl, dass diese vorherbestimmten Begegnungen bloß ein Zufall seien – je nach Art der Erfahrung entweder ein glücklicher Zufall oder ein unglücklicher.

Fünftens wegen der Spielregeln in dieser Welt: Schließlich geschehen manche Dinge in unserem Leben auch einfach aufgrund der Spielregeln, die hier in der dreidimensionalen, physischen

Welt gültig sind. Man kann sich das etwa so vorstellen: Jede Dimension ist ein eigenes Spiel, und wie jedes Spiel, so hat auch jede Dimension ihre eigenen Gesetze und ihre eigenen Spielregeln.

Wir haben jeder unserer Lebenssituationen freiwillig zugestimmt

Dies alles gehört zu den Spielregeln auf diesem Planeten. So gleicht unser Leben als Erdenmensch einem großen Puzzlespiel aus unterschiedlichen Teilen, die ineinander greifen und die gemeinsam dafür sorgen, dass wir immer genau das bekommen, was für uns das im Moment Richtige ist. Man sollte also seine eigenen Erfahrungen nicht verallgemeinern, denn man kann nicht mit nur einer einzigen Erklärung alles erklären, was geschieht. Einerseits ist dafür das Leben viel zu komplex, und andererseits kennen wir auch häufig die Hintergründe nicht, warum eine bestimmte Seele genau dieses oder jenes erlebt.

Doch unabhängig davon, welcher all dieser Gründe für eine Lebenssituation verantwortlich ist, ist es in jedem Fall so, dass unsere Seele dieser Situation zuerst zustimmt, bevor sie eintreten kann. Letztlich kann nichts geschehen, das unsere Seele nicht will. Entweder haben wir zugestimmt, etwas zu lernen oder anderen zu helfen; oder wir haben zugestimmt, karmische Dinge aufzulösen; oder die Spielregeln sind hier nun einmal so. Auch zu den Spielregeln hat unsere Seele freiwillig zugestimmt, denn sie wusste ja, wo hinein sie sich inkarnieren würde.

Aus der Sicht der Quelle betrachtet wird also niemals etwas geschehen, ohne dass alle betroffenen Seelen ihr «Ja» zu der Situation gegeben haben. Somit hat auch alles, was passiert, immer einen Sinn. Manchmal erkennen wir diesen Sinn erst nach dem Ereignis, und manchmal schon während es geschieht.

14

Fragen und Antworten (Teil 1)

Fragen zu diversen Themen

Frage: Gibt es eine absolute Wahrheit, oder gibt es nur subjektive Wahrheiten?

Antwort: Ja, es gibt eine absolute Wahrheit. Aber solange jemand nicht vollständig mit dem Einheitsbewusstsein verbunden ist, kennt er nur subjektive, individuelle Wahrheiten. Darum betrachten die Menschen die Welt aus verschiedenen Perspektiven. Aber das ist nicht schlimm, denn jeder hat genau die Wahrheit und genau die Weltsicht, die er braucht, um seine Aufgaben im Hier und Jetzt zu erledigen.

Die Menschen sollten sich mit dieser Frage nicht stressen. Es geht nicht darum, die «ultimative Wahrheit» zu finden. Es geht darum, unsere persönliche Wahrheit zu finden. Die Wahrnehmung von Wahrheit ist immer etwas Individuelles, und sie sollte sich im besten Fall auch immer wieder wandeln. Denn je nach unserer Schwingungsfrequenz ändert sich unsere Perspektive auf die Dinge. Wenn also deine subjektive Wahrheit für dich im Moment stimmig ist, dann passt das doch.

Frage: Gibt es die «Leere»?

Antwort: Leere ist eine Illusion. Nirgendwo im Universum ist es leer. Die Menschen bezeichnen etwas als leer, weil sie das, was dort ist, nicht wahrnehmen. Denn unsere Wahrnehmungsfähigkeit ist abhängig von unseren Wünschen und von unserer persönlichen Schwingung.

Frage: Wir alle sind ständig von allen möglichen schädlichen Dingen umgeben – wie Funkfrequenzen, Fluor in der Zahnpasta und so weiter. Können wir uns von diesen Problemen entfernen, wenn wir unsere Schwingung erhöhen?

Antwort: Ja, natürlich. Schwingungserhöhung ist so, wie wenn am Morgen die Sonne aus dem Nebel aufsteigt. Die erhöhte Schwingung ist die Sonne, und die von dir erwähnten Probleme sind der Nebel, der sich dadurch allmählich auflöst.

Frage: Warum altern wir?

Antwort: Das Altern ist eigentlich nicht normal. Und so, wie wir es heute kennen, ist es auch nicht im Schöpfungsplan vorgesehen. Es ist einfach nur ein Programm in unserem Gehirn, dass wir denken, dass zum Beispiel unsere Sehkraft oder allgemein unsere Gesundheit immer mehr abnimmt, wenn wir älter werden. Wir realisieren gar nicht, dass das ein Programm ist, denn es ist so tief in uns einprogrammiert. Aber wir könnten uns auch anders programmieren. Es gibt Naturvölker, bei denen heißt es: «Wenn ich älter werde, habe ich mehr Lebenserfahrung, und je mehr Lebenserfahrung ich habe, je mehr Dinge ich erlebt habe, desto besser werde ich.» Dann wird es auch so sein.

Frage: Kann man denn den physischen Alterungsprozess verändern oder rückgängig machen?

Antwort: Ja, und zwar indem man im Flow bleibt und seine Schwingung erhöht. Wenn wir unsere Schwingung erhöhen, baut sich die DNA in unserem physischen Körper um, und dann geschieht es automatisch. Alle diese Programme werden sich kollektiv auflösen, sobald genügend viele Menschen sie bei sich selbst abgeschüttelt haben.

Frage: Warum kommen die einen Seelen mit mehr Energiepotenzial hierher und die anderen mit weniger?

Antwort: Dein Energielevel und deine Transformationskraft verändern sich je nach den Erfahrungen, die du als Seele schon absolviert hast. Und deine Erfahrungen ergeben sich daraus, worauf du dein Bewusstsein richtest. Die verschiedenen Energielevel sind etwa so unterschiedlich, wie wenn man einen Stein entweder aus einem Kilometer Höhe in einen See fallen lässt oder aus einem Meter.

Frage: Wie wichtig ist es, dass ich etwas über meine vergangenen Leben weiß? Wie wichtig sind zum Beispiel Rückführungen in frühere Inkarnationen?

Antwort: Eigentlich ist es nicht wichtig. Unter denjenigen, die sich in frühere Leben zurückführen lassen, gibt es aus meiner Sicht zwei Gruppen. Die einen haben einfach Spaß daran, ihre vergangenen Inkarnationen zu erkunden, und dagegen ist ja auch nichts zu sagen. Die andern wollen dadurch gezielt irgendwelche Muster auflösen. Aber dazu sind Rückführungen nicht erforderlich. Denn alles, was aus früheren Leben noch nicht gelöst ist, zeigt sich sowieso als Lernthema in deinem jetzigen Leben. Du brauchst also nicht dorthin zurückzugehen, um es auflösen zu können.

Frage: Wie kann ich meine Zweifel überwinden?

Antwort: Zweifel und Sorgen sind das Gegenteil von Vertrauen. Sie tauchen immer dann auf, wenn du kein Vertrauen hast. Und Vertrauen kannst du durch Erfahrung aufbauen. Wenn du schon einmal die bewusste Erfahrung gemacht hast, dass Vertrauen tatsächlich funktioniert, dann wird es dir beim nächsten Mal leichter fallen zu vertrauen.

Vertrauen ist zum Beispiel auch wichtig für die Erdung. Mit einem gesunden Urvertrauen fällt es dir leichter, ganz hier zu sein, ganz geerdet zu sein. Dann schwebst du nicht irgendwo rum und träumst. Niemand ist aus einem Glücksspiel heraus in seinem physischen Körper gelandet, sondern es war unser eigener Wunsch, hier zu sein. Daher ist es jetzt auch unsere Aufgabe, den Körper anzunehmen. Dieses Annehmen gibt uns Erdung und Vertrauen ins Leben und in uns selbst. Sobald das Vertrauen genügend groß ist, lösen sich die Zweifel auf.

Frage: Was geschieht mit einem Menschen, der seine Gefühle unterdrückt?

Antwort: Tiefe, positive Gefühle entstehen auf der Ebene des

Herzens. Wenn wir unsere Gefühle unterdrücken, dann unterdrücken wir damit auch unsere feinen, leisen und lauten Herzensimpulse. Das Herz sendet ständig Impulse an uns aus, aber wenn Menschen ihren Gefühlskörper sozusagen abdichten, dann dringen diese Impulse nicht mehr bis zu ihrem Tagesbewusstsein durch. Sie hören ihr Herz nicht mehr. Aus Angst vor Verletzung und vor Schmerz machen sie ihren Gefühlskörper dicht, aber als Folge davon fühlen sie dann nicht nur keinen Schmerz mehr, sondern gar nicht mehr – zum Beispiel auch nicht mehr, was ihnen gut tut und was nicht. Deshalb sollten wir mutig sein und wieder lernen, auf die Stimme unseres Herzens zu hören, denn sie meint es gut mit uns.

Frage: Warum sind uns manche Menschen spontan sympathisch und andere nicht?

Antwort: Spontane Sympathie und spontane Antipathie sind eine Form von Hellwissen. Wir stehen ja nicht zehn Minuten lang jemandem gegenüber und entscheiden dann nach langem Überlegen, ob diese Person uns sympathisch ist oder nicht. Das entscheidet sich in Sekundenschnelle über die Aura. Sofort «scannen» wir die Aura unseres Gegenübers und gleichen sie mit unserer Aura ab. Je mehr Anteile im andern mit uns übereinstimmen – Weltbild, Glaubenssätze, Vorstellungen, Gefühlsmuster, Erfahrungen und so weiter –, desto sympathischer ist er uns. Das läuft telepathisch, und wir tun es die ganze Zeit über. Wir alle sind von Geburt an telepathisch begabt, und unbewusst kommunizieren wir ständig telepathisch miteinander. Viele merken es bloß nicht.

Telepathische Kommunikation läuft meistens über unseren Kopf. Wenn wir sozusagen eine Stufe tiefer gehen, gibt es auch noch eine andere Form von energetischer Kommunikation, die von unserem Herzen ausgeht. Denn auch unser Herz sendet rund um die Uhr Informationen aus.

Frage: Welche Bedeutung haben Wörter?

Antwort: Die Worte, die wir aussprechen, besitzen eine große Kraft und Bedeutung, und sie können größere Auswirkungen haben, als wir vielleicht denken. Deshalb verwenden zum Beispiel Magier immer irgendwelche Zauberformeln. Wir können mit Worten jemanden segnen oder ihm Glück wünschen, und wir können mit Worten Dinge manifestieren. Wenn ein Projekt sich physisch manifestieren soll, gibt es dafür einen bestimmten Ablauf, nämlich von den ganz feinen, energetischen Ebenen immer mehr hinunter in das Feststofflich-Physische. Die Manifestationsebene der Wörter ist hierbei eine wichtige Zwischenstufe, denn sie ist dichter als das Feinstoffliche, aber noch nicht so dicht wie die dreidimensionale Materie.

Frage: Wird heutzutage das Wissen über die sogenannte «freie Energie» bewusst zurückgehalten, oder sind wir als Gesellschaft einfach noch nicht soweit, um einen Zugang dazu zu haben?

Antwort: Es besteht ein riesiger Unterschied zwischen dem offiziellen und dem inoffiziellen Stand unserer Technologie. Die freie Energie gibt es, aber was wir aktuell auf diesem Gebiet offiziell an Wissen und an Technik haben, ist meilenweit von dem entfernt, was inoffiziell tatsächlich schon existiert.

Frage: Ist jemand ein schlechter Mensch, nur weil er reich ist und viel Geld besitzt?

Antwort: Nein. Geld ist ja nichts Schlechtes, sondern eine neutrale Energie. Geld hat erst dann entweder positive oder negative Auswirkungen, wenn Menschen mit dem Geld etwas Konkretes tun. Den Charakter eines Menschen kann man gut daran erkennen, wie er mit Geld umgeht. Für jeden von uns gilt ja: Wenn wir vom Leben Gelegenheiten bekommen, die Welt zum Positiven zu verändern – egal in welchem Lebensbereich und in welcher Größenordnung –, so haben wir auch die Verantwortung, es zu tun. Daher kann man sagen: Je mehr Geld jemand besitzt, desto mehr Verantwortung hat er für das Wohlergehen der Erde.

Frage: Welche Aufgabe in der Natur haben die Steine?

Antwort: Die meisten Leute denken, Steine seien leblose Objekte, aber das stimmt nicht. Steine sind Lebewesen, auch wenn sie sich nicht fortbewegen. Sie haben ein eigenes Bewusstsein, sie haben Gedanken und Gefühle, und sie sind sich über ihre Umgebung bewusst. Wie andere Lebewesen auch, unterscheiden unterschiedliche Steine sich durch die Schwingungshöhe ihres Bewusstseins. Nebst den generellen Unterschieden zwischen den verschiedenen Steinen hat jeder einzelne Stein auch seine individuelle Schwingung. Wenn man zum Beispiel einen Diamanten an einen Ort hinstellt, den er hasst, dann hat dieser Diamant eine deutlich tiefere Schwingung als wenn er irgendwo wäre, wo er glücklich ist. Genau wie jeder Mensch, so hat auch jeder Stein sowohl eine persönliche Grundschwingung als auch eine wechselnde Alltagsschwingung, die von den Umständen abhängig ist.

Was die Aufgabe von Steinen betrifft, so sprechen die Menschen ja davon, dass manche Steine bestimmte Fähigkeiten haben. Rosenquarz zum Beispiel wird gerne genutzt, um elektromagnetische Dinge abzuschirmen. Es ist schon richtig, dass Steine unterschiedliche Fähigkeiten besitzen. Diese Fähigkeiten kommen zum einen aus dem Stein selbst, und zum anderen gehören zu jedem Stein bestimmte Engel, die durch den Stein hindurch bestimmte Energien kanalisieren, die der Stein dann verbreitet.

In Bezug auf den menschlichen Körper haben Steine spezifische Aufgaben, und sie erfüllen diese Aufgaben unabhängig davon, ob wir sie dazu auffordern oder nicht. Natürlich können wir aber auch in eine Kommunikation mit ihnen treten und ihnen beispielsweise sagen, sie sollen ihre Schwingung für dieses oder jenes nutzen.

Frage: Was genau meinst du, wenn du vom «Herztempel» sprichst?

Antwort: Damit ist der Kern unseres energetischen, feinstoffliches Herzens, der Kern unseres Herzchakras, gemeint – dort, wo das Tor der Liebe ist. Es ist ein heiliger Raum, in dem ganz viel Liebe gespeichert ist. Dieses energetische Herz ist mit dem physischen Herzen verbunden. Das heißt: Wenn es dem physischen Herzen nicht gut geht, dann hat dies seinen Ursprung im energetischen Herzen, im Herzchakra.

Das energetische Herz ist das Tor der Seele, und durch dieses Tor schickt dir deine Seele, dein Höheres Selbst, Impulse und

Botschaften, damit du weißt, wo du in deinem Leben hingehen sollst. Diese Botschaften kommen in dein Herz, und von dort gelangen sie dann in dein Tagesbewusstsein.

Frage: Vieles von dem, was du sagst, ist nichts Neues, sondern wir finden es auch schon im Wissen der frühen Kulturen. Siehst du das auch so?

Antwort: Ja. Denn nicht alles, was alt ist, ist auch veraltet. Manche Dinge von früher sind heute nicht mehr aktuell und nicht mehr zeitgemäß. Aber andere Dinge, die schon vor Jahrhunderten oder Jahrtausenden gesagt worden sind, sind heute immer noch aktuell, oder sie wurden jetzt wieder aktuell. Die Quelle achtet immer darauf, dass genau die Informationen vorhanden sind, die die Welt gerade braucht.

Die Dinge, die ich erzähle, sind nicht etwas, das die Menschen nicht wissen. Sie wissen es vielleicht nicht in ihrem Tagesbewusstsein, aber in ihrem Unterbewusstsein schon. Ich gebe ihnen nichts Neues, sondern ich gebe ihnen etwas, das sie vergessen haben. Ich helfe ihnen, sich zu erinnern.

Alles Wissen hat seine Zeit. Es gibt Zeiten, in denen gewisse Informationen nur zu bestimmten Menschen gehen sollen, und es gibt Zeiten, in denen Informationen zu vielen Menschen gehen sollen. Im Moment ist es so, dass die Zeit gekommen ist, dass das spirituelle Wissen raus muss und sich verbreitet.

Über das Lügen

Frage: Darf man unter gewissen Umständen lügen? Darf man, beispielsweise um Probleme abzuwenden, die Unwahrheit sagen?

Antwort: Schlussendlich kommt es immer darauf an, mit welcher Absicht man etwas tut. Entscheidend ist nicht, was wir tun, sondern der Grund, aus dem wir etwas tun. Entscheidend ist die Energie, mit der wir handeln, denn diese Energie senden wir aus, und diese Energie kommt zu uns zurück.

Wenn wir eine Lüge erzählen, warum tun wir das? – Wollen wir anderen schaden? Wollen wir ihnen etwas vorenthalten, das sie wissen müssten? Wollen wir sie damit manipulieren? Oder wollen wir anderen helfen oder sie schützen? Wenn wir meinen, dass wir andere durch eine Lüge schützen wollen, dann sollten wir uns ehrlich hinterfragen: Will ich wirklich die andere Person schützen, oder will ich in Wahrheit mich selbst schützen? Denn man kann ja auch deshalb gewisse Dinge nicht sagen, weil man die Reaktionen der anderen fürchtet oder weil man die Verantwortung nicht tragen möchte.

Falls man aber genau weiß, dass es bloß eine Energieverschwendung wäre, mit einer bestimmten Person über gewisse Dinge zu sprechen, die sie im Moment nicht verstehen kann oder nicht annehmen will, ist das ein anderer Fall. Dann würde es nichts bringen, die Wahrheit zu sagen.

Aber man braucht deswegen auch nicht zu lügen, sondern man kann zum Beispiel sagen: «Das musst du jetzt nicht wissen.» Oder: «Das kann ich dir nicht sagen, denn es ist jetzt noch nicht die Zeit dafür.» Oder man kann in gewissen Situationen auch einfach mal «nein» sagen. Ein «Nein» ist ein kompletter Satz. Es braucht keine weiteren Erklärungen, und es braucht keine Rechtfertigung. In einer Beziehung mit einem Menschen, in der man sich gegenseitig vertraut, sollte ein Nein genügen, um zu akzeptieren: «Ok, dann nicht.» Denn wir können nie wirklich wissen, aus welchen Gründen ein anderer Mensch so handelt, wie er handelt.

Dies alles ist jedoch kein Freibrief fürs Lügen. Denn meistens lügen Menschen, weil sie andere manipulieren oder sonst irgendetwas Negatives oder Destruktives machen wollen. Und das ist natürlich nicht in Ordnung. Wie gesagt, das Entscheidende ist immer die Energie, die mitschwingt.

Wenn du dich mit deiner Seele verbindest, wirst du erkennen, worum es in einer konkreten Situation geht. Vielleicht bist du gerade in einem Prozess, in dem es für dich darum geht zu lernen, für dich selbst einzustehen. Dann ist es klar, dass du die Wahrheit sagen solltest. Vielleicht gibt es aber auch gute Gründe dafür, warum die Menschen in deinem Umfeld eine bestimmte Sache noch nicht wissen sollten. In diesem Fall kannst du weiter unterscheiden: Falls du unter Menschen bist, in denen ein Nein respektiert und akzeptiert wird, kannst du ihnen das einfach genau so sagen, und damit ist die Sache erledigt. Falls das nicht so ist, würde dein Nein bloß sinnlose Diskussionen auslösen. Du kannst dann auch einfach nichts sagen und weggehen. Oder aber du erfindest irgendetwas als Ausrede. Doch das sollte nur in Abstimmung mit der Seele geschehen, so dass eine positive Energie mitschwingt.

Vertrauen, Mut und Weisheit

Frage: Warum haben heutzutage viele Menschen kein Vertrauen und fühlen sich nicht mit der Quelle, mit dem Göttlichen verbunden?

Antwort: Wir alle sind ja göttliche Wesen, und als ursprüngliche Menschen besitzen wir alle Urvertrauen. Erst durch Erlebnisse und Erfahrungen verlieren wir dieses Urvertrauen. Wenn wir unser Vertrauen wieder herstellen wollen, können wir zu jener Situation zurückgehen, in der es verschwunden ist, und dann diese Situation auflösen lassen. So kann das Vertrauen wiederkommen.

Frage: Wie spielen die beiden Faktoren Mut und Weisheit ineinander:

Antwort: Weisheit und Mut entwickeln sich durch Erfahrungen und durch Lernprozesse. Sie sind die beiden Instrumente, die unsere Seele nutzt, um Dinge zu ändern. Dabei sollten weder der Mut noch die Weisheit über der Seele stehen, sondern zuoberst sollte die Seele sein. Denn die Seele hat sich eine bestimmte Sache vorgenommen, sie hat einen Plan, wie es umgesetzt werden soll, und sie kennt das Ziel, das erreicht werden soll. Sobald das Ziel bekannt ist, kann die Seele den Mut und die Weisheit einsetzen, um es zu erreichen.

Frage: Warum fehlt manchen Menschen der Mut? Und wie kann man ihn wiederentdecken?

Antwort: Bei einem mutlosen Menschen ist in der Vergangenheit – entweder in diesem Leben oder in früheren – wahrscheinlich irgendetwas passiert, aus dem er den Schluss gezogen hat, dass Mut nicht gut für ihn ist. Er war mutig, aber dann ist wegen seines Mutes irgendetwas geschehen, das ihm nicht gefallen hat und das er nicht mehr will. So hat er beschlossen, keinen Mut mehr zuzulassen, denn er hat den Mut mit einer Erfahrung gekoppelt, die er nicht mehr machen will. Auch hier ist die Lösung, dass er in diese Situation oder in diese Situationen der Vergangenheit hineingeht und sie von der Quelle auflösen lässt.

Frage: Und wie verhält es sich mit der Weisheit?

Antwort: Weisheit entsteht dadurch, dass man in einer bestimmten Situation – oder auch erst danach – irgendetwas erkennt oder besser versteht, durch das sich das Bewusstsein mehr öffnet. Umgekehrt ist es auch möglich, dass man in einer bestimmten Situation eine neue Ansicht gewinnt, die das Bewusstsein mehr schließt. Eine solche Erfahrung würde man dann nicht Weisheit nennen, denn Weisheit bedeutet, dass das Bewusstsein geöffnet wird. Weisheit entsteht also im Laufe der Zeit durch Lernen aus Erfahrungen. Dabei spielt es keine Rolle, wie lange oder wie oft eine Seele schon inkarniert war. Der entscheidende Punkt ist weder das physische Alter noch das «Alter» der Seele, sondern wie viel die Seele aus ihren Erfahrungen gelernt hat.

Glück und Glückseligkeit

Frage: Kannst du etwas zum Thema Glück sagen?

Antwort: Aus meiner Sicht gibt es zwei Arten von Glück oder von Freude. Die erste Art von Freude ist das positive Gefühl, wenn gewisse Umstände uns fröhlich machen. Um diese Freude zu empfinden, sind wir abhängig von dem, was im Außen ist. Die zweite Art von Freude erfahren wir, wenn wir uns mit der göttlichen Quelle und mit dem Herzen der Erde verbinden. Dann werden wir zu einem Kanal, durch den das strömt, was die Menschen als Glückseligkeit bezeichnen. Wir sind dann einfach nur glücklich, und wenn uns jemand fragt warum, wissen wir es nicht zu sagen.

Glücklich zu sein ist eigentlich ein Grundrecht, das jedem Menschen zusteht. Manche Menschen haben das vergessen und führen eine Liste mit Dingen, die sie glücklich machen, und eine andere Liste mit Dingen, die sie nicht glücklich machen. Sie haben vergessen, dass es nicht um das Glück geht, das vom Außen abhängig ist, sondern um unsere innere Einstellung. Angenommen, du hast einen Unfall, bei dem dein Auto zu Schaden kommt und abgeschleppt werden muss, wodurch dein Tagesplan durcheinander gerät. Für manche Menschen ist durch dieses eine Ereignis der ganze Tag schon verdorben, während andere einfach fröhlich weitermachen. Wir alle sind selber dafür verantwortlich, was wir empfinden. Die äußeren Umstände sind manchmal so, dass wir sie ändern können, und manchmal so, dass wir sie nicht ändern können; manchmal ist eine Änderung schneller möglich, und manchmal weniger schnell. Doch unabhängig davon, wie die äußeren Umstände gerade sind, sind wir selber dafür verantwortlich, ob wir glücklich sind oder wütend oder was auch immer.

Ein glücklicher Mensch baut mit seiner Schwingung um sich herum automatisch ein Feld des Glücks auf. Wenn ein zweiter glücklicher Mensch hinzukommt, wird dieses Glücksfeld sogar noch größer und stärker. Kommt nun ein dritter Mensch in dieses Feld, der unglücklich ist und alles schlimm findet, der aber zumindest unbewusst die Offenheit hat, auch glücklich zu sein, dann kann er sich der Schwingung des Glücks anschließen. Alleine wäre es für diesen Menschen viel schwieriger, seine Schwingung zu erhöhen und glücklich zu werden, aber durch die beiden anderen Menschen, die ein Glücksfeld aussenden, fällt es ihm viel leichter.

Frage: Was kannst du einem Menschen empfehlen, der häufig unglücklich ist?

Antwort: Ich würde ihm empfehlen, sich einen «Ankerpunkt» fürs Glücklichsein zu setzen. Das geht so: Wähle etwas aus, das dich glücklich macht – sei es die Sonne, etwas in der Natur, ein Herz oder irgendetwas anderes. Gehe zur Quelle und weise an, dass in dein Unterbewusstsein eingegeben werden soll: Wann immer ich an die Sonne denke – oder an ein anderes Symbol, das ich ausgewählt habe –, sollen in meinem Bewusstsein Glücksgefühle hervorgerufen werden.

Die Erde als «Zoo» voller Außerirdischer

Frage: Wenn man sich hier auf der Erde manchmal fremd vorkommt, kann es dann sein, dass man gar keine Menschenseele ist?

Antwort: Ja, diese Möglichkeit besteht. Nicht nur die Erde ist belebt, sondern das ganze Universum. Wir sind nicht die einzigen intelligenten Wesen im Universum, sondern es gibt Tausende von anderen Zivilisationen außerhalb der Erde. Darunter gibt es Zivilisationen, die viel weiter entwickelt sind als wir – und zwar sowohl technologisch als auch hinsichtlich ihres Bewusstseins. Auch unter ihnen gibt es lichtvolle und unlichtvolle. Die lichtvollen Wesen sind sich genau darüber bewusst, was derzeit auf der Erde los ist, und sie wollen uns in unserem Prozess des Aufwachens unterstützen und uns helfen, aus der Dunkelheit herauszukommen. Falls also jemand das Gefühl hat, er stamme gar nicht von der Erde, so kann das bedeuten, dass diese Seele irgendwann früher – vor wie vielen Inkarnationen auch immer – außerhalb der Erde lebte und sich vorgenommen hat, von dort auf die Erde zu kommen – aus welchen Gründen auch immer.

Das alles ist ein sehr komplexes Thema. Unter den unzähligen außerirdische Zivilisationen gibt es solche, die grobstofflich-physisch sind, und solche, die feinstofflich-nichtphysisch sind. Es gibt lichtvolle und unlichtvolle. Es gibt solche, die spirituell hoch entwickelt und friedvoll sind, und solche, die weniger zivilisiert sind und die immer wieder Kriege führen. Es gibt solche, die irgendwo weit entfernt auf ihren eigenen Planeten wohnen, und solche, die mit ihren Raumschiffen die Erde umkreisen, wobei auch diese Raumschiffe sowohl physisch als auch nichtphysisch sein können. Da draußen im Universum ist so vieles, was ihr mit einem normalen menschlichen Blick nicht wahrnehmen könnt und das viele von euch sich vielleicht gar nicht vorstellen können.

Eigentlich leben wir hier in einer Art multikulturellem «Zoo». Auf der Erde laufen derzeit viele Wesen herum, die äußerlich zwar aussehen wie Menschen, aber wenn wir sozusagen hinter die Kulissen schauen, so kommen sie von den unterschiedlichsten

Orten. Nämlich: Erstens sind hier diejenigen inkarniert, die wir als «Menschenseelen», als «irdische Wesen» oder als Ureinwohner der Erde bezeichnen können, das heißt als Seelen, die sich schon seit längerer Zeit als Menschen auf der Erdoberfläche aufhalten. Zweitens gibt es auch die «innerirdischen Wesen», die in der Inneren Erde leben. Und drittens gibt es die vielen unterschiedlichen «außerirdischen Wesen», die sich zur Zeit auf der Erde aufhalten. Unter den außerirdischen Wesen wiederum gibt es einerseits die Immigranten und die Touristen, also diejenigen, die sich freiwillig hierher inkarniert haben, und zwar von den unterschiedlichsten Herkünften und mit den unterschiedlichsten Absichten; unter diesen gibt es also ebenfalls wieder sowohl lichte als auch unlichte. Und andererseits gibt es diejenigen Außerirdischen, die so etwas wie «Kriegsflüchtlinge» sind.

Vor langer Zeit gab es intergalaktische Kriege, die so schlimm waren, dass dabei ganze Planeten in die Luft gesprengt wurden. Die dortigen Bewohner, die sich damals in Raumschiffen in Sicherheit bringen konnten, hatten nun plötzlich keine Heimat mehr. Also flogen sie herum und landeten schließlich in diesem Sonnensystem und auf dieser Erde. Auf diese Weise wurden durch intergalaktische Kriege zahlreiche Flüchtlinge aus anderen Teilen des Universums auf die Erde geschwemmt, die bis heute hier sind und die sich immer wieder aufs Neue als Menschen inkarnieren. Darum nochmals: Wir leben hier wirklich in einem Zoo voller Außerirdischer.

Übrigens sind nicht alle Außerirdischen böse Monster wie in den Hollywood-Filmen. Sie sehen auch nicht alle grün aus oder haben nur ein Auge. Es gibt viele sehr lichtvolle Außerirdische, die die Menschheit wirklich lieben. Sie schauen sich die Erdenmenschheit von außen an und erinnern sich daran, dass sie einst den gleichen Prozess hinter sich gebracht haben, den wir aktuell durchlaufen. Sie verstehen genau, was wir gerade durchmachen, und darum haben sie unendlich viel Geduld mit uns und wollen uns liebevoll unterstützen. Vor ihnen braucht ihr keine Angst zu haben, denn sie mögen uns wirklich und haben nur positive Absichten. Sie sind rund um die Uhr für euch im Einsatz und sind bereit, euch jederzeit zu helfen. Ohne die Unterstützung dieser lichtvollen Außerirdischen würde die Menschheit gar nicht aus der Dunkelheit herauskommen können.

Ein kleiner Gedankenanstoß: All die technologischen Geräte, die wir in den vergangenen Jahrzehnten kennengelernt haben – Fernseher, Computer, Handys, USB-Sticks, WLAN-Router und so weiter – sind nur ein winziger Bruchteil dessen, was tatsächlich an Technologie vorhanden ist. Damit meine ich nicht nur Technologien im Besitz von außerirdischen Zivilisationen, sondern auch von eurer eigenen. Es gibt Leute, die zur Menschheit gehören und die über technologische Errungenschaften verfügen, von denen die Bevölkerung offiziell überhaupt nichts weiß. Und natürlich hat dies auch mit Außerirdischen zu tun.

Nebst den als Menschen inkarnierten Außerirdischen gibt es auch Außerirdische, die sich nicht inkarniert haben, die aber trotzdem physisch, das heißt in ihrem außerirdischen Körper, auf der Erde anwesend sind. Sie sind nicht nur als Besucher beispielsweise einmal im Jahr auf der Erde, sondern sie halten sich ständig hier auf und arbeiten mit Menschen zusammen. Es gibt also Menschen, die mit diesen auf der Erde anwesenden Außerirdischen täglich oder wöchentlich Austausch pflegen. Für diese Menschen ist der direkte Austausch mit Außerirdischen schon heute ein Teil ihrer Realität, und es wird die Zeit kommen, in der dies alles auch für euch Teil eurer Realität sein wird. Dies nur als Vorabinformation, so dass ihr dann nicht schockiert seid, wenn es soweit ist.

Solche Themen lassen sich von der Spiritualität und von einer spirituellen Entwicklung nicht trennen. Denn Bewusstseinserweiterung bedeutet auch, dass wir uns mehr über die Dinge bewusst werden, die sich auf der physischen Ebene abspielen. Das ist für unsere Entwicklung genauso wichtig.

Wie ich bereits öfters sagte: «Wir sind alle göttliche Wesen, die hier eine Erfahrung als Mensch machen, und nicht Menschen, die zu göttlichen Wesen werden.» So gesehen sind wir alle keine «Menschenseelen», denn so gesehen gibt es gar keine «Menschenseelen», sondern nur göttliche Seelen, die allesamt aus derselben göttliche Urquelle stammen. Wir sind göttliche Wesen, die zu Menschen wurden und die hier vergessen haben, was sie in

Wahrheit sind. Wenn wir jetzt wieder zu göttlichen Wesen werden, dann ist dies im Grunde keine Entwicklung von A nach B, sondern ein Wieder-Entdecken, ein Wieder-Erkennen, ein Wieder-Erinnern. Wir müssen nicht zu göttlichen Wesen werden, denn wir sind es schon immer und werden es auch immer bleiben.

15

Kinder möchten Spaß an der Schule haben

Frage: Was brauchen unsere Kinder im heutigen Schulsystem, damit ihnen der Spaß an der Schule nicht verloren geht?

Antwort: Das ist eine sehr wichtige Frage. Ich selbst bin bis vor kurzem neun Jahre lang zur obligatorischen Schule gegangen. Im Verlaufe dieser neun oder auch mehr Jahre bekommt jedes Kind bestimmte Raster vermittelt, wie es zu denken und wie es sich zu benehmen hat. Man lernt, was zulässig ist und was nicht zulässig ist, und anschließend geht man mit diesem Raster, mit diesem Gedankenkonstrukt hinaus in die Welt. Das Problem dabei ist, dass die Kinder und Jugendlichen heutzutage zwar viele Informationen vermittelt bekommen, dass ihnen jedoch nicht gezeigt wird, wie sie am konstruktivsten mit den vermittelten Informationen umgehen können. Viele von ihnen lernen nicht genügend, eigenständig zu denken und die Informationen, die sie konsumieren, kritisch zu hinterfragen. Sie nehmen einfach den Unterrichtsstoff auf und akzeptieren ihn als Wahrheit, ohne zu fragen, ob das Gehörte überhaupt logisch ist oder nicht, ob es für sie selbst stimmig ist oder nicht. Doch wenn ein System die Menschen daran hindert, eigenständig zu denken, dann ist das nicht Bildung, sondern Programmierung.

Eine Aufgabe der Schule besteht darin, das selbständige Denkvermögen und die individuelle Entfaltungsfreiheit der Kinder zu erhalten und zu fördern. Die Kinder der neuen Zeit brauchen eine Schule, in der sie individuell und in ihrem eigenen Tempo lernen dürfen und in der sie nicht unter Zeitdruck und nicht unter Prüfungs- und Notenzwang stehen. Sie sollten ihrem eigenen inneren Lernmotor folgen dürfen. Dies erfordert Schulen, die flexibel und anpassungsfähig für die Bedürfnisse der Kinder sind, die ihr anvertraut werden.

Außerdem sollte die Schule die Kinder aktiv dabei unterstützen, ihrem persönlichen Seelenweg, ihrem Herzensweg zu folgen, den sie in ihrem Inneren spüren. Falls sie diesen Weg nicht spüren können, sollte die Schule ihnen dabei helfen, ihn zu erkennen und ihm zu folgen. Wenn es der Schule gelingt, den Kindern zu vermitteln, wie sie ihren persönlichen Lebensplan erkennen und erfüllen können, wird alles gut werden.

Ebenso sollte die Schule den Kindern helfen, blockierende Muster und Prägungen abzubauen. Ein Kind besucht ja nicht vom ersten Lebensjahr an die Schule, sondern bekommt zuvor bereits zahlreiche Wertvorstellungen, Erziehungsmuster und Verhaltensmaßstäbe vermittelt. Daher sollte die Schule die Aufgabe übernehmen zu prüfen, welche dieser Muster für ein individuelles Kind nicht stimmig oder nicht mehr aktuell sind. Sie sollte den Kindern aktiv dabei helfen, diese veralteten Muster, die gar nicht mehr förderlich sind und die nicht mehr benötigt werden, aufzulösen.

Ein Grund, warum vielen Kindern der Spaß an der Schule verloren geht, besteht darin, dass man ihnen vorschreibt, wann sie was zu machen haben. Dadurch können sie weder ihren eigenen Interessen noch ihrem eigenen Tempo folgen. Wie soll ein einheitliches, gleichschaltendes Lernsystem für eine Ansammlung von vielen individuellen Menschen funktionieren? In manchen freien Privatschulen ist es inzwischen so, dass die Kinder genau das lernen dürfen, wofür sie im Moment gerade Begeisterung verspüren. Das halte ich für eine sehr positive Entwicklung, denn wir sollten ganz allgemein alles, was wir tun, mit Begeisterung tun. Begeisterung öffnet Tore. Eine Schwierigkeit dabei ist jedoch, dass solche Privatschulen meistens sehr teuer sind und dass sich kinderreiche Familien diese Schulen nicht leisten können. Das ist also auch noch nicht die volle Lösung, denn gute Bildung ist meiner Meinung nach ein Grundrecht jedes Menschen, und jedes Kind sollte Zugang zu seiner optimalen Bildung haben. Privatschulen sollten daher, was die Finanzierung betrifft, mit den öffentlichen Volksschulen gleichgestellt werden.

Wichtig ist außerdem zu verstehen, dass Schule kein starres Gebilde sein sollte. Es gibt nicht das eine perfekte Lernsystem, das für alle Kinder das richtige ist. Da jeder Mensch ein Individuum ist, ist es so, dass für manche Kinder die heutige Volksschule durchaus passend ist, weil sie ihrer inneren Struktur entspricht. Diejenigen Kinder, die sich dort wohl fühlen, sollten also in diesem System bleiben dürfen. Aber es gibt Kinder, die eine andere innere Struktur haben und die deswegen etwas ganz anderes brauchen. Wir sollten also nicht denken, dass wir ein komplett neues System schaffen können, das dann für sämtliche Kinder passen wird. Es gilt immer individuell zu überprüfen, was genau ein Kind braucht.

Frage: Woran kann man erkennen, welche Schule ein Kind braucht, also welche Schule für dieses Kind die richtige ist?

Antwort: Die individuell richtige Schule ist immer diejenige, zu der ein Kind freiwillig und gerne hingeht und zu der es nicht hingeschickt werden muss. Wenn Kinder und Jugendliche nicht gerne zur Schule gehen, wenn sie keine Hausaufgaben machen wollen, wenn sie schwänzen oder streiken oder wenn sie wegen der Schule krank werden, dann liegt das Problem möglicherweise nicht bei den Kindern, sondern beim System, das für diese sogenannten «Problemkinder» kein passendes Angebot machen kann. Das System ist für diese Kinder nicht mehr zeitgemäß, weil es ihnen nicht mehr entspricht. Es versucht, Kinder mit einer neuen Energie in eine Struktur zu zwängen, das von der alten Energie getragen wird. An den Kindern können wir messen, wie aktuell unser Schulsystem ist. Je reibungsloser es läuft, je lieber die Kinder zur Schule gehen, desto aktueller ist das Schulsystem. Wenn Kinder Widerstand leisten gegen die Schule, dann ist dies ein Weckruf: «Schaut mal hin! So stimmt es für uns nicht mehr.»

Frage: Was gilt es sonst noch zu beachten, wenn wir von einer Schule der Zukunft sprechen?

Antwort: Ein wichtiger Aspekt ist, dass Schule nicht immer nur bedeutet, dass Erwachsene den Kindern etwas beibringen. Es sollte auch möglich und erwünscht sein, dass die Erwachsenen von den Kindern etwas lernen. Wer sich als Elternteil für eine Schule entscheidet, in der die Kinder frei lernen dürfen, braucht dafür ein gewisses Grundvertrauen in sein Kind. Die Eltern brauchen das Vertrauen, dass ihr Kind auch ohne feste Lehrpläne und ohne Prüfungsdruck tatsächlich etwas lernen wird; das Vertrauen, dass ihr Kind zum richtigen Zeitpunkt das Richtige lernen wird, solange es mit seinem Inneren in Kontakt ist. Zudem übernehmen die Eltern mit diesem Entscheid auch eine gewisse Verantwortung – sowohl für die Kinder als auch für sich selbst. Der Grund für die Wahl einer solchen Schule sollte nicht einfach der sein, dass die Eltern zu Hause ihre Ruhe haben.

Außerdem sollten die Eltern und die anderen Familienmitglieder eine gewisse innere Flexibilität aufweisen, um sich den möglicherweise neuen Vorstellungen zu öffnen, die ihre Kinder aus der Schule mit nach Hause bringen. Sie sollten eine Offenheit und eine Bereitschaft haben, sich mitzuentwickeln. Es reicht nicht aus, wenn sich zwar die Schule ändert, aber die Eltern zu Hause so weiterdenken und weitermachen wie bisher. Es fließt ja alles ineinander.

Das bisherige Schulsystem hatte in der Vergangenheit sicherlich einmal seine Berechtigung, sonst wäre es gar nie entstanden. Aber mittlerweile ist es für viele Menschen – sowohl für Kinder als auch für Eltern und Lehrer – nicht mehr aktuell, weil wir als Bevölkerung uns in den vergangenen Jahren und Jahrzehnten massiv weiterentwickelt haben. Wir haben heute neue Perspektiven, neue Bedürfnisse und neue Möglichkeiten, und so wäre es wünschenswert, wenn sich auch das Bildungswesen mitentwickeln würde, um aktuell zu bleiben. Erfreulicherweise kann ein solches System jederzeit aktualisiert werden, indem gewisse neue Informationen und Begebenheiten angenommen und integriert werden.

Frage: Wie waren deine eigenen Erfahrungen mit der Schule?

Antwort: Es gibt ja einerseits Dinge, die wir mit unserem Kopf lernen und von denen wir dann im Kopf wissen, dass wir sie gelernt haben. Andererseits gibt es Augenblicke, in denen wir in unserem Herzen fühlen, dass wir jetzt gerade etwas gelernt haben. Diese Momente, in denen ich im Herzen das Gefühl hatte, gerade etwas Wertvolles gelernt zu haben, waren bei mir nie in der Schule. Einer meiner Lehrer pflegte zu sagen: «Ich möchte, dass die Schule euch auf eure Zukunft vorbereitet.» Als Idee fand ich das perfekt, aber in Wirklichkeit haben wir viele Dinge gelernt, die uns überhaupt nicht auf unser Leben vorbereiten können. Nach meinen neun Schuljahren fragte ich mich zum Beispiel: Warum wurde uns – nebst Lesen, Schreiben, Mathematik oder Geografie – nicht auch beigebracht, wie man angemessen mit Menschen umgeht? Oder wie man friedlich zusammenlebt? Oder wie man gewaltlos Konflikte löst? – Das alles sind grundlegende Dinge, die wirklich wichtig sind.

Es ist für unser Leben doch nicht wichtig, welche Noten wir im Schulzeugnis stehen haben, sondern dass wir es als Gesellschaft hinbekommen, friedvoll miteinander zu leben. Als Arbeitgeber würde ich lieber Menschen einstellen, die menschlich lebensfähig sind, als solche, die Bestnoten im Zeugnis stehen haben. In der neuen Zeit wird es viel wertvoller sein, Menschlichkeit zu besitzen und einen Charakter, der den inneren Frieden fördert. Wenn wir uns anschauen, wohin das ausschließliche Streben nach Leistung uns als Menschheit gebracht hat, erkennen wir, welche Art von Schule wir in Zukunft benötigen. Wir benötigen Schulen, in denen es nicht nur darum geht, äußerliches Lernwissen zu vermitteln, sondern auch darum, den Kindern beizubringen, wie sie ihre eigenen inneren Lernprozesse erfolgreich durchlaufen können. Wie sie mit anderen Menschen friedvoll umgehen können. Wie die Welt hier tatsächlich funktioniert.

Der Kindergarten oder eine andere Form der Vorschule ist für ein Kind die erste Situation in seinem Leben, in der es mit einer größeren Anzahl von Menschen zusammentrifft, die es nicht kennt. Zuvor beschränkt sich sein Austausch auf Familienmitglieder oder Nachbarn oder andere Bekannte. Doch im Kindergarten und später in der Schule begegnen die Kinder den vielfältigsten Menschen aus den unterschiedlichsten Herkünften. Daher ist es wichtig, die Kinder ohne Druck und ohne Stress darin zu fördern, ihre eigene individuelle Persönlichkeit frei zu entfalten und auch bei allen anderen das Entfalten ihrer Persönlichkeit zu unterstützen. Dabei sollten sich alle auf Augenhöhe begegnen, denn jeder kann von jedem lernen.

Eine solche Schule der Zukunft, die den Bedürfnissen der Kinder der neuen Zeit gerecht wird, nenne ich «Schule für herzbasiertes Lernen».

16

Eine Schule für herzbasiertes Lernen

Was ist herzbasiertes Lernen?

Unsere heutigen Volksschulen basieren komplett auf dem Verstand. Es gibt feste Vorgaben, wann man wie was machen muss und bis wann es fertig sein soll. Um Unterschied dazu bedeutet herzbasiertes Lernen, dass wir nach unserem Herzen lernen. Es gibt dabei keinen Zeitdruck, bis wann man ein bestimmtes Lernziel erreicht haben muss, und es ist auch nicht vorgegeben, dass alle Kinder zu einem bestimmten Zeitpunkt gemeinsam genau dieses oder jenes zu lernen haben.

Schule sollte dazu dienen, dass die Kinder auf ihrem eigenen, individuellen Seelenweg begleitet und unterstützt werden – oder dass man ihnen hilft, ihren Seelenweg überhaupt wieder zu spüren. Denn viele Kinder spüren heutzutage ihren Weg gar nicht mehr, und in den heutigen Schulen werden sie sogar eher von ihrem eigenen Weg abgebracht. Die heutigen Schulen sind aus meiner Sicht ein Versuch, alle Kinder mit den Köpfen in die gleiche Richtung zu drehen, damit alle genau gleich denken und somit tadellos in unser aktuelles Gesellschaftssystem passen.

Aber es kann doch nicht sein, dass die Kinder sich dem Gesellschaftssystem oder dem Schulsystem anpassen müssen! Es müsste doch vielmehr umgekehrt so sein, dass die Schule auf die Kinder zugeht und dass man dort erkennt, welches Potenzial in jedem Kind vorhanden ist und wie man es individuell unterstützen kann, seinen Weg zu finden und zu gehen. Aus diesem Grund arbeiten in einer herzbasierten Schule, wie ich sie mir vorstelle, auch keine «Lehrer» im herkömmlichen Sinne, sondern vielmehr qualifizierte und liebevolle «Begleitpersonen». Diese Begleitpersonen sollten ein Gespür dafür haben zu erkennen, wo ein Kind gerade langgeht, so dass sie ihm individuelle Angebote machen können, wie es dorthin gelangt, wo es hin möchte. Bei einer Schule geht es doch um die Kinder, und deshalb sollte jede Schule in erster Linie nach den Kindern ausgerichtet sein.

Nehmen wir an, da ist ein Neunjähriger, der von seiner Seele her zum Beispiel Mechaniker werden will und der dafür auch entsprechende Begabungen und Grundvoraussetzungen mitbringt. Die Aufgabe der Schule besteht nun darin, diese Grundvoraussetzungen zu erkennen und dann dieses Kind so lange auf seinem Weg zu begleiten, bis es selbständig die Erfüllung seiner Lebensaufgabe übernehmen kann. Die Begleiter sollten sehen, wo ein Kind im Moment steht und wo es hin möchte. Dann können sie auf das Kind zugehen und ihm aufzeigen, welche nächsten Schritte erforderlich sind, um dorthin zu gelangen. Falls das Kind damit einverstanden ist, können sie ihm dann die entsprechenden Lernmaterialien zur Verfügung stellen.

Zum einen sollten Schulen also fähig sein, auf jedes Kind individuell einzugehen – ohne feste Lehrpläne, die allen Kindern vorschreiben, zur selben Zeit genau dasselbe zu lernen. Und zum anderen sollten sie die Kinder auch nicht den ganzen Tag lang in einem einzigen Klassenraum einsperren. Warum sollte ein Kind nicht alle Räume in einem Schulhaus nutzen können? Und warum sollten die Klassen nicht auf harmonische Weise altersdurchmischt sein? So könnte es einen Raum geben, in dem zum Beispiel Mathematik vermittelt wird und in dem eine entsprechend qualifizierte Begleitperson ist. Diese Begleitperson kann dann auf jedes Kind, das in diesen Raum kommt, weil es etwas über Mathematik lernen möchte, individuell eingehen und ihm Angebote machen, was konkret zu tun ist. Wenn ein Kind von einem Thema begeistert ist, dann will es von sich aus etwas darüber lernen. Man muss das Kind nicht zum Lernen zwingen.

Ein Problem ist, dass die heutigen Schulen viele Kinder so sehr abstumpfen, dass sie diesen inneren Lernmotor nicht mehr verspüren. Dann haben sie natürlich auch keine Lust mehr, irgendetwas zu lernen, weil sie aus sich selbst heraus keine Impulse mehr bekommen, sich Wissen anzueignen. Wenn ein Kind aber noch in Kontakt mit sich selbst steht und den inneren Lernmotor spürt, dann wird es früher oder später von sich aus zu einer der Begleitpersonen gehen und bestimmte Fragen stellen oder bestimmte Fertigkeiten entwickeln wollen. Falls ein Kind durch den Einfluss der Erziehung oder der Gesellschaft seinen inneren Lernmotor nicht mehr spürt, dann ist es die Aufgabe der Schule, es ihm zu ermöglichen, sich diesem Zugang wieder zu öffnen. Selbstverständlich nur, sofern das Kind auf dieses Angebot einsteigt.

Individualisierung statt Verallgemeinerung

Eine weitere Aufgabe einer herzbasierten Schule besteht darin, nicht mehr aktuelle Erziehungsmuster, die die Kinder in ihrer Entwicklung blockieren, auflösen oder aktualisieren zu helfen. Die Kinder sollten nicht einfach nur den vorgegebenen Schulstoff konsumieren und dadurch sozusagen zu programmierten Robotern erzogen werden, sondern sie sollten lernen, eigenständig zu denken und eigenverantwortlich zu entscheiden und zu handeln. So werden sie durch die Schule tatsächlich auf das Leben nach der Schule vorbereitet. Die Voraussetzung dafür ist, dass die Schule auf die Kinder eingeht. Das heißt einerseits, dass die Begleitpersonen bei jenen Kindern, die ein Gespür für ihre Lebensaufgabe haben, dieses Gespür erhalten helfen. Und andererseits, dass sie jenen Kindern helfen, die dieses Gespür nicht mehr haben, es wieder zu öffnen – sofern das betreffende Kind dies will.

Eigenständig denkende Menschen, die sich ihr eigenes Weltbild aufbauen und die ihren Seelenplan erfüllen, sind ein wichtiges Fundament und der Schlüssel für die Entwicklung einer Gesellschaft. Wenn wir eine gesellschaftliche Änderung wollen, dann brauchen wir Menschen, die über den Tellerrand hinaus denken. Darum ist es wichtig, die Kinder dabei zu unterstützen, selbst zu denken. Mit einem Schulsystem, das nur Roboter produziert und eigenständiges Denken unterdrückt, ist eine Weiterentwicklung nicht möglich.

Indem wir beginnen, wieder selbst zu denken, sind wir fähig, die aktuellen Probleme der Menschheit zu lösen. Die Welt hat sich dahin entwickelt, wie sie jetzt ist, weil die Hauptgedanken derjenigen, die die Fäden ziehen, sich auf Geld, Profit und Macht richten. Wenn wir die heutigen Zustände ändern wollen, ist es nur logisch, dass wir unsere Denkweise, unsere Fühlweise und unsere Handlungsweise in eine andere Richtung lenken sollten. Gleiches Denken wird immer wieder zu den gleichen Problemen führen. Falls unser bisheriges Denken keine sinnvollen Lösungen findet, sollten wir unser Denken ändern. Darum brauchen wir heute Menschen, die mit Liebe und Weisheit, mit Verständnis und Zuversicht handeln.

Lernen geschieht ständig. Wir Menschen lernen immer, unabhängig davon, ob wir dies nun in einem Schulgebäude von einem Lehrer im Klassenzimmer tun oder ob wir irgendwo in unserem Alltag unterwegs sind. Da wir also sowieso ständig am Lernen sind, ist es doch seltsam, wenn ein Schulsystem meint, es müsse zusätzlich ein künstliches Lernumfeld erzeugen. Lernen sollte nicht künstlich sein, denn Kinder spüren es, wenn man ihnen auf künstliche Weise etwas beibringen will.

Das Allerwichtigste ist, dass wir Schulen schaffen, zu denen die Kinder mit Freude und Begeisterung hingehen. Noch in der ersten Klasse freuen sich die meisten Kinder auf die Schule, aber schon ein paar Klassen später freuen sie sich eher auf die Ferien. Kinder sollten nicht sagen «Ich muss zur Schule», sondern «Ich darf zur Schule». Kein Mensch kommt begeisterungslos zur Welt, sondern jeder trägt am Anfang eine natürliche Begeisterung und Lebensfreude, eine Neugierde und Verspieltheit in sich. Eine Schule ist somit dann am wertvollsten und am effektivsten, wenn sich die Kinder diese natürliche Begeisterung fürs Lernen erhalten und wenn sie sich wohl fühlen.

Das beginnt schon bei der Auswahl der Schule. Man sollte eine Schule nicht deswegen auswählen, weil es aus irgendwelchen Gründen für die Eltern praktisch ist, sondern man sollte auf das Kind hören, und das Kind sollte der Wahl der Schule immer zustimmen. Denn das Kind wird ja anschließend seine ganze Schulzeit lang da drin sein, nicht die Eltern.

Wir bräuchten ganz allgemein eine Gesellschaft, in der die Menschen einander auf ihrem individuellen Seelenweg unterstützen. Falls jemand eine bestimmte Sache machen will, weil er spürt, dass es die Aufgabe seiner Seele ist, sollten die anderen ihn dabei unterstützen. Wenn wir im Leben irgendwo landen, wo wir gemäß Seelenplan gar nicht hingehören, dann haben wir Probleme mit unserem Beruf, und er macht uns keinen Spaß. Wenn wir hingegen irgendwo landen, wo es für uns stimmig ist, dann macht uns unser Beruf auch Freude.

Bildung ist eine der Grundlagen unserer Gesellschaft. Wenn wir die Gesellschaft wirklich verändern wollen, benötigen wir ein neues Bildungswesen und auch ein neues Wissen, das tatsächlich von der Gesellschaft integriert und gelebt wird. Daher ist eine herzbasierte Schule mit freiem Lernen auch eine Herausforderung für die Eltern. Denn wenn Eltern ihre Kinder auf eine solche Schule schicken, sollte ihnen bewusst sein, dass die Kinder dort neue Ansichten, neue Ideen, neue Meinungen und ein neues Weltbild kennenlernen werden, das sie mit nach Hause bringen. Eltern sollten sich darüber bewusst sein, dass sie aufgefordert sind mitzulernen. Elternsein ist eine Verantwortung, und Schule ist kein Ort, an den man seine Kinder abschiebt, damit man seine Ruhe vor ihnen hat. Wenn also das Kind mit anderen Sichtweisen und einem neuen Weltbild nach Hause kommt, dann sollten die Eltern nicht gleich sagen: «Das stimmt nicht; das geht so nicht; das kannst du so nicht machen.» Sonst bringt diese neue Schule praktisch nichts, denn das Kind ist dabei innerlich wie gespalten. Besser ist es, wenn die Eltern von sich aus bereit sind, ihr Weltbild zu erweitern und sich weiterzuentwickeln. Viele Erwachsene sind heutzutage in ihrem Inneren für bewusstseinserweiternde Themen durchaus offen, aber sie wissen gar nicht, dass so etwas existiert, weil man es ihnen während ihrer Schulzeit nicht gesagt hat. Jetzt als Eltern bekommen sie die Gelegenheit, von ihren Kindern darüber zu lernen.

Heutzutage haben wir an den Schulen eine große Verallgemeinerung, ein Einheitsbrei von Bildung. Wir brauchen aber statt einer Verallgemeinerung jetzt eine Individualisierung von Bildung. Wir brauchen Schulen, in denen Kinder querdenken können. Ansonsten läuft alles so weiter wie bisher. Aber wir merken ja, dass es so nicht weitergehen kann. Wenn Kinder die Schule schwänzen, wenn sie nicht zur Schule gehen wollen oder wenn sie wegen der Schule sogar krank werden, dann liegt das Problem nicht bei den Kindern, sondern bei der Schule und allgemein bei den gesellschaftlichen Strukturen. Wenn Kinder nicht ins Schulsystem passen, dann ist das Schulsystem das Problem, nicht die Kinder.

Ich habe den Eindruck, dass wir als Gesellschaft noch allzu sehr in einer veralteten Schulstruktur festgefahren sind und dass wir unsinnigerweise daran festhalten. Wenn etwas geschieht, das uns beweist, wie wenig aktuell unsere Strukturen sind – wie etwa die Tatsache, dass viele der heutigen Kinder ohne jede Begeisterung zur Schule gehen –, dann verändern wir nicht die Strukturen, sondern klassifizieren die Kinder, die uns aufzeigen, wie überholt das System ist, als krank. Was wir statt dessen im Bildungswesen bräuchten, sind Menschen, die sich selbst eingestehen können, dass eine strukturelle Änderung notwendig ist.

Volksschule: Ein früher berechtigtes, aber jetzt veraltetes System

Das System der Volksschule, wie wir es hier in Mitteleuropa kennen, hatte früher einmal seine Berechtigung und seine Richtigkeit, sonst würde es gar nicht existieren. Nichts in dieser Welt existiert ohne Grund und ohne Berechtigung. Wenn die Volksschule nicht irgendwann aktuell und nötig gewesen wäre, wäre sie gar nie entstanden. Damals vor rund zweihundert Jahren war die Idee einer Volksschule aktuell und gut, denn so konnten die Kinder aller Bevölkerungsgruppen lesen und schreiben lernen. Dadurch wurde in der allgemeinen Bevölkerung ein gewisser Bildungslevel erreicht.

Das Problem ist bloß, dass sich das Schulsystem nicht mit den Menschen weiterentwickelt hat und dass diese Art von Volksschule heute nicht mehr zeitgemäß ist. Damals war die Verallgemeinerung richtig und zeitgemäß, aber heute ist eine

Individualisierung erforderlich. Das damalige Schulsystem ist im Kern bis heute kaum verändert worden, aber die Bewusstseinsentwicklung der Menschen in den vergangenen zweihundert Jahren ist von einer Generation zur nächsten deutlich vorangeschritten. Heute sind wir am Punkt angelangt, dass wir unsere Zukunft für krank erklären, nur um unsere Vergangenheit zu erhalten. Denn die Zukunft der Menschheit sind die Kinder, und in unseren Kindern sehen wir zum ersten Mal, wie eine zukünftige Welt aussehen und funktionieren kann. Wenn wir also unsere Kinder zu sogenannten «Problemkindern» machen und sie für «verhaltensauffällig» oder für «krank» erklären, so erklären wir damit unsere Zukunft für krank. Und dies nur, damit wir eine überholte Vergangenheit weiter aufrechterhalten können. Das ergibt doch keinen Sinn.

Viele Kinder werden heute bereits mit der neuen Energie geboren, aber in den Volksschulen werden sie nach wie vor in der alten Energie unterrichtet. Sie kommen in ein Schulsystem, das für die Kinder der neuen Zeit nicht vorbereitet und auch nicht geeignet ist. Dies wäre ja an sich noch kein Problem. Das Problem beginnt erst dann, wenn das alte System sich nicht zusammen mit den Kindern wandelt, wenn die alte Energie sich nicht den neuen Kindern anpassen will. Wenn man Angst vor Veränderung hat und sich nicht wandeln will, dann muss man irgendwie die Zukunft loswerden. So behauptet man einfach, diese Kinder seien verhaltensgestört (Stichwort ADHS), und man steckt sie in die Kinderpsychiatrie oder pumpt sie mit Medikamenten voll, um sie ruhig zu stellen. Alles, was nicht in den Durchschnitt passt, wird für nicht normal erklärt. Und dies alles nur, weil das herrschende System Angst davor hat, sich zu entwickeln. Dadurch gefährden wir sinnlos unsere Zukunft.

Flexibel sein und mutig das Neue wagen

Die gute Nachricht aber lautet: Strukturen können sich weiterentwickeln, sie können verändert werden und müssen nicht zwangsläufig starr sein, vor allem dann nicht, wenn die Menschen innerhalb dieser Strukturen flexibel sind. Sofern wir also wirklich ein zeitgemäßes Bildungswesen wollen, sollten wir persönlich flexibel sein und sollten zuallererst bereit sein, uns selbst zu ändern und in unserem Leben neue Wege zu gehen.

Wie gesagt, haben wir als Gesellschaft heute das Vertrauen in den inneren Lernmotor unserer Kinder verloren. Wir glauben, dass Schule nur dann funktioniert und dass Kinder nur dann lernen, wenn man ihnen genau sagt, *dass* sie lernen müssen und *was* sie lernen müssen. Aber das ist eine Illusion. Wenn Kinder in die erste Klasse kommen, dann freuen sich die allermeisten von ihnen voller Begeisterung auf die Schule. Aber irgendwann, spätestens etwa in der fünften Klasse, ist davon nicht mehr viel übrig. Falls ein Kind in der Schule nicht mehr lernen will, liegt es wahrscheinlich daran, dass irgendwann dieses Feuer der Begeisterung erloschen ist. Das Kind ist nicht schon erloschen auf die Welt gekommen, sondern das Schulsystem hat es soweit gebracht. Dies hat dazu geführt, dass viele Eltern das Vertrauen in den inneren Lernmotor ihrer Kinder verloren haben und denken, dass die Kinder nichts lernen werden, wenn man sie nicht dazu zwingt.

Die meisten Menschen, die schon seit Jahrzehnten in diesem System drin sind – die heutigen Eltern und Großeltern –, kommen wahrscheinlich von sich aus nicht auf die Idee, dass sie etwas verändern können. Sie brauchen dazu Impulse von außen, und es sind die neuen Kinder, die solche Impulse bringen. Wenn wir jedoch diese Impulsgeber mit Medikamenten ruhig stellen, dann bringt uns dies nicht weiter.

In meiner Schulzeit kam es häufig vor, dass unsere Lehrer voller Stolz sagten, dass die Menschen dieses oder jenes bereits vor dreihundert Jahren herausgefunden hatten. Ich dachte dann jedes Mal: Aber das war vor dreihundert Jahren! Gibt es denn nicht neuere Erkenntnisse? Es ist bedauerlich, wenn sowohl die Lehrer, die Informationen vermitteln, als auch die Schüler, die Informationen bekommen, nicht eigenständig denken und weder sich selbst noch die vermittelten Informationen hinterfragen.

Wir benötigen heute Menschen, die nicht immer nur 08/15 denken. Viele, die in der Vergangenheit etwas Neues und Bahnbrechendes erfunden haben, wurden zuerst mal für verrückt erklärt. Doch um voranzukommen, braucht jede Gesellschaft Menschen, die außerhalb des Rahmens denken, die sich an neue Orte hindenken können, wohin sich zuvor noch keiner gedacht hat. Sonst ist keine Weiterentwicklung möglich. Wenn ein Schulsystem dies nicht ermöglicht, haben wir ein doppeltes Problem: Einerseits behalten wir jene Kinder, die die Gegenwart oder noch die Vergangenheit verkörpern, weiter in einem Vergessen, weil die Schule sie nicht für das Neue öffnet. Und andererseits stempeln wir jene Kinder, die schon die Zukunft verkörpern und die uns die Zukunft bringen werden, als krank ab und nutzen ihre positiven Impulse nicht.

Es gibt verschiedene Wege, wie wir das mangelnde Vertrauen in den inneren Lernmotor unserer Kinder aufbauen können: Zum einen können wir uns schon existierende Beispiele ansehen. Es gibt heute Kinder, die im Alter von 12 Jahren an Universitäten lehren oder die im Alter von 14 Jahren bereits ausgebildete Chirurgen sind. Als Seele sind wir alle ja viel älter als wir denken, und sofern man den inneren Lernmotor der Kinder nicht durch die Erziehung abschaltet, lernen und reifen sie extrem schnell. Zum anderen können wir einfach mal mutig sein und etwas Neues wagen. Die Welt ändert sich nicht durch Menschen, die in der Schule bloß gute Noten hatten. Die Welt ändert sich durch Menschen, die authentisch sich selbst sind, die keine Masken mehr tragen, die ins Vertrauen gekommen sind und die begonnen haben, aus ihrem Herzen zu leben. Die Veränderung in der Welt geschieht dadurch, dass sich das Bewusstsein der gesamten Gesellschaft erhöht. Anders funktioniert es nicht.

Drei Voraussetzungen

Damit sich das Schulsystem wirklich ändern kann, sind aus meiner Sicht mindestens drei Voraussetzungen erforderlich:

Erstens braucht es eine Bewusstwerdung, eine neue Ausrichtung, eine neue Idee. Es braucht eine Antwort auf die Frage «Wo wollen wir eigentlich hin?». Meine kürzeste Antwort hierauf lautet:

Wir wollen herzbasierte Schulen schaffen, zu denen die Kinder der neuen Zeit mit Freude und Begeisterung hingehen. Dies kann entweder dadurch geschehen, dass das bestehende System aufgelockert und der Energie der neuen Zeit angepasst wird, oder dadurch, dass man ein ganz neues System erbaut. In beiden Fällen ist es wichtig, dass all diejenigen, die direkt mit der Schule in Verbindung stehen – also die Kinder, Eltern, Lehrpersonen, Behörden und so weiter – den anderen Beteiligten mitteilen, was genau sie anders haben möchten.

Zweitens braucht es genügend Menschen, die zu dieser Idee «ja» sagen und die auch tatsächlich bereit sind mitzuwirken, um gemeinsam den neuen Impuls zu setzen und zu manifestieren. Denn Schule ist eine Struktur, und Strukturen bilden ihren Charakter durch die Menschen, die in ihnen leben. Wenn wir also die Schulstruktur nicht mehr so wollen, wie sie heute ist, dann sollten wir zuerst damit beginnen, uns selbst zu ändern. Eine Gesellschaft ändert sich nur durch Menschen, die sich selbst ändern. Und je weitreichender die Veränderung ist, die man anstrebt, desto mehr Menschen sind dafür erforderlich.

Und drittens braucht es etwas Mut und vielleicht auch ein wenig Verrücktheit – im positiven Sinn. Nicht, dass die Idee einer neuen Schule tatsächlich verrückt wäre, aber heutzutage wird alles, was aus dem Durchschnitt fällt, gerne erst einmal als verrückt erklärt. Falls also jemand zu dir sagt: «Du bist ja verrückt!», nimm es als ein Kompliment, denn es ist ein gutes Zeichen.

Nicht gegen das aktuelle System

Ich bin nicht gegen das aktuelle Schulsystem. Wenn man gegen einen Zustand, eine Sache oder eine Person ist, dann sieht man zwar etwas, das man nicht mehr will, aber man kämpft einfach gegen diesen Punkt an und tut ansonsten nichts Konstruktives. Dieser Ansatz ist nicht lösungsorientiert. Stattdessen können wir, nachdem wir irgendwo ein Problem erblickt haben, nach den Ursachen fragen, die zu diesem Problem geführt haben. Und sobald wir die Ursachen erkannt haben, können wir beginnen, in

Zukunft einfach anders zu handeln. Das ist ein lösungsorientierter Ansatz. Nachdem wir festgestellt haben, dass irgendwo irgendetwas seltsam läuft, fragen wir uns: «Wie können wir das ändern?» Und die Antwort ist immer dieselbe: indem wir zuerst unser eigenes Bewusstsein ändern und dann unser Verhalten dem neuen Bewusstsein anpassen.

Jeder Zustand ist das Ergebnis der Summe aller Bewusstseine der beteiligten Personen. Sie haben diesen Zustand gemeinsam erschaffen. Wenn wir also einen Zustand ändern wollen, dann sollten wir zuerst in unserem eigenen Bewusstsein eine Entwicklung machen und beginnen, anders zu denken. Sobald wir anders denken, werden wir auch anders fühlen. Sobald wir anders denken und fühlen, werden wir auch anders handeln. Mit unseren Taten formen wir die Welt. Wir sollten daher nicht im Außen nach Schuldigen suchen, sondern eigenverantwortlich, konstruktiv und lösungsorientiert handeln. Man kann Monate und Jahre lang darüber diskutieren, wer was getan hat und wer woran schuld ist, aber das bringt eigentlich nichts, solange die beteiligten Personen nicht bereit sind, ihr eigenes Bewusstsein zu ändern. Wer immer nur mit dem Finger auf die anderen zeigt und nach Schuldigen sucht, die er anklagen kann, handelt nicht lösungsorientiert. Und sofern wir nicht wissen, wie man lösungsorientiert handelt, können wir es ja lernen.

Falls wir das Schulsystem tatsächlich verändern wollen, ist es am sinnvollsten, wenn wir uns vorher überlegen, welche konstruktiven Alternativen es gibt. Dann können wir uns darauf konzentrieren, diese Alternativen zu manifestieren, und brauchen unsere Aufmerksamkeit nicht auf die Fehler des bestehenden Systems zu lenken. Wenn wir nicht gegen das Alte sind, kann das Neue kommen. Der Wandel wird ganz von alleine geschehen, weil das veraltete System irgendwann nicht mehr gebraucht wird. Immer, wenn etwas Neues entsteht, fließt es eine Zeit lang noch parallel mit dem Alten. Man braucht dann nicht gegen das Alte zu kämpfen, denn es wird ganz von alleine weggehen, sobald es nicht mehr aktuell ist. Für eine Veränderung zum Guten muss man niemals Gewalt anwenden.

Der Wandel ist gewiss, der Zeitpunkt ungewiss

Eine gesellschaftliche Struktur ist glücklicherweise fähig, sich mit den Menschen weiterzuentwickeln, die innerhalb dieser Struktur leben. Gerade in der heutigen Zeit befinden sich viele Menschen in einer enormen Entwicklung. Auch wenn die moderne Menschheit sich gerne als zivilisiert bezeichnet, bedeutet dies nicht, dass die Entwicklung in uns und um uns abgeschlossen ist. Das wird sie niemals sein.

Manchmal vergessen wir, dass jede Struktur, die wir als Menschheit je erschaffen haben, immer nur eine bestimmte Lebensdauer hat. Sobald diese Lebensdauer überschritten ist, wird etwas Neues benötigt. Für diesen Wandel braucht es dann Menschen, die innerhalb einer alten Struktur – sei dies nun das Schulsystem oder eine andere Struktur – bereits die Zukunft verkörpern, und das sind in erster Linie die Kinder.

Wie jeder Erwachsene, so ist auch jedes Kind ein Individuum. Darum ist für jedes Kind etwas anderes stimmig und richtig, und darum sollte es keine Schulkonzepte und keine Lehrpläne geben, die pauschal für alle Kinder gültig sind. Wir können unseren Kindern vertrauen, dass sie in ihrem Inneren schon spüren, was für sie stimmig ist. Dazu sollten wir sie in ihrer individuellen Verbindung zu ihrer geistigen Führung belassen und nicht versuchen, sie aus dieser Verbindung herauszuziehen. Wenn ein Kind auf die Welt kommt, ist es automatisch mit seiner geistigen Führung verbunden, und es wäre die Aufgabe der Eltern, der Lehrer und der Gesellschaft, diese Verbindung bestehen zu lassen und sie aktiv zu fördern. Dies würde viele spätere Probleme verhindern.

Wir brauchen also sowohl Lehrer als auch Eltern, die neu und anders denken und die gewillt sind, gemeinsam Strukturen aufzubauen, in denen die Kinder der neuen Zeit sich wohlfühlen. Es nützt einem Kind wenig, wenn es zwar in einer «freien» Schule ist, die Eltern zu Hause jedoch noch immer in den alten Denkmustern feststecken. Ein solches Kind muss einen schwierigen Spagat hinbekommen. Daher braucht es heute eine allumfassende Wandlung und Änderung in sämtlichen gesellschaftlichen Bereichen.

Ein solcher Wandlungsprozess benötigt seine Zeit. Zuerst hören die Menschen von einer möglichen neuen Form des Denkens und des Zusammenlebens; dann überlegen sie es sich erst einmal eine Weile, bis sie es irgendwann in ihr Weltbild aufnehmen, und dann braucht es wiederum eine ganze Weile, bis sie es tatsächlich in ihr Leben integrieren können. Für einen solchen globalen Wandel braucht es zudem die Mitarbeit von vielen. Es reicht nicht, wenn nur ein paar wenige Menschen es tun. Möglicherweise wird dieser Prozess noch hundert Jahre dauern, aber theoretisch könnte es auch jetzt in dieser Sekunde passieren. Es ist nicht festgelegt, wie lange es dauert, bis die Menschheit aufwacht, sondern darüber entscheidet die Menschheit mit ihrem freien Willen selbst.

Euer persönlicher Beitrag dazu ist ganz einfach: Ihr könnt einfach Schritt für Schritt die Dinge ändern, die in eurem Leben nicht mehr aktuell sind, und ihr könnt jetzt das entwickeln, was in eurer eigenen Persönlichkeitsentwicklung an der Reihe ist. Wenn ihr eine Liste all jener Dinge erstellt, die ihr irgendwann in der Zukunft noch zu lernen habt, werdet ihr vielleicht bemerken, dass von diesen vielen Dingen im Moment nur gerade zwei oder drei aktuell als Lernaufgabe dran sind. Dann reicht es, dass ihr euch erst mal mit diesen zwei oder drei Dingen befasst. Setzt euch dabei nicht unter Druck. Ihr habt alle Zeit der Welt. In Anbetracht der Zeit, die schon hinter euch liegt, spielt es keine Rolle, ob es nun nochmals ein paar hundert oder auch tausend Jahre länger dauert.

Je mehr veraltete Glaubensmuster ihr in euch tragt, desto länger wird es dauern, sie loszuwerden. Aber das ist nicht schlimm. Ihr erkennt es jetzt zumindest, und das ist der erste und wichtigste Schritt. Ihr müsst nicht bis in einem Monat alle eure Muster aufgelöst haben, und das Universum stellt uns auch keine zeitliche Begrenzung oder macht uns irgendwelche Vorschriften. Alles, worum es jetzt geht, ist dass wir damit anfangen und dann einen Schritt nach dem anderen vorwärts gehen.

Jeder wird irgendwann erwachen, und jeder wird irgendwann aufsteigen. Die Frage ist wann und wie, aber passieren wird es sowieso. Stresst euch also nicht und gebt euch bei euren Prozessen kein Zeitlimit. Zehntausende von Jahren seid ihr in einer kompletten Vollnarkose gewesen, und das, was ihr mittlerweile schon geleistet habt, ist riesig. Richtet eure Aufmerksamkeit auch auf das, was ihr bereits hinter euch gebracht habt, und nicht nur auf das, was noch vor euch liegt.

Und nehmt euer Dasein mit Humor! Ist es nicht spannend zu sehen, wo wir als Seele so hingeraten können? Stellt euch vor, wir wären hier auf einem großen Spielplatz. Da sitzen auch nicht alle herum und blicken todernst drein. Darum: Nehmt euch selbst nicht immer so ernst, und nehmt euch den Druck, unbedingt so rasch wie möglich voranzukommen oder aufzusteigen. Ihr habt alle Zeit der Welt, Dinge zu lernen und euch zu entwickeln. Ihr braucht so lange, wie ihr braucht – fertig.

Fragen zum Thema Kinder und Schule

Frage: Was geschieht, wenn Kinder durch eine künstliche Befruchtung im Reagenzglas gezeugt werden?

Antwort: Falls die Natur gewollt hätte, dass wir unsere Zukunft in Gläsern herstellen, wäre das der Standard. Aber offensichtlich ist es von der Natur anders geplant. Noch seltsamer ist es, wenn Eltern zum Beispiel den Arzt bitten, die Gene ihres ungeborenen Kindes so zu verändern, dass es eine bestimmte Augenfarbe oder Haarfarbe hat. Solche Dinge sind irgendwie nicht natürlich. Wenn ein Kind auf unnatürlichem Weg in seinen Körper hinein kommt, ist es für dieses Kind viel komplizierter, seinen Lebensweg zu finden.

Frage: Was hältst du davon, dass in manchen Kindergärten und Schulen schon kleine Kinder den digitalen Medien ausgesetzt werden?

Antwort: Ich finde es gut, wenn Kinder zuerst einen Bezug zu ihrer Umwelt aufbauen und lernen, physisch mit Menschen und anderen Lebewesen zu kommunizieren und umzugehen. Das funktioniert schlecht, wenn man zu viel Zeit vor einem digitalen Bildschirm verbringt. Wichtig ist aber, dass es bei solchen Fragen nie eine allgemeingültige Antwort gibt, denn es kommt immer auf das individuelle Kind an. Die digitale Welt hat ja auch Vorteile. Zum Beispiel können wir uns im Internet unabhängig informieren, und wir können auch schneller miteinander kommunizieren. Gleichzeitig besteht aber die Gefahr, dass es in ein Zuviel kippt und dass man vergisst, wo sich das eigentliche Leben abspielt. Im Idealfall sollte eine Balance bestehen zwischen dem Leben in der Natur und dem Leben im virtuellen Raum.

17

Weihnachtsnachricht 2018

Liebe Lichter,
Wir haben Dezember, und Weihnachten kommt. Bald ist dieses Jahr zu Ende, und ein neues darf beginnen. So vieles ist passiert in diesem Jahr: neue Erkenntnisse kamen, Menschen trafen sich, und neue Ideen wurden überall ins Feld und auch in die Welt gesetzt. Dieses Jahr hat auch für uns einiges geöffnet und verändert. Wir haben Dinge erkannt und verstanden, die uns vorher gar nicht so direkt bewusst waren.

Einer der wichtigsten Punkte ist sicher der: Die Menschen sind bereit, sich zu ändern! Das ist der Schlüssel, damit die Welt besser wird. Und dieser Schlüssel fängt an, sich im Schloss zu drehen – immer weiter und weiter, bis es «klick!» macht und die Tür für eine neue Ebene des Lebens sich öffnet.

Dass in diesem Jahr neues Licht auf die Erde kam und sich mehr und mehr verankert, hat nicht nur mit uns zu tun, sondern sehr viel auch mit euch. Denn ein einzelner Mensch kann zwar einen Impuls für eine Veränderung geben, doch nur viele Menschen gemeinsam können diesen Impuls auch manifestieren. Darum braucht es uns alle.

Jeder von uns hat in diesem Jahr viel geleistet. Da es im Leben aber stets um Balance geht und es auch immer Zeit für Ruhe braucht, wünsche ich, zusammen mit meinem ganzen Team, euch allen eine wunderbare, ruhige Zeit. Habt schöne Weihnachten und hüpft lächelnd in das neue Jahr 2019 hinein! *

* Dieser Text wurde im Dezember 2018 auf Christinas Website veröffentlicht.

18

Der Moment ist jetzt

Ursache und Überwindung von Krieg

Dass wir Krieg haben, dass wir Gewalt haben – dies entsteht nur dann, wenn wir in einer Gesellschaft leben, in welcher der Verstand mit einer zu hohen männlichen Energie dominiert. Wenn sowohl der Verstand als auch die männliche Energie im Zuviel sind, dann entstehen Gewalt und Krieg. Würden wir in einer Gesellschaft leben, in der die Menschen herzbasiert und in der Balance sind, so würden wir gar keine Kriege beginnen.

Es kommt ja immer wieder vor, dass ein Land mit einem anderen Land einen «Friedensvertrag» schließt, aber solche Friedensverträge und solche Verhandlungen würde es gar nicht brauchen, wenn gegenseitiges Vertrauen herrschen würde. Man macht ja nur einen Vertrag, damit man sicher sein kann, dass sich das Gegenüber an die Vereinbarungen hält. Wenn alle Menschen im Herzen wären, dann könnten wir alle uns gegenseitig vertrauen, und dann wäre es total logisch, dass Kriege einfach beendet würden. Dann bräuchte es auch keine Verhandlungen und keine Verträge.

Das klingt jetzt vielleicht ein wenig seltsam, aber in der heutigen Welt ist es so, dass unser gesamtes Wirtschaftssystem nur deswegen überlebt, weil Kriege geführt werden. Das System würde in dieser Form gar nicht mehr existieren, wenn wir Weltfrieden hätten. Deshalb hat die Politik kein Interesse daran, dass die Welt friedlich wird; sie fördert sogar noch den Krieg. Die Politik sollte eigentlich für die Bevölkerung da sein und dafür sorgen, dass die Bedürfnisse der Bevölkerung erfüllt werden. Wir leben heute jedoch in einem System, in dem es der Politik allein um Profit, Macht und Geld geht. Wenn also die Bevölkerung jetzt merkt, dass dies nicht die Lösung sein kann, dann sollten wir uns als Bevölkerung ändern.

Es geht auch darum, dass wir uns von der Politik unsere Stimme zurückholen. Denn alles, was wir im Physischen tun, wirkt sich auch im Feinstofflichen aus. Bei uns in der Schweiz kennen wir das Prinzip von «Abstimmungen»*. Das Problem bei Abstimmungen ist, dass wir dadurch unsere Stimme sozusagen feinstofflich an die Politik «abgeben». Aber eigentlich benötigen wir unsere Stimme ja selber. Selbstverständlich muss jeder selbst wissen, ob er abstimmen geht oder nicht. Doch wenn ihr das macht, dann holt euch anschließend feinstofflich eure Stimme wieder zurück. Denn eure Stimme gehört euch und nicht ... wem auch immer.

Viele Menschen meinen, dass die Politik darüber entscheidet, ob Frieden herrscht oder nicht. Aber das ist eine Illusion. Wenn eine Regierung entscheidet, irgendein Gesetz darüber zu erlassen, was man tun darf oder nicht tun darf, dann hat ein solches Gesetz erst dann eine Wirkung, wenn sich die Bevölkerung auch danach richtet. Nehmen wir an, ab morgen wäre es per Gesetz verboten, im eigenen Garten Karotten anzubauen. Irgendjemand sagt, mit welcher Begründung auch immer: «Ab morgen darf man keine Karotten mehr anbauen. Man darf sie nur noch im Supermarkt kaufen.» Wenn die Menschen dies für eine gute Idee halten und sich daran halten, dann hat das Gesetz eine Wirkung. Aber wenn alle Menschen in der Bevölkerung sagen: «Das ist uns egal, wir pflanzen morgen trotzdem Karotten, einfach weil wir keinen Grund dafür sehen, es nicht zu tun», dann wird dieses Gesetz nichts bewirken. Dann steht es zwar irgendwo geschrieben, aber weil die Menschen nicht darauf reagieren, wird es keine Wirkung haben. Ein Gesetz tritt erst dann tatsächlich in Kraft, wenn die Menschen ihr Verhalten danach ausrichten.

Auch Krieg funktioniert nur, weil Menschen aus der Bevölkerung für den Krieg ausgebildet werden und es sinnvoll finden,

---

* Anmerkung des Herausgebers: Der Begriff «Abstimmung» bedeutet in der schweizerischen Politik soviel wie «Referendum», also die Stimmabgabe eines wahlberechtigten Bürgers zu gewissen Sachfragen.

in den Krieg zu ziehen. Aber wenn alle Menschen in der Bevölkerung ab morgen entscheiden, Krieg sei sinnlos und sie wollen keine anderen Menschen mehr töten, dann wird keiner mehr hingehen. Dann kann die Regierung beschließen, was sie will – es wird nicht funktionieren. Außer sie gehen selber. Aber weil sie das ja nicht tun, sondern immer nur die Bevölkerung schicken, wird es dann einfach keinen Krieg mehr geben, und das Militär wird aussterben. Denn das Militär lebt ja nur davon, dass manche Menschen einen Sinn darin sehen.

Das sind Beispiele dafür, dass die Bevölkerung die eigentliche Macht ist, die die Welt verändert – nicht die Politik. Die Politik hat nur dann Macht, wenn wir es zulassen. In der heutigen Zeit ist es wichtig, dass wir so handeln, wie unser Herz es uns sagt, und nicht so, wie irgendwelche von Menschen gemachte Gesetze es uns vorschreiben. Dann wird sich die Welt automatisch zum Positiven verändern.

Auch die Menschen, die viel Geld besitzen und die deshalb die Fäden in der Welt ziehen, können dies nur tun, weil die anderen mitmachen. Wenn irgendwann die Mehrheit der Menschen im Herzen ist und sagt: «Wir haben jetzt etwas Besseres zu tun», dann geht bei diesen Drahtziehern auch nichts mehr. Ab dann werden auch keine Kriege mehr geführt. Die Lösung ist also ganz einfach die, dass die Menschen im Herzen sind und anfangen, die Ethik zu leben, die sie in ihrem Herzen tragen; dass die Menschen danach zu handeln beginnen, was sie in ihrem Inneren für richtig halten – egal ob dies gesellschaftlich gerade als normal gilt oder nicht. Denn wenn ihr euch während eures ganzen Lebens daran haltet, was in der Gesellschaft gerade normal ist, dann wird sich nichts ändern. Die Welt verändert sich nicht durch eine einzelne Person, sondern durch viele. Und dafür müssen viele Personen einen Unterschied machen.

Einfach mal einen Anfang machen

Manche Menschen haben ganz viele Ausreden, warum sie nicht sich selbst sein können und warum sie in ihrem Leben im Moment noch keine Änderungen machen können. Sie sagen zum Beispiel: «Ich habe eine Familie» oder «Ich habe einen Job» oder «Ich habe keine Zeit, weil ich zuerst noch etwas anderes tun muss».

Aber was bedeutet denn «keine Zeit haben»? – Natürlich stehen uns allen nur 24 Stunden pro Tag zur Verfügung. Aber du kannst für dein Leben ja eine Art Prioritätenliste erstellen, und das, was dir am wichtigsten ist und das somit auf deiner Liste als Nummer eins an erster Stelle steht, wird zuerst getan, anschließend die Nummer zwei, dann die drei und so weiter. Für Nummer eins hast du immer Zeit. Falls aber dein Herz auf deiner Prioritätenliste auf der Nummer zwanzig steht, wirst du tatsächlich keine Zeit dafür haben. Aber das ist ganz alleine deine Verantwortung. Du könntest auch ein Experiment machen und beispielsweise mal eine ganze Woche lang dein Herz und deine Seele an die erste Stelle setzen und schauen, was dabei herauskommt. Wenn du dann nach sieben oder vielleicht auch schon nach drei Tagen merkst, dass dies doch nicht so ganz das Richtige für dich ist, kannst du das Experiment ja jederzeit beenden. Aber manchmal lohnt es sich, mutig zu sein und einfach mal etwas Neues auszuprobieren. Es ist so einfach, uns selbst hundert Gründe dafür zu liefern, warum etwas nicht funktionieren kann. Genauso werden wir aber – wenn wir nur lange genug nachdenken – bei allem, was wir uns in unserem Leben angewöhnt haben, auch zehn oder hundert Gründe dafür finden, es nicht mehr zu tun.

Es geht darum herauszufinden, wofür jetzt die richtige Zeit in unserem Leben ist. Denn nicht für alles ist jetzt die passende Zeit, und es gibt auch keine für alle Menschen gültige Standard-Prioritätenliste. Jeder Mensch ist ein Individuum, und jeder führt sein individuelles Leben. So hat auch jeder unterschiedliche Punkte auf seiner Prioritätenliste und trägt selber die Verantwortung dafür, wie er seine Liste gestaltet. Das kann uns keiner abnehmen. Es ist auch niemand gezwungen, in sein Herz zu kommen und authentisch sich selbst zu sein, so wie er ist. Aber wenn wir wirklich eine langfristige Änderung in der Welt wollen, dann wird irgendwann der Moment kommen, an dem es nicht mehr ausreicht zu sagen: «Ich selber kann aus diesem oder jenem Grund gerade nicht. Aber vielleicht hat ja jemand anders eine Idee.»

Um hierfür ein Bild zu geben: Stellt euch vor, da stehen Hunderte und Tausende von Menschen auf einem großen Platz vor einem roten Strich, und dieser rote Strich symbolisiert die Veränderung. Die Menschen auf dem Platz sind sich im Grunde alle darüber einig, dass sich etwas verändern muss, aber keiner tut etwas. Irgendjemand sagt: «Es muss sich dringend etwas ändern. Aber ich habe keine Ahnung, was.» Sein Nachbar nickt und sagt: «Das stimmt, es muss sich etwas ändern, und ich habe auch schon eine Idee: Das und das müsste man ändern. Aber leider fehlt mir die Zeit dafür, denn ich habe einen wichtigen Job.» Und derjenige neben ihnen hört das und sagt: «Ja, das ist eine gute Idee. Man sollte das wirklich ändern, und so und so könnte es funktionieren. Ich hätte auch Zeit. Aber leider habe ich zu wenig Geld dafür.» Und so geht das immer weiter.

Es ist sehr einfach, immer einen Grund zu finden, etwas nicht zu tun. Bei allem. Es braucht nicht viel, sich immer irgendeinen Grund oder eine Ausrede auszudenken, warum wir etwas nicht tun können: die Zeit, die Familie, der Job, das Geld, die Umstände – und so weiter, und so fort. Aber wir können die Verantwortung für die Veränderung nicht ewig hinausschieben und darauf warten, dass jemand anders alle unsere Probleme löst. Es fällt euch nicht Jesus höchstpersönlich vom Himmel, klatscht in die Hände und ändert alles für euch. Das wird er nicht tun. Es gibt zwar Menschen, die euch Impulse dafür geben, was ihr tun könnt, aber die tatsächliche Veränderung in der Gesellschaft ist von der großen Masse abhängig. Sie funktioniert nicht, solange jeder sagt: «Aus dem und dem Grund kann ich es nicht tun. Das Risiko ist mir zu groß.» Aber mal ganz nüchtern gesehen: Unser gesamtes Leben ist ein Risiko. Jeder von uns könnte morgen die Treppe runterfallen.

Die gute Nachricht ist, dass sich heutzutage sehr viele Menschen bereits darüber im Klaren sind, dass sich etwas ändern muss. Darum ist es nur eine Frage der Zeit, bis die Idee zur Veränderung irgendwann zu einer Person gelangt, die mutig ist und sagt: «Ja, das finde ich super. Machen wir es *jetzt!*» In dem Moment, in dem diese erste mutige Person sich entschließt, es tatsächlich zu tun, tritt sie hervor und stellt sich auf den roten

Strich der Veränderung. Und viele andere, die zuvor noch Ausreden hatten, die gezögert haben und die nicht alleine dastehen wollten, sagen nun: «Schaut mal, da steht ja jemand! Gut, dann komme ich jetzt auch.»

So haben wir alle eine Verantwortung für uns selbst, für unsere Gesellschaft und für die gesamte Erde, und dieser Verantwortung können wir uns letztlich nicht entziehen. Irgendwann kommt der Moment in unserem Leben, in dem wir uns entscheiden werden: Geht es uns darum, etwas zu verändern und dafür auch mal eine Minute alleine dazustehen und vielleicht seltsam angeschaut zu werden? Oder leben wir lieber so weiter wie bisher und treiben die Welt immer näher einem Abgrund zu?

Es liegt alles an uns, am Kollektiv der Menschheit. Im Grunde genommen verfügen wir heute bereits über genügend Erkenntnisse und Informationen. Wir wissen, was wir in der Zukunft sicher nicht mehr wollen; das haben wir inzwischen begriffen. Auch wissen wir theoretisch, was es bräuchte, um die Welt zum Positiven hin zu verändern. Vielleicht haben wir nicht von A bis Z schon einen genauen Plan, wie es in der Zukunft weitergehen wird, wenn wir erst einmal mit der Veränderung beginnen. Aber man muss nicht immer eine fertige Theorie oder einen festen Plan im Kopf haben. Es reicht schon, dass man einfach in sein Herz geht und voller Vertrauen sagt: «Einverstanden, wir ändern uns jetzt.» Sobald man erst einmal damit beginnt und in seinem Herzen genügend Vertrauen und eine klare Ausrichtung hin zum Positiven hat, kommt die richtige Lösung früher oder später von selbst.

Wir können darauf vertrauen, dass wenn das Universum, die Schöpfung, merkt, dass die Menschheit sich zu ändern beginnt, dass uns dann auch die Dinge gegeben werden, die wir benötigen, um für bestimmte Probleme eine Lösung zu finden. Aber solange wir alle nur dasitzen und sagen: «Ich kann es nicht tun, irgendwer sonst soll es machen», wird sich noch nichts ändern. Eine solche Haltung ist natürlich nicht verboten, aber immer, wenn ihr euch in einer Situation wiederfindet, in der ihr nicht euch selbst seid, überlegt euch: «Will ich das wirklich? Ist das jetzt der richtige Moment, so zu handeln oder zu sprechen?» Es ist immer wichtig sich zu überlegen, wann man was wie sagt und wann man wie handelt. Denn es gibt für alles einen richtigen Zeitpunkt. Wenn ihr spürt, dass ihr in irgendeiner Situation jetzt mutig sein und einen Unterschied machen solltet, dann macht ihn einfach. Unser ganzes Leben ist ein Risiko, und Gründe, warum man etwas nicht tun kann, findet man immer. Aber man findet auch immer Gründe, warum man etwas tatsächlich tun sollte.

Es ist wichtig, dass wir uns selbst leben – dass wir unser Herz leben und nicht die gesellschaftliche Norm. Denn unsere gesellschaftlichen Normen stecken in einem Prozess der Veralterung. Wir sind alle Individuen, und so reicht es im Grunde für die Veränderung schon, dass ihr einfach das lebt, was ihr in eurem Inneren bereits seid. Irgendjemand muss aber den Anfang machen. Wie schon gesagt: Es stehen bereits Tausende von Menschen direkt vor diesem roten Strich der Veränderung, aber jeder hat noch seine Gründe und seine Ausreden, warum er in seinem Leben noch nichts verändert. Nicht jeder hat in seinem Inneren das Bedürfnis, ein Pionier zu sein und als Erster auf den roten Strich zu treten. Dabei merkt doch längst fast jeder, dass sich etwas verändern muss, und alle warten nur darauf, dass endlich jemand hervortritt und den Anfang macht. Es braucht immer jemanden, der den Anfang macht. Und sobald jemand tatsächlich einen Anfang macht, werden Hunderte und Tausende hinterher folgen.

Wir leben heute in einer Zeit, in der die Veränderung kein Geheimnis mehr ist. Wir wissen, dass sie nötig ist. Dies wissen inzwischen längst alle Gesellschaftsebenen; die Frage ist bloß, ob sie es schon wahrhaben wollen oder nicht. Aber wenn ihr es wahrhaben wollt und wenn ihr spürt, dass es jetzt richtig ist, einen ersten Schritt zu gehen, dann tut es einfach. Manchmal muss man den zweifelnden und zögernden Verstand ausschalten und auf die ganzen «Aber», «Wenn» und «Könnte doch» verzichten. Wenn jeder Mensch, der in der Vergangenheit etwas verändert hat auf diesem Planeten, auf diese Weise gezögert und Ausreden gesucht hätte, dann würden wir immer noch in der Steinzeit leben. Dann hätten wir keinen Schritt vorwärts gemacht.

Wir alle sind als Seelen hierher auf diesen Planeten Erde gekommen, um lichtvolle Spuren zu hinterlassen. Dafür sind wir hier – und nicht um roboterisiert zu werden. Das waren wir jetzt lange genug, und auch diese Erfahrung war für etwas gut. Doch nun sollten wir uns wieder daran erinnern, dass wir die Verpflichtung und die Verantwortung dafür haben, jetzt die Veränderung zu sein, die wir auf der Welt sehen wollen. Falls wir zum Beispiel mehr Umweltschutz wollen, geht es darum, dass wir in unserem eigenen Leben einen Anfang machen: dass wir unseren Müll trennen, dass wir unseren Plastikkonsum verringern oder vielleicht einen Baum adoptieren, dass wir irgendetwas gründen oder sonst etwas tun, das sich für uns selbst stimmig anfühlt. Wir können nicht meinen, dass die Welt sich verändern wird, solange wir die ganze Zeit über nur davon sprechen, dass sich etwas ändern muss, aber uns selbst und unser Verhalten nicht ändern. Diese Strategie geht nicht auf.

Wenn es darum geht, etwas zu tun – egal auf welchem Gebiet, auf welche Art oder in welchem Ausmaß – dann gibt es für jeden Menschen die richtige Zeit dafür. Wenn ihr also merkt, dass jetzt eure Zeit zum Handeln gekommen ist, dann lasst es nicht zu, dass sich irgendein «Aber», «Wenn» oder «Könnte doch» euch in den Weg stellt – ob es nun aus euch selbst kommt oder von eurem Umfeld oder von der Gesellschaft oder woher auch immer.

Die besondere Verantwortung Mitteleuropas

Wir hier in Mitteleuropa tragen eine besondere Verantwortung. Theoretisch sind die Voraussetzungen für spirituelle Entwicklung überall auf der Welt in gleichem Maße vorhanden. Aber eben nur theoretisch. Praktisch sieht es zur Zeit noch anders aus. In Mitteleuropa gibt es aktuell keine Kriege, wir alle haben genügend Wasser und genügend Nahrung, wir haben ein Dach über dem Kopf und wir müssen uns nicht davor fürchten, dass uns eine Bombe auf den Kopf fallen könnte. Das heißt, wir haben hier alles, was wir zum Leben brauchen. Andere Länder haben das nicht. In anderen Ländern laufen Kinder kilometerweit, nur um irgendwo irgendwelches schmutziges Wasser zu finden, und sie haben auch nicht jeden Tag ausreichend Nahrungsmittel zur Verfügung.

Wenn Menschen im Überlebensmodus sind, sind sie gezwungen, hauptsächlich in den unteren Chakras zu funktionieren, denn dort befinden sich die Überlebensthemen. Nur damit keine Missverständnisse aufkommen: Ich sage nicht, dass es bessere und schlechtere oder wichtigere und unwichtigere Chakras gibt, denn wir brauchen sie alle in gleichem Maße zum Leben. Wenn wir sie nicht alle brauchen würden, dann hätten wir diese unterschiedlichen Chakras gar nicht. Aber jedes Chakra hat seine Qualitäten und seine Bewusstseinsaspekte, und es ist eine Tatsache, dass das Bewusstsein, dass wir alle göttliche Wesen sind und dass wir zu dem erwachen sollen, was wir in Wahrheit sind, sich in den oberen Chakras befindet. Für Menschen, die jeden Tag um ihr Überleben kämpfen müssen, ist es viel schwieriger, sich mit spirituellen Themen zu beschäftigen, da diese Beschäftigung ihnen nicht das Überleben sichern würde. Sie haben zurecht andere Prioritäten. Doch wenn man in einer Gesellschaft lebt, in der diese existenziellen Probleme nicht vorhanden sind und in der man tatsächlich leben kann – nicht nur überleben –, dann trägt man eine Verantwortung. Ihr alle tragt die Verantwortung dafür, dass ihr Leuchttürme seid für diejenigen, die aufgrund von schwierigen äußeren Umständen noch nicht soweit sind. Theoretisch gesehen haben alle Menschen überall auf der Welt die gleichen Chancen, aber praktisch gesehen ist dies aktuell eben nicht der Fall.

Ich glaube, dass Mitteleuropa mit der richtigen Entwicklung zu einem Leuchtturm für viele andere Länder werden kann. Wir haben hier alle Informationen, die wir brauchen, um uns spirituell zu entwickeln. Indem wir die Dinge, die wir in der Theorie erkannt haben, auch wirklich in praktische Handlungen umsetzen und dadurch erst einmal unsere eigenen Probleme lösen, werden wir imstande sein, anderen tatsächliche Entwicklungshilfe zu leisten. Die aktuelle Entwicklungshilfe ist keine echte Hilfe, sondern ein Erzeugen von Abhängigkeit. Daher sollten wir zuerst bei uns selbst anfangen, und wenn wir irgendwann unsere Probleme gelöst und erkannt haben, wie man anderen Ländern wirklich hilft, ohne sie in die Abhängigkeit zu bringen, dann können wir dorthin fahren und etwas Positives bewirken. Dabei sollten wir den Menschen dort nicht irgendetwas aufzwingen, sondern sie dabei unterstützen, eigenständig zu bleiben und in ihrem eigenen Tempo Veränderungen vorzunehmen. Wir sollten auch ihre Kultur so belassen, wie sie ist. Denn die Landwirtschaft, die wir hier in Mitteleuropa haben, kann beispielsweise in Afrika nicht funktionieren. Es wäre komplett sinnlos, unsere Landwirtschaft mitten in der Sahara umsetzen zu wollen. Die Menschen, die dort aufwachsen, wissen ganz genau, wie es bei ihnen am besten funktioniert.

Falls wir wirklich Entwicklungshilfe leisten wollen, sollten wir von der Haltung herunterkommen, dass wir alles besser wissen. Die Kulturen können alle gegenseitig voneinander lernen. Die Menschen in anderen Kulturkreisen haben Dinge, die sie uns beibringen können, und wir haben Dinge, die wir ihnen beibringen können. Aber kein Land kann, wenn das Ganze sinnvoll bleiben soll, einem anderen Land seine eigenen Verhältnisse aufzwingen oder einer Kultur alles komplett neu beibringen. Daher sollten wir zuerst bei uns selbst aufräumen. Vorher ist es sinnlos, Entwicklungshilfe zu probieren, denn es würde sowieso nicht so kommen, wie es kommen sollte.

Es nützt auch nichts, wenn wir im Großen von Weltfrieden sprechen, aber im Kleinen immer noch mit unserem Nachbarn Streit haben. Wir können erst dann Leuchttürme für die Zukunft sein, wenn wir in unserem Inneren tatsächlich Friede geworden sind. Es reicht nicht, über Frieden nur zu reden, wir müssen selber zu Frieden werden.

Viele Menschen hoffen heutzutage auf die große Veränderung. Doch diese Veränderung sind wir alle, jeder einzelne von uns. Natürlich gibt es Menschen, die anderen Menschen wichtige Impulse geben können, doch diese Impulse ändern nur in jenen Menschen etwas, welche die Impulse tatsächlich ernst nehmen und in ihrem eigenen Leben etwas daraus machen. Es braucht immer beides: diejenigen, die Impulse setzen, und diejenigen, die Impulse umsetzen. Wie lange es dauern wird, bis die Welt sich verändert, hängt somit kollektiv von uns als Bevölkerung ab. Denn wir tragen hier die Verantwortung, und wir sind diejenigen, um die es hier geht. Wir als Erdbevölkerung sind dafür verantwortlich, was auf diesem Planeten geschehen und was nicht geschehen wird, und wir können uns dieser Verantwortung nicht entziehen. Das einzige, worum es letzten Endes geht, ist dass wir lernen, die Ethik zu leben, die wir in unserem Herzen tragen. Dann wird alles gut werden.

Die Synthese von Spiritualität und Querdenken

Spiritualität beißt sich nicht mit Querdenken. Ich habe den Eindruck, dass viele spirituelle Menschen die Geschehnisse auf der physischen 3D-Ebene zu wenig kritisch hinterfragen. Doch Bewusstseinsentfaltung auf all jenen Ebenen, auf denen sie angebracht ist, funktioniert nur dann, wenn wir die beiden Aspekte Spiritualität und Querdenken miteinander vereinen. Querdenken und Spiritualität stehen nicht miteinander auf Kriegsfuß, sondern sie können und sollen sich gegenseitig harmonisch ergänzen. Man kann durchaus eine spirituelle Weltsicht haben und zugleich das politische oder wirtschaftliche Geschehen auf der physischen Ebene kritisch hinterfragen.

Viele denken, dass es bei der Bewusstseinserweiterung nur darum geht, die feinstofflichen Ebenen besser zu verstehen. Das sehe ich anders. Für mich geht es bei der Bewusstseinserweiterung auch darum, jene Ebene besser zu verstehen, in die wir hineingeboren worden sind, also die physische 3D-Ebene. Die Wahrheit darüber, wie diese physische Ebene funktioniert und was sich auf dieser Ebene tatsächlich abspielt, lernt ihr jedoch nicht in der Schule, und sie wird euch auch nicht über die Massenmedien mitgeteilt. Sofern ihr also diese Wahrheit erfahren und eure Welt verstehen wollt, solltet ihr schon selbst auf die Suche nach ihr gehen.

Es existieren Dinge auf der physischen Ebene, von denen ihr nichts wisst. Zum Beispiel gab es neulich die Pressemeldung, dass eine chinesische Raumsonde erstmals auf der Rückseite des Mondes gelandet sei. Das mag für China eine schöne Sache sein, aber denkt ihr wirklich, dass dies eine solch große Sensation ist? Schon vor Jahrzehnten sind die Menschen auf dem Mond gelandet, auch auf seiner Rückseite. Die Menschen betreiben dort bereits seit Jahrzehnten Handel mit Außerirdischen. Ja, es gibt Außerirdische, und ja, auch solche mit physischen Körpern – doch darum geht es mir hier nicht. Worum es mir geht, ist dass wir lernen, Dinge kritisch zu hinterfragen. Uns selbst uns unser eigenes Weltbild zu hinterfragen, ist dabei ein guter Anfang. Doch genauso sollten wir auch die Welt um uns herum hinterfragen. Solches Hinterfragen und Querdenken ist genauso eine Form von Bewusstseinserweiterung.

Spirituelle Menschen sollten verstehen lernen, dass die physische Welt nicht immer so ist, wie sie zu sein scheint oder wie sie uns in den Massenmedien gezeigt wird. Umgekehrt sollten auch jene Menschen, die verstanden haben, dass die physische Welt nicht immer so ist, wie sie aussieht, erkennen, dass es feinstoffliche Dimensionen und feinstoffliche Wesen gibt. Mein Wunsch ist es, dass zwischen diesen beiden Gruppen kein Streit herrscht, denn sie brauchen sich gegenseitig, wenn die Menschheit erwachen soll. Die beiden Themen Spiritualität und Querdenken sollten sich nicht gegenseitig ausgrenzen oder gar bekämpfen, denn irgendwann werden wir alle uns mit beiden beschäftigen müssen.

Trotzdem sollte jeder Mensch nur das tun, was für ihn aktuell gerade stimmig ist. Das Wichtigste ist anzuerkennen, dass niemand gezwungen ist, sich zu verändern. Dies alles geschieht auf komplett freiwilliger Basis. Allerdings haben wir dafür nicht mehr unendlich viel Zeit. Wir haben global gesehen nicht noch Jahrhunderte zur Verfügung, um unsere Welt geradezubiegen. Andererseits geschieht eine Veränderung auch nicht von heute auf morgen. Alles braucht seine Zeit. Worum es also geht, ist, dass wir jetzt einen Anfang machen, dass wir einen ersten Schritt tun – egal in welchem Bereich.

Wenn wir spüren und sehen, dass sich auf der Welt etwas ändern sollte und dass es so nicht weitergehen kann, und wenn wir zudem in uns selbst spüren, dass wir daran mithelfen können, dann wird uns schon klar werden, in welchem Bereich und auf welche Art und Weise wir uns persönlich einbringen können. Wenn ihr spürt, dass für euch jetzt die Zeit zur Veränderung gekommen ist, und wenn ihr außerdem spürt, wo und wie ihr etwas beitragen könnt, dann gibt es keine berechtigten Gründe zu sagen: «Ich kann jetzt nicht.» Das sind dann bloß Ausreden.

Wir können nicht immer wieder mit solchen Ausreden kommen: «Ich kann nicht, weil ...» Denn wir alle stehen im Grunde schon vor diesem roten Strich der Veränderung, doch viele schieben noch den anderen die Verantwortung für den ersten Schritt zu. Irgendjemand aber wird den ersten Schritt machen, das ist gewiss. Stellt es euch vor: Schon jetzt sind sich bereits Hunderte und Tausende darüber bewusst, dass etwas passieren muss, und dann macht tatsächlich irgendjemand den ersten Schritt. Es werden ihm Hunderte und Tausende und Hunderttausende folgen und ebenfalls diesen roten Strich überschreiten.

Änderungen, die nachhaltig sind und die langfristig bestehen bleiben sollen, manifestieren sich erst dann in der Welt, wenn die Mehrheit der Menschen von sich aus etwas verändern will und wenn die Menschen auch bereit sind, persönlich dafür einzustehen – das heißt, wenn sie freiwillig mitdenken und mitmachen wollen. Wenn irgendwann genügend viele Menschen dazu bereit sind und den roten Strich der Veränderung überschreiten, ist es allerdings nicht so, dass dann sofort von einem Tag auf den nächsten plötzlich die ganze Welt völlig anders ist. Aber man weiß ab diesem Zeitpunkt, dass nun genügend Menschen bewusst bereit sind, so dass der globale Wandel tatsächlich stattfinden kann. Welche konkrete Form des Wandels jedoch letztlich gewählt wird – denn es gibt immer unterschiedliche Vorschläge und Möglichkeiten –, entscheidet das Kollektiv, die Masse der Menschen.

Den nächsten Schritt gehen

Oft wissen wir eher, was wir nicht mehr wollen, als dass wir wüssten, wie der große Plan für die Lösung aussieht. Aber es geht manchmal gar nicht darum, die Lösung schon felsenfest in Stein gemeißelt vor sich zu haben. Manchmal geht es einfach darum zu sagen: «Ja, es braucht eine Änderung, und ich bin bereit dazu.» Dann brauchen wir nur zu wissen, wo wir mit der Veränderung anfangen können, was unser eigener nächster Schritt in die richtige Richtung sein soll. Vielleicht kennen wir nicht im Detail das Ziel oder was genau wir am Ende anders haben möchten. Vielleicht wissen wir auch noch nicht genau, auf welche Art und Weise wir unsere Vision von einer positiven Zukunft umsetzen können. Aber wenn wir erstens zumindest eine Vorstellung von diesem Ziel haben und wenn wir zweitens wissen, wo wir im Moment gerade stehen, dann können wir den nächsten Schritt in die richtige Richtung setzen. Alles andere wird sich dann ergeben. Wir müssen nicht immer alles von A bis Z planen. Es gibt Dinge, die ergeben sich einfach.

Wir brauchen aktuell also keinen festen Plan, wie die Zukunft der Menschheit am Ende aussehen soll. Wir haben unsere ungefähren Vorstellungen, und wir wissen, wo wir im Moment stehen – das reicht. Denn es geht nur darum, den nächsten Schritt zu tun. Alles andere wird dann nach und nach folgen. Veränderungen brauchen nun einmal Zeit. Es geht nur darum, dass wir beginnen. Dieses Beginnen liegt in eurer Verantwortung, und diese Verantwortung könnt ihr nicht abgeben. Das heißt nicht, dass jeder von euch jetzt sofort etwas Großes tun muss. Aber wenn du in dir spürst, dass es für dich jetzt Zeit für den nächsten Schritt ist, dann liegt es alleine in deiner Verantwortung, ob du daraus etwas machst oder nicht.

Warum also nicht einfach mal ein Risiko wagen? Wie gesagt ist unser gesamtes Leben ein Risiko. Jeder von euch könnte morgen die Treppe runterfallen und sich das Genick brechen. Trotzdem lauft ihr die Treppe hinunter. Überlegt doch mal: Wie viel habt ihr damals riskiert, als ihr in dieses Spiel des Vergessens eingetreten seid! Das war das größtmögliche Risiko, das ihr auf euch nehmen konntet. Selbst wenn ihr im Moment das Gefühl habt, ihr würdet mit einer Veränderung eures Lebens ein Risiko eingehen, dann ist dieses mit Sicherheit kleiner als jenes erste Risiko, das ihr damals eingegangen seid. Und übrigens: Bald werdet ihr wieder aus diesem Spiel des Vergessens raus sein.

Ich weiß, dass die Menschheit sich ändern wird. Denn eine Zivilisation aus Seelen, die schon so lange in einer Vollnarkose gelebt haben und die jetzt so schnell aufwachen, eine Zivilisation, die sich trotz so vieler dunkler Dinge immer wieder neu aufgebaut hat – einer solchen Zivilisation traue ich auch zu, dass sie verhindern wird, dass sie in den Abgrund rast. Es ist in der Vergangenheit noch immer jemand gekommen, der gesagt hat: «Jetzt ziehen wir die Bremse!» So wird es auch dieses Mal sein. Die Frage ist nur, wie viel Stress es bis dahin gibt und wie viele Meter, Zentimeter oder Millimeter vor dem Abgrund das Fahrzeug der Menschheit anhalten wird. Ich denke, die Nerven der Weltbevölkerung wären ruhiger, wenn der Abstand vor dem Abgrund so groß wie möglich wäre.

Irgendjemand wird die Bremse ziehen, das ist sicher. Aber nur weil ich das jetzt sage, heißt es nicht, dass sich nun alle Menschen passiv zurücklehnen und denken können: «Sehr gut, dann muss ich ja nichts mehr tun.» Nein. Darum bitte: Finde heraus, was dein persönlicher nächster Schritt ist, und dann gehe ihn einfach. Das ist alles. Aber das ist auch sehr viel.

2. Februar 2019: Christina im großen Saal des Congress Center Basel. «An diesem Seminar geht es darum, Hoffnung zu schöpfen und zu spüren, dass es positiv weitergeht mit der Menschheit und dass die Erde nicht verloren ist. [...] Solche Veranstaltungen bieten euch immer auch Vernetzungsmöglichkeiten. Dabei ist es wichtig, gerade an solchen Tagen authentisch das eigene Herz zu leben und keine Masken zu tragen.»

19

Ein Herz habt ihr alle

Zeitgeschenke annehmen und Eigenverantwortung tragen

Viele Menschen in unserer heutigen Gesellschaft sind sehr zeitvernarrt. Wenn ihr Zug mal ein paar Minuten Verspätung hat, bekommen sie schon fast eine Krise. Dabei könnten wir solche Momente auch nutzen, um uns mit uns selbst zu beschäftigen. Wir leben in einer sehr stressigen Gesellschaft, in der wir beständig gezwungen sind, irgendwelche Dinge zu erledigen. Die Menschen beschweren sich darüber, dass ihnen kaum mehr Zeit für sich selbst bleibt. Doch wenn das Leben ihnen eine halbe Stunde Zeit schenkt, bemerken es die wenigsten.

Alles, was in dieser Welt geschieht, hat einen Sinn, einen Grund und einen Zweck, meistens sogar verschiedene unterschiedliche Gründe und Zwecke. Oft erkennen wir diese Gründe und Zwecke nicht, oder wir sehen nur einen davon, weil wir nur einen ganz bestimmten Blickwinkel auf unser Leben haben. Aber wir können uns öffnen und versuchen, jeden Moment unseres Tages positiv und als eine Chance zu sehen. Manche Menschen haben jedoch Schwierigkeiten damit, wenn ihnen das Leben ein unverhofftes Zeitgeschenk macht und ihnen die Möglichkeit gibt, bei sich selbst einmal genauer hinzuschauen. Meine Empfehlung lautet daher: Falls ihr gelegentlich solche Zeitgeschenke bekommt, so nutzt sie, um eure Aufmerksamkeit auf euer Inneres zu richten.

Wenn ich solche Seminare wie das heutige anbiete, hat auch dies immer verschiedene Gründe und Zwecke. Zum einen geht es natürlich um den Austausch von Informationen; wir bekommen hier die Gelegenheit, unseren Verstand mit neuen Fakten zu füllen. Aber zum anderen geht es auch darum, dass die Menschen innerlich wieder etwas lockerer werden, dass wir gemeinsam Freude teilen und gemeinsam Momente erleben, in denen wir spüren, dass alles gut ist. Es geht darum, Hoffnung zu schöpfen und zu spüren, dass es positiv weitergeht mit der Menschheit und dass die Erde nicht verloren ist. Es ist sehr wichtig, dass wir wieder mehr ins Gefühl kommen und genau dies spüren: Die Erde ist nicht verloren! Indem wir die vielen Informationen, die uns heute zur Verfügung stehen, richtig zusammensetzen, haben wir bereits alles Wissen, das wir brauchen, um unsere Welt besser zu machen. Die Frage ist bloß, wo wir diese Informationen finden und wie wir sie richtig zusammensetzen. Das gelingt uns dann am besten, wenn wir innerlich in dem Gefühl sind, dass die Erde nicht verloren ist.

Die Menschheit hat zu jeder Zeit und in jedem Moment alles, was sie braucht, um alle ihre Probleme zu lösen. Der Ansatzpunkt für jede Problemlösung ist dabei in uns selbst zu finden. Wir alle tragen die Verantwortung für unser eigenes Leben, und wir tragen auch eine Mitverantwortung für das Leben all jener Menschen, mit denen wir aktuell zusammen sind. Außerdem tragen wir alle auch eine Mitverantwortung für die gesamte Erde. Diese Verantwortungen können wir nicht einfach wegschieben.

Neulich habe ich gehört, dass auf Twitter einige Leute geschrieben haben: «Ich kann mich jetzt entspannen, ich muss nichts mehr für die Welt tun, denn ich habe jetzt Christina von Dreien entdeckt.» Das ist irgendwie seltsam. Ich weiß, dass es viele Menschen gibt, denen ernsthaft daran gelegen ist, sich eigenverantwortlich zu entwickeln. Aber zu denjenigen, die meinen, sie könnten die Verantwortung für ihr Leben bei mir abladen, sage ich: Ich werde diese Verantwortung nicht annehmen, sondern werde sie umgehend an euch zurück senden.

Kein einzelner Mensch wird alleine die Welt retten. Nur die Menschheit als Gesamtheit kann dies tun. Wenn ihr eure Verantwortung an jemand anderen abzuschieben versucht – sei dies nun jemand in eurem Umfeld oder sei dies ich oder wer auch immer –, dann ist das nichts weiter als eine Ausflucht. Es gibt keinen logischen Grund dafür, die eigene Verantwortung an jemand anderen abzugeben. Ihr braucht diese Verantwortung, denn es ist ja schließlich *euer* Leben, und niemand sonst kann euer Leben leben. Wenn ihr die Verantwortung für euer Leben nicht selber wahrnehmt, dann wird sich alles viel langsamer entwickeln, ja dann kommt die bevorstehende globale Veränderung unnötig ins Stocken.

Ich bin kein Guru, und ich alleine rette nicht die Welt

Unter den Menschen, die zu mir an ein solches Seminar kommen, gibt es verschiedene Gruppen mit verschiedenen Beweggründen. Die erste Gruppe sind diejenigen, die wegen der Person kommen. Die zweite Gruppe sind diejenigen, die wegen der Informationen kommen. Und bei der dritten Gruppe sind diese beiden Gründe parallel vorhanden. Eigentlich gibt es auch noch eine vierte Gruppe: diejenigen, die gar nicht genau wissen, warum sie überhaupt gekommen sind. Natürlich ist mir bewusst, dass die Person und die Informationen zusammenhängen und aneinander gekoppelt sind, denn nicht jeder spricht über die gleichen Themen, und nicht jeder spricht in der gleichen Weise über seine Themen. Trotzdem wäre ich froh, wenn bei euch der Teil, der wegen der Informationen hier ist, größer ist als derjenige, der wegen der Person hier ist.

Die Welt wird sich nicht dadurch verändern, dass wir blind hinter irgendwelchen Menschen herrennen. Wir brauchen in der heutigen Zeit keine Lehrer und keine Gurus mehr, die uns vorschreiben, was wir zu denken oder zu tun haben. Das ist Schnee von gestern. Früher hatte dieses Konzept seine Berechtigung, aber mittlerweile gehört es zu den veralteten Mustern, die wir nicht mehr benötigen. Wir brauchen heute keinen Personenkult mehr, denn die Menschheit ist mittlerweile auf einer anderen Entwicklungsstufe. Heute gibt es einfach Menschen, die uns Impulse und Ideen vermitteln und die uns dazu anregen, selbständig zu denken und eigenverantwortlich zu handeln. Es geht jetzt um die Botschaft, nicht mehr um den Botschafter.

Die Kinder, die heute auf die Welt kommen, um den Menschen etwas mitzuteilen, werden geboren, um Spuren zu hinterlassen, und nicht, um Gurus zu werden. Das ist ein Unterschied. Auch ich bin kein Guru, und ich möchte keine blinde Gefolgschaft. Ich begründe keine neue Religion, und ich werde auch nicht alleine die Welt retten. Ich wünsche mir vielmehr, dass ihr eigenständig denkt und dass ihr euer Leben eigenverantwortlich führt. Natürlich kann man anderen Menschen zuhören und sich von ihnen inspirieren lassen, aber man sollte dennoch immer auch selber nachdenken. Wenn ihr mir zuhört, bleibt dabei immer kritisch und überlegt euch, ob das, was ich sage, für euch stimmig ist oder nicht. Bildet euch eure eigene Meinung, fühlt selbst nach und entscheidet dann, ob ihr von dem, was ich sage, einen Teil für euer Leben nutzen könnt – oder auch nichts oder auch alles. Nehmt euch das heraus, was ihr benötigt. Das ist alles. Denn es geht hier nicht um mich, sondern es geht um euch. Sobald ich merke, dass Menschen sich energetisch an mir festsaugen, schicke ich diese Energien umgehend wieder zu den betreffenden Menschen zurück. Ich stehe nicht als Guru zur Verfügung. Ich gebe Informationen, Ideen und Impulse, mehr nicht.

Ihr werdet im Außen nie einen Menschen finden, der euch sämtliche Fragen zu eurem Leben vollständig beantworten kann. Denn diese Antworten könnt ihr euch nur selber, in eurem eigenen Inneren, geben. Trotzdem könnt ihr von Menschen, die euch sympathisch sind, etwas empfangen, das euch öffnet und das euren Blick auf euer Leben weitet und verändert. Aber auch dann seid ihr selbst dafür verantwortlich, die einzelnen Teile richtig zusammenzusetzen und die gewonnenen Erkenntnisse in euer Leben zu integrieren. In der Theorie sind sich bereits viele Menschen darüber bewusst, wie man anders denken, anders reagieren und anders handeln könnte. Doch es besteht ein Unterschied zwischen Theorie und Praxis, und es braucht für jeden Menschen eine gewisse Zeit, bis er seine theoretischen Erkenntnisse in die Praxis seines Leben integrieren kann.

Wir sind Jahrhunderte und Jahrtausende lang durch eine Welt gereist, die uns ein völlig anderes Weltbild und völlig andere Identitäten gab. In unserer Illusion haben wir jahrtausendelang vergessen, wer wir wirklich sind, woher wir kommen und warum wir hier sind, und dieses Vergessen steckt noch tief in unseren Zellen drin. So braucht es seine Zeit, um aus diesem Vergessen allmählich aufzuwachen und unsere wahre Identität wieder zu entfalten. Die wenigsten Dinge ändern sich von heute auf morgen. Wichtig ist einfach, dass wir irgendwann damit anfangen, an uns zu arbeiten – in welchem Bereich auch immer. Ob es dann einen Monat dauert oder ein Jahr oder zehn Jahre, spielt keine Rolle. Jeder von uns hat bereits so viele Jahre, so viele Inkarnationen hinter sich, dass es keine Rolle spielt, ob man zum Aufwachen nun tausend Jahre länger braucht oder nicht. Wichtig ist einfach, dass man irgendwann damit beginnt.

Nur dazusitzen und festzustellen, dass manche Dinge in der heutigen Gesellschaft schieflaufen, reicht nicht. Dadurch werden sich die Zustände nicht ändern. Falls du noch nicht weißt, was du in deinem Leben ändern könntest, finde es heraus. Falls du schon weißt oder spürst, was du ändern kannst, fange damit an und schieb nicht hundert Gründe und Ausreden vor, warum es nicht geht. Die beliebteste Ausrede ist ja: «Ich habe keine Zeit.» Natürlich hat für jeden von uns jeder Tag nur 24 Stunden, aber es geht hier um die Frage der Prioritäten. Wir sollten darauf achten, welche Punkte wir zuoberst auf unsere Prioritätenliste setzen. Denn für die Dinge, die zuoberst stehen, haben wir immer Zeit. Jeder von uns hat seine eigene, persönliche Prioritätenliste, denn wir alle sind Individuen und keine Massenprodukte. Jeder von uns kann in seinem eigenen Inneren erspüren, was für ihn jetzt gerade richtig und wichtig ist. Sobald du also spürst, was für dich stimmig ist, mach es einfach. Denn wenn niemand damit anfängt, authentisch sich selbst zu sein, wird sich auch nichts verändern. Es braucht immer Pioniere, die den Anfang machen, die beginnen selbständig zu denken und ihr Herz zu leben – unabhängig davon, ob dies nun der gerade vorherrschenden gesellschaftlichen Meinung entspricht oder nicht.

Dies gilt insbesondere auch im Spirituellen. Denn Spiritualität ist keine Religion mit irgendwelchen Gesetzen, Vorschriften oder Dogmen. Spiritualität ist nicht an irgendwelche Äußerlichkeiten wie etwa an Kleidervorschriften oder dergleichen gebunden.

Spiritualität ist für mich nichts anderes als das Leben an sich, nichts anderes als ein fortwährender innerer Prozess der individuellen Bewusstseinsentfaltung. Das ist alles.

Spiritualität hat eigentlich keinen Anfang, denn unser gesamtes Dasein war in der Vergangenheit immer spirituell, ist jetzt spirituell und wird auch in Zukunft immer spirituell sein. Wer du bist und wie alt du bist, wo du wohnst, wie du lebst und was du tust – das alles interessiert die Spiritualität nicht. Spiritualität war schon immer da, und die ganze Entwicklung, die wir als Seele gemacht haben, war schon immer eine spirituelle Entwicklung. Natürlich gibt es innerhalb dieser Entwicklung einen bestimmten Zeitpunkt, an dem wir zum ersten Mal bewusst erkennen, dass wir spirituelle Wesen sind. Doch wir waren auch vor diesem Punkt schon spirituell.

Spiritualität bedeutet nicht mehr und nicht weniger als dass wir uns entwickeln und etwas Neues lernen – genauer gesagt, uns wieder bewusst an etwas erinnern, das wir unbewusst immer schon wussten. Wenn jemand zum Beispiel erkennt, dass es so etwas wie Selbstliebe gibt, dann ist dies ein spiritueller Entwicklungsschritt, auch wenn diese Person möglicherweise noch keine Ahnung von feinstofflichen Dingen hat. Immer wenn uns etwas Neues bewusst wird – unabhängig davon, ob es nun etwas Dreidimensionales oder etwas Höherdimensionales ist –, ist dies ein spiritueller Entwicklungsschritt. Das bedeutet, dass jeder einzelne von uns schon immer auf dem Weg der Spiritualität war.

Ihr habt die Vergangenheit überlebt, ihr werdet auch die Zukunft überleben

Es hat auch durchaus einen Sinn, dass wir dies alles eine Zeit lang nicht verstanden haben. In eurem Tiefschlaf des Vergessens, in eurer Vollnarkose habt ihr so viele Dinge gelernt, die ihr sonst nicht hättet lernen können. Auch das hat einen Wert. Wir leben hier in einer dreidimensionalen Welt, und wenn wir uns in dieser dreidimensionalen Welt so entwickeln, dass wir eines Tages aufwachen und wieder erkennen, worum es eigentlich geht, dann kann uns diese Erkenntnis überallhin bringen. Denn nirgendwo sonst im Universum gibt es eine solch komplette Vollnarkose des Bewusstseins wie hier. So ist es gut, dass ihr hier wart und dass ihr immer noch hier seid, denn ihr hättest sonst so vieles verpasst. All die Dinge, die in der Vergangenheit mit euch geschehen sind, haben einen Sinn gehabt und haben dafür gesorgt, dass ihr jetzt so seid, wie ihr seid. Ihr solltet also lernen, eure Vergangenheit wertzuschätzen und den Sinn darin zu erkennen.

Obwohl ihr als Menschheit in all den Jahrtausenden so vieles durchgemacht, so viele komplett verrückte Dinge erlebt und dabei in der Menschheitsseele so viele schlimme Erfahrungen gesammelt habt, existiert die Menschheit immer noch. Deshalb bin ich mir sicher, dass am Ende alles gut werden wird. Es sind so viele Unglücke geschehen – seltsame Königreiche, Hungersnöte, Gewalt, Unfälle, Atombomben, Naturkatastrophen, Bürgerkriege, ja sogar zwei Weltkriege –, doch die Menschheit hat alles durchgestanden und überlebt. Ist es nicht ein Wunder, dass wir trotz alledem immer noch leben? Es ist nicht selbstverständlich, dass wir überhaupt noch hier sind, dass wir noch nicht ausgestorben sind. Die Erde, das Wasser, die Luft, die Nahrung ... alles ist mittlerweile vergiftet – und wir leben trotzdem immer noch! Ihr könnt euch gar nicht vorstellen, wie oft die Menschheit schon vor der Auslöschung stand. Aber es gab jedes Mal Menschen und Lichtwesen, die dafür gesorgt haben, dass es nicht geschah; es gab und gibt immer so viel Unterstützung aus den feinstofflichen Welten.

Niemand kann sagen, wie schlimm die Zustände in der Zukunft noch werden, denn wir sind noch nicht am tiefsten Punkt angelangt. Aber die Menschheit hat in der Vergangenheit bereits so vieles überlebt und hinter sich gebracht, dass ich überzeugt davon bin, dass sie auch die Zukunft überleben wird. Irgendjemand da draußen muss uns wirklich sehr gerne haben, dass uns so viele Schutzengel geschickt worden sind. Irgendwie müssen wir eine ganz besondere Position im Universum haben, dass so viel Aufwand betrieben wird, um uns zu schützen und zu begleiten.

Die Menschheit hat bewiesen, dass sie nach irgendwelchen Problemen nicht einfach nur tatenlos dasitzt und aufgibt. Städte wurden zerstört und jedes Mal wieder aufgebaut. Das heißt: Solange die Menschheit an sich glaubt und als Kollektiv den Wunsch in sich trägt, dass die Welt besser wird, wird die Welt tatsächlich besser werden. Denn die Menschen haben die Macht, die Welt zu verändern – nicht eine einzelne Person und nicht zehn Personen, aber viele gemeinsam. Es gibt nichts Stärkeres als Menschen, die aus ihrem Herzen heraus den Entschluss gefasst haben, etwas Bestimmtes zu tun. Wenn viele solche Menschen sich zusammenschließen und sich aus dem Herzen heraus für eine gemeinsame Sache des Guten einsetzen, dann wird sie letzten Endes immer gelingen.

Dem eigenen Herzen folgen

Der Schlüssel ist die Erkenntnis, dass wir unsere persönliche Verantwortung nicht abgeben können und dass sich nur dann wirklich etwas ändern wird, wenn wir authentisch uns selber sind. Die herrschenden gesellschaftlichen Normen haben uns ja hierhin geführt, wo wir heute als Gesellschaft stehen. Darum ist es logisch, dass eine wirkliche Veränderung der Gesellschaft nur dann funktionieren kann, wenn wir beginnen, außerhalb der herrschenden gesellschaftlichen Normen zu denken und zu handeln. Es geht nicht darum, dass du irgendeiner Norm entsprichst, sondern dass du dir selbst entsprichst. Denn jeder von uns läuft zunächst einmal mit sich selbst durch diese Welt. Das heißt, wir sollten alle zuerst einmal mit uns selber klarkommen. Uns nur nach den Normen der anderen zu richten, ist etwa so, als würden wir uns energetisch ersticken lassen.

Darum ist es wichtig, dass wir anfangen, wieder selbständig denkende Wesen zu werden. In der Schule und in der Berufswelt wird uns dies aberzogen, so dass wir nur noch wie Bioroboter durch die Welt laufen. Jeder einzelne von uns trägt eine Verantwortung für das, was in der Welt passiert oder eben nicht passiert, und diese Verantwortung können wir nicht auf andere Personen abschieben. Das ist der Lernprozess, in dem die gesamte Menschheit heute steht. Und alles beginnt damit, dass wir erst einmal die Verantwortung für unser eigenes Leben wieder vollständig übernehmen. Wenn jemand zum Beispiel ein bestimmtes Studium beginnt und sich darin nicht wohl fühlt, weil es ihm keinen Spaß macht oder weil es ihn langweilt, wenn er statt dessen lieber etwas Handwerkliches machen und beispielsweise Schreiner werden möchte, dann sollte er es einfach tun. Es gibt immer so viele äußere Gründe, etwas nicht zu tun, aber wenn jemand aus seinem Herzen heraus etwas wirklich machen möchte und wenn er in seinem Inneren auch deutlich spürt, dass jetzt der richtige Zeitpunkt dafür ist, dann sind alle Argumente, die er dagegen vorbringt, nur Ausreden. Natürlich geht so etwas manchmal nicht von heute auf morgen. Es braucht vielleicht einige Gespräche mit den Eltern oder mit Freunden, und es müssen vielleicht zuerst neue Lösungswege gefunden werden, aber man sollte trotzdem zumindest damit anfangen. Wir alle sollten in erster Linie unserem eigenen Herzen folgen.

Die Welt wird sich nur dann zum Guten ändern, wenn wir als Menschen das tun, was uns Spaß macht und was uns erfreut. Denn es geht in dieser Welt immer um Schwingungen, um Frequenzen. Wenn wir die Schwingung der Menschheit auf einen höheren Level bringen wollen, dann funktioniert das nicht, solange die Menschen todernst sind und Dinge tun, die für sie nicht stimmig sind und die ihnen keine Freude bereiten. Das bedeutet: Diejenigen Menschen, die in ihrem Leben das machen, was für sie selber stimmig ist, tun dadurch nicht nur für sich selbst etwas Gutes, sondern auch für die Welt. Denn wir sind mit allem verbunden, und alles, was wir tun, hat Auswirkungen auf alles – unabhängig davon, ob wir es gerade sehen können oder nicht.

Wie gesagt gebe ich gerne Ideen, Inspirationen und Impulse weiter, aber es ist mir wichtig, dass jeder Mensch letztlich genau das tut, was er selbst wirklich will und was er selbst für richtig hält. Ganz allgemein sollten die Menschen nicht nur deswegen etwas tun, weil Person X es ihnen gesagt hat oder weil das System es von ihnen verlangt. Wir sollten nicht länger wie blinde Zombies sein, denn dieses Spiel spielen wir nun schon seit Jahrhunderten und Jahrtausenden. Wir befinden uns jetzt im

21. Jahrhundert, und da ist es angebracht, dass wir allmählich begreifen: Wir leben nicht mehr in Zeiten, in denen es darum ging, einfach anderen Menschen zu folgen und ihnen blind zu gehorchen. Natürlich können wir anderen zuhören. Aber nur dann, wenn das, was sie sagen, für uns persönlich wirklich stimmig ist, sollten wir ihnen folgen.

Auf diese Weise können wir als Menschheit tatsächlich etwas verändern. Wie soll sich die Welt denn weiterentwickeln, solange wir nur blind irgendeiner Person hinterher rennen? Aber wenn wir von anderen nur das annehmen, was für uns wirklich stimmig ist, und wenn wir uns nur mit jenen Dingen beschäftigen, die für uns richtig sind, dann bewirkt dies etwas. Was ich möchte, ist, dass die Menschen sich selbst aufwecken, dass sie damit anfangen, ihr eigenes Leben zu ändern, und dass sie dann, wenn die Zeit gekommen ist, auch im Außen etwas verändern. Und zwar, weil sie selbst es wollen und nicht weil ich es sage. Es kann schon sein, dass ich dafür eine Idee, einen Anstoß oder einen Impuls gebe, und das ist auch in Ordnung so. Doch die Entscheidung für eine Veränderung sollte aus jeder Person selbst heraus kommen.

Dies alles ist bei jedem Menschen ein schrittweiser Prozess und geht nicht von heute auf morgen. Die Muster und Programme, die wir aus früheren Leben in unseren Zellen tragen und die wir noch nicht gelöst haben, wirken dabei zumindest unbewusst als innere Bremsen noch mit. Wie bei allem, so geht es auch hier einfach darum, dass wir überhaupt einmal anfangen und unsere Blockaden Stück für Stück lösen. Wie lange es bei einem einzelnen Menschen dann dauert, ist nicht so wichtig. Wichtig ist aber, dass jeder ein ungefähres Ziel hat, dass jeder weiß, wohin er sich individuell entwickeln und wie er sich in seinem Inneren neu strukturieren möchte.

In Bezug auf die größeren globalen Zusammenhänge hingegen, auf die Entwicklung der Menschheit als Ganzes, brauchen wir nicht unbedingt schon im Detail den übergeordneten Plan zu kennen. Vielleicht kennen wir aktuell weder das genaue Ziel noch den Weg, der uns zu diesem Ziel führen wird. Doch das spielt keine Rolle. Im Moment genügt es zu wissen, was wir nicht mehr wollen und was unser nächster Schritt ist.

Sich selber beim Denken zuhören

Wie gesagt halte ich es für wichtig, dass wir anfangen, wieder selbständig zu denken und bestehende Normen zu hinterfragen – und zwar sowohl Normen, die andere uns vorgeben, als auch Normen, die aus uns selbst, aus unseren eigenen feinstofflichen Mustern stammen. Als Menschen haben wir alle unsere persönlichen Stärken und Schwächen. Wir haben alle gewisse Dinge, die wir bereits gelernt haben, und andere Dinge, die wir noch zu lernen haben. Aus der Vergangenheit tragen wir zahlreiche Normen und Muster in uns, von denen viele für uns vielleicht gar nicht mehr aktuell sind. Wir können diese veralteten Muster in uns ausfindig machen, indem wir lernen, unser eigener innerer Beobachter zu werden und uns selber beim Denken zuzuhören.

Die meisten Menschen sind dauernd am Denken – wie in einem Karussell, das sich ständig im Kreis dreht –, und sie tun das übrigens oft auch ziemlich laut. Aber sie wissen meist gar nicht, was sie da eigentlich denken. Da wir sowieso die ganze Zeit über am Denken sind, könnten wir uns ja ruhig mal dabei zuhören. Indem wir uns beim Denken zuhören und uns ebenso auch dabei beobachten, was wir sagen und was wir tun, findet eine weitere Form von Selbstentwicklung statt. Das bewusste Denken ist auch deswegen so wichtig, weil wir ja nur das verändern können, von dem wir wissen, dass es existiert. Solange wir uns gar nicht darüber bewusst sind, welche veralteten Muster wir in uns tragen, werden wir diese Muster nicht auflösen können.

Jede innere und äußere Veränderung hängt von den Menschen ab. Ihr als Menschheit habt das Recht und das Privileg, etwas zu verändern. Das ist etwas sehr Schönes und Wertvolles und ein Geschenk. Denn nicht jedes Wesen hat die Möglichkeit, die Zustände auf der Erde direkt zu ändern. Ihr aber könnt tatsächlich etwas verändern, indem ihr bei euch selbst beginnt und euer eigenes Denken, Fühlen, Sprechen und Handeln ändert.

Selbstverständlich bin ich dankbar dafür, dass ihr mir zuhört und dass ich euch inspirieren darf. Doch ich gebe euch bloß Impulse und Ideen und Denkanstöße. Handeln sollte dann aber jeder von euch selbst und in eigener Verantwortung. Jeder sollte sich selbst spüren und sich selbst fragen: «Was genau will ich in meinem Leben? Was stimmt für mich? Wo ist mein Weg? Welche Themen sind jetzt gerade bei mir aktuell?» Nebst den vielen, die dies bereits tun, gibt es einige andere, die sozusagen noch an mir kleben, die mir ihre Probleme schicken in der Erwartung, dass ich mich darum kümmern werde. Zu ihnen sage ich nochmals: Ich werde euch zu euch selbst zurückstellen. Denn das, was ihr mir schickt, gehört nicht mir, sondern es gehört euch. Folgt niemandem blind, und folgt auch mir nicht blind. Es ist euer eigenes Leben, und dafür tragt ihr die Verantwortung selbst. Wenn ihr anderen Menschen zuhört, lasst das Gehörte zuerst ein paar Tage in euch wirken und macht dann früher oder später etwas Eigenes daraus.

Das Fahrzeug-Beispiel

Stellt euch vor, dass ihr in einem Fahrzeug sitzt, das mit einer viel zu hohen Geschwindigkeit – sagen wir mit 1000 km/h – über die Straße und auf eine riesige, unbewegliche Steinmauer zurast. Das Fahrzeug hat zwar bereits einen geplatzten Reifen und ein Loch in der Scheibe, aber es fährt noch, wenn auch etwas holpernd. Sofern das Fahrzeug nicht rechtzeitig gebremst wird, wird es in voller Fahrt gegen die Mauer krachen und vollständig plattgedrückt werden. Das Fahrzeug ist die Erde, und wir als Menschheit sitzen als Passagiere in dem Fahrzeug und bemerken allmählich, wie es der Mauer immer näher und näher kommt.

Das Problem der heutigen Zeit ist, dass diejenigen, die am Steuer dieses Fahrzeugs sitzen, die Mauer tatsächlich für das Ziel halten und denken, sie täten das Richtige, wenn sie das Fahrzeug gegen die Wand fahren. Ihr Denken und ihr Weltbild lassen ihnen gar keine andere Möglichkeit. Etliche Passagiere aber halten dies mittlerweile für keine allzu gute Idee und finden, dass es doch praktischer wäre zu bremsen. So beginnen sie zu diskutieren: «Ich glaube, wir sollten bremsen. Was genau können wir machen? Wie kann man dieses Fahrzeug stoppen?» Tatsächlich gibt es inzwischen viele Menschen, die gemerkt haben, dass sich dringend etwas Grundlegendes ändern muss, und auch viele, die dafür bereits einige gute Ideen und Vorschläge entwickelt haben. Die meisten von ihnen denken aber noch, dass sie jetzt nicht einfach plötzlich die Dinge anders machen können als bisher. Sie fürchten, dass sie damit alleine dastehen würden. Was sie nicht wissen, ist dass viele Menschen in ihrem Umfeld womöglich genauso denken und sich ebenfalls bloß nicht trauen, es zuzugeben und umzusetzen. Es müssten also einfach nur einige Pioniere mit der Veränderung anfangen, dann würden die anderen erkennen, dass sie nicht alleine sind.

Keiner von euch ist alleine. Gerade bei solchen Seminarveranstaltungen geht es wie gesagt nicht bloß um Informationsvermittlung, sondern immer auch darum, dass ihr euch untereinander vernetzt und euch gegenseitig bestärkt. Falls ihr alleine hierher gekommen seid, sitzen links und rechts von euch und ebenso auch hinter euch und vor euch Menschen, die ihr zwar nicht kennt, die aber mit sehr großer Wahrscheinlichkeit ähnlich denken und ähnlich fühlen wie ihr. Falls euch eine Person in eurer Nähe sympathisch vorkommt, sprecht sie doch einfach an und redet mit ihr. Vielleicht wird der Austausch nur für ein paar Minuten oder nur für diesen einen Tag dauern, vielleicht wird sich daraus auch ein längerfristiger Kontakt ergeben. Wenn man durch die Straßen einer Stadt läuft, erkennt man meistens nicht auf den ersten Blick, ob jemand sich für spirituelles Leben interessiert oder nicht. Die Menschen tragen ja kein Schild auf der Stirn, auf dem steht: «Ich bin spirituell.» Hier bei dieser Veranstaltung aber besteht eine deutlich größere Wahrscheinlichkeit, Gleichgesinnte zu treffen, mit denen man sich über spirituelle Themen austauschen kann. Und wenn Menschen, die ähnlich oder sogar gleich denken, zueinander finden, kann daraus etwas Wunderbares entstehen.

Solche Veranstaltungen bieten euch daher immer auch Vernetzungsmöglichkeiten. Dabei ist es wichtig, gerade an solchen Tagen authentisch das eigene Herz zu leben und keine Masken zu tragen. Menschen, die sich als spirituell interessiert bezeichnen, sollten schon soweit sein, dass sie einander ohne Masken annehmen und die anderen Menschen so sein lassen können, wie sie sind, auch wenn sie anders sind als man selbst. Solche Tage bieten euch also die Chance, so zu sein, wie ihr in eurem Herzen tatsächlich seid. Daher gibt es für solche Veranstaltungstage viel mehr Gründe als nur das Vermitteln von Informationen. In der heutigen Zeit bekommen wir sowieso meistens viel zu viele Informationen, so dass es manchmal besser ist, nur ein paar wenige Erkenntnisse mitzunehmen und diese dann wirklich in unser Leben zu integrieren. Wir brauchen nicht unbedingt noch mehr Informationen und noch mehr theoretisches Kopfwissen. Was wir brauchen, sind mehr fühlende Menschen, nicht nur kopfwissende Menschen. Denn Menschen, die bloß Kopfwissen haben, aber kein fühlendes Herz, machten die Welt zu dem, wie sie jetzt ist. Was wir heute brauchen, sind wissende Herzmenschen.

Ein Herz habt ihr alle. Vielleicht ist es im Moment irgendwo vergraben oder angekettet, vielleicht ist es ein wenig eingefroren oder hat ein paar Löcher, aber es ist noch da. Das ist die Hauptsache, und der Rest wird von selbst kommen.

Es ist wichtig, dass wir in jeder Situation optimistisch sind und versuchen, in allem das Positive zu sehen und aus allem das Beste zu machen. Es ist wichtig, dass jeder von uns in sich den Wunsch pflegt, etwas zur positiven Veränderung der Welt beizutragen. Wenn wir stattdessen mit der Einstellung durch die Welt laufen, dass sowieso alles den Bach runtergeht, verlieren wir die Hoffnung. Dann denken wir: «Eigentlich sollte man das Fahrzeug dringend bremsen, aber ich glaube nicht daran, dass es möglich ist.» Oder: «Warum sollte ich überhaupt noch etwas tun? Es bringt ja eh nichts mehr.» Ein optimistischer Mensch, der den höheren Sinn hinter den Geschehnissen erkennen kann, wird trotz allem sehen, dass gesamthaft betrachtet alles besser wird. Er wird wissen, dass letztlich alles gut wird. Solange die Menschen die Hoffnung und die Zuversicht haben, dass es besser werden kann, wird sich die Welt Schritt für Schritt zum Guten verändern.

Wir leben hier in einer Dualität. Das heißt, es gibt hier immer sowohl die hellen, schönen Dinge als auch die dunklen, weniger schönen Dinge. In den Nachrichten in den Zeitungen und im

Fernsehen wird uns vieles gezeigt, das nicht wirklich aufbauend ist. Aber denkt daran: Wenn es in der Welt so viel Negatives und Dunkles gibt, dann muss irgendwo in der Welt genauso viel Positives und Helles existieren. Denn in der Dualität halten sich Positives und Negatives, Licht und Unlicht immer die Waage. Das ist ein kosmisches Gesetz. Da wir dies wissen, können wir uns bewusst auf die Suche nach dem Lichtvollen machen, auch wenn die heutigen Massenmedien es uns nicht zeigen. Dafür reicht es manchmal schon, dass wir einfach aus dem Fenster in die Natur schauen. Oder wir nutzen bewusst und kritisch das Internet. Klar steht im Internet auch vieles, das nicht stimmt oder das nur eine Halbwahrheit ist, aber man findet dort auch Informationen, die stimmen. Es geht also darum, dass ihr unter all den vielen Informationen diejenigen findet, die für euch persönlich stimmig und aufbauend sind.

Selbstverständlich gibt es so etwas wie eine universelle, absolute Wahrheit, aber solange wir noch nicht vollständig eins sind mit unserem Ursprung, wird ein Teil von dem, das wir als Wahrheit ansehen, immer eine individuelle Wahrheit sein. Die Herausforderung für euch besteht somit darin, unter den vielen Informationen und individuellen Wahrheiten diejenigen herauszufinden, die für euch persönlich jetzt stimmig sind – unabhängig davon, ob die Menschen in eurem Umfeld gerade zustimmen oder nicht. Das, was für euch stimmig ist, kann sich im Laufe der Zeit übrigens durchaus ändern. Unser Blick auf die Welt und unser Weltbild wandeln sich ständig, und darum sind wir alle aufgefordert, die Dinge, die wir für richtig und wichtig halten, immer wieder neu zu hinterfragen.

20

Vertrauen in das eigene Herzgefühl

Auch Räume, Häuser und Kleider haben ein Bewusstsein

Nicht nur wir Menschen, sondern auch alle Pflanzen und Tiere und Steine sind bewusste Lebewesen. Aber genauso haben auch Tische, Stühle und alle anderen Dinge, die auf der physischen Ebene existieren, ein Bewusstsein und wissen, was um sie herum passiert. Leider achten die wenigsten Menschen auf diese Lebewesen. Beim Betrachten eines Baumes sehen die meisten Leute zwar die Blätter, die Äste, die Baumrinde und so weiter, aber sie sehen nicht das Gesicht des Baumes. Auch die Käfer, Schnecken und anderen Tiere, die über den Boden kriechen, bleiben meistens unbeachtet; oft treten die Leute sogar achtlos auf diese Lebewesen. Doch wenn wir wollen, dass unsere Welt insgesamt friedlicher wird, sind auch diese Aspekte wichtig.

Der Raum, in dem wir uns gerade befinden, hat zum Beispiel ebenfalls ein Bewusstsein und weiß, dass wir in ihm drin sitzen. Genauso wissen auch die Stühle, dass wir auf ihnen drauf sitzen. Bei einem solchen Seminar ist es von großem Vorteil, wenn der Veranstaltungsraum uns mag. Falls der Raum nämlich finden würde, er wolle nichts mit diesem ganzen «esoterischen Geschwafel» zu tun haben, dann würde die Stimmung des Seminars davon beeinträchtigt werden. Dann würden wir in einem Raum sitzen, der uns nicht mag und der uns am liebsten ganz weit weg schicken würde. Aber zum Glück freuen sich die meisten Räume über unsere Seminare. Trotzdem ist es wichtig, auf diese Dinge zu achten. Dasselbe gilt etwa auch bei Mietwohnungen. Wenn ihr eure Wohnung kündigt und woanders hinzieht, so wäre es ratsam, dass ihr euch beim Auszug von eurer alten Wohnung verabschiedet. Sie wird das hören und registrieren. Sonst kann es sein, dass sie traurig ist und euch energetisch noch nachhängt. Oder sie ist verwirrt, denn sie hat sich daran gewöhnt, dass ihr sie bewohnt, und sie versteht nicht, warum ihr nicht mehr zurückkommt und warum plötzlich diese anderen Leute da sind.

Man kann übrigens entweder mit einzelnen Räumen kommunizieren oder auch mit einem ganzen Haus. Bei einem physischen Körper ist es genauso: Wir können entweder mit dem Körper als Ganzem reden oder mit einzelnen Körperteilen wie dem Magen, der Hand, dem Auge und so weiter. Denn jeder Teil des Körpers hat ein eigenständiges Bewusstsein. Auch bei einem Haus können wir mit einem einzelnen Fenster oder einen Tür oder einem Tisch reden oder eben mit dem Haus als Ganzem.

Unsere Kleider haben ebenfalls ein Bewusstsein. Ein Bewusstsein zu haben bedeutet immer: Sie haben Gedanken; sie haben Gefühle; sie wissen, dass sie existieren; sie wissen, was um sie herum passiert, und sie sind fähig zu kommunizieren. Auf diese Weise sind wir alle rund um die Uhr von bewussten, kommunikationsfähigen Wesen umgeben und mit ihnen verbunden. Theoretisch können wir mit allen diesen Wesen kommunizieren, in der Praxis ist es jedoch von Fall zu Fall unterschiedlich, denn manche dieser Wesen wollen möglicherweise gar nicht mit uns reden – aus welchen Gründen auch immer. Sogar ein Tisch kann beispielsweise wütend werden oder eingeschnappt sein und will dann nicht mehr mit dir sprechen.

Obwohl wir alle rund um die Uhr mit allem anderen, das existiert, verbunden und im Austausch sind, merken wir dies meistens nicht. Wenn verschiedene Menschen zum Beispiel mit diesem Tisch hier sprechen, dann werden einige eine Antwort bekommen und andere nicht. Genauer betrachtet ist es jedoch so, dass die einen bewusst in ihrem Tagesbewusstsein mit dem Tisch kommunizieren und die anderen die Antwort des Tisches ins Unterbewusstsein bekommen, so dass ihr Tagesbewusstsein fälschlicherweise meint, sie seien gar nicht fähig, mit Tischen zu reden.

Jeder von uns befindet sich in diesem Moment gerade im Austausch mit dem Raum hier und mit dem Stuhl, auf dem er sitzt, aber darüber hinaus auch mit seiner eigenen Seele, mit seiner geistigen Begleitung und mit allem anderen. Aber wir merken es nicht, jedenfalls nicht immer und nicht alles. Bei Menschen, die Energiefelder, Auras oder andere feinstoffliche Informationen wahrnehmen können, findet diese Wahrnehmung im Tagesbewusstsein statt. Die anderen Menschen nehmen dies alles ebenfalls wahr, einfach nur unbewusst. Das ist der einzige Unterschied.

Wir kennen das gleiche Phänomen auch vom Farbspektrum. Ihr alle wisst, dass es weit mehr Farben gibt als diejenigen, die wir Menschen normalerweise mit unseren Augen wahrnehmen können. Die Wissenschaft spricht hier von sichtbarem Licht und von unsichtbarem Licht. Ebenso verhält es sich mit allen anderen Energieformen. Manche Menschen sehen von den vielen Energien, die uns umgeben, nur einen kleinen Teil in ihrem Tagesbewusstsein, während andere einen größeren Ausschnitt sehen. Das ganze Energiespektrum ist aber immer da. Zum Beispiel sind wir alle ständig von unzählig vielen Geräuschfrequenzen umgeben. Wenn wir die alle bewusst hören würden, wären wir damit komplett überfordert. Um uns zu schützen, gehen die meisten dieser Frequenzen in unser Unterbewusstsein.

Das Risiko von Rückführungen und die Gültigkeit von universellen Wahrheiten

In unserem Unterbewusstsein sind auch die Erinnerungen an alle unsere vergangenen Leben abgespeichert. Es ist durchaus von Vorteil, dass wir uns nicht immer bewusst daran erinnern können, wer und wo und was wir in früheren Inkarnationen waren. So verwechseln wir die vielen einzelnen Leben nicht miteinander und wissen somit immer, wer wir jetzt gerade sind und was wir jetzt gerade zu tun haben. Falls es irgendetwas aus einem früheren Leben gibt, das wir noch lernen müssen oder das noch aufzulösen ist, können wir dies auch jetzt in der Gegenwart bearbeiten und es entsprechend lernen oder auflösen, ohne uns in frühere Leben zurückführen zu lassen. Das Risiko bei solchen Rückführungen besteht darin, dass man nicht wieder aus der Identifikation mit der Vergangenheit herauskommt und mit dem Bewusstsein darin hängen bleibt. Das wäre jedoch nicht besonders sinnvoll, denn wir sind ja jetzt hier in der Gegenwart und haben hier unsere Aufgaben zu erfüllen. Wann immer wir an etwas denken, reisen wir automatisch dorthin. Wenn wir jetzt zum Beispiel an die Sonne denken, steht ein Teil von uns sofort neben der Sonne. Darum ist es wichtig, dass wir unser Bewusstsein immer wieder sozusagen «einsammeln», um uns auf das Hier und Jetzt fokussieren zu können.

Durch eine Rückführung reist unser Bewusstsein in die Vergangenheit und damit zurück in die damalige Schwingung. Aber all die Dinge, die wir in unseren früheren Leben gelernt haben, haben unsere Schwingung seitdem erhöht. Dasselbe gilt auch für all das, was wir jetzt lernen und was wir in Zukunft noch lernen werden – alles erhöht unsere aktuelle Schwingung. Diese Erhöhung unserer Schwingung, diese Erweiterung unseres Bewusstseins, ist das einzige, worum es in diesem Spiel des Vergessens wirklich geht. Denn die Aufgabe, die wir als gesamte Menschheit haben, besteht darin, am Ende dieses Spiels aufzuwachen.

Ihr alle habt euch vor langer Zeit – vor Tausenden, ja vor Zehntausenden von Jahren – bereit erklärt, an einem Spiel des Vergessens teilzunehmen und damit hierher auf die Erde zu kommen und in eine Vollnarkose des Bewusstseins zu gehen. Nirgendwo im Universum gibt es eine so komplette Vollnarkose wie hier auf diesem Planeten. Zuvor wart ihr alle vollständig bewusste Wesen. Dann aber habt ihr im Rahmen dieses Spiels alles vergessen: wer ihr seid, woher ihr kommt, warum ihr hier seid, wie die Welt funktioniert, dass es mehr als nur die physische Ebene gibt, und so weiter.

Das Verrückteste an diesem Spiel ist aber die Vorstellung, dass wir vom Göttlichen getrennt seien. Viele Leute sprechen heute davon, dass man sich wieder mit dem Göttlichen verbinden solle. In gewissem Sinne stimmt das schon, denn es geht heute tatsächlich darum, dass wir uns wieder an unseren Ursprung erinnern, dass wir wieder eine bewusste Verbindung zur Quelle herstellen und sozusagen das Kabel wieder entdecken, das immer da war. Aber in einem anderen Sinne kann man auch sagen, dass keine Seele jemals von der Quelle getrennt war, auch nicht während der gesamten Zeit der Vollnarkose. In der Vollnarkose haben die Menschen tatsächlich geglaubt, sie seien vom Göttlichen getrennt. Aber das war nie der Fall. Denn egal wie tief ein Mensch ins Vergessen fällt – die Seele wird sich niemals vom Göttlichen trennen. Das Einzige, das möglich ist, ist dass der Mensch glaubt, er sei getrennt vom Göttlichen. Aber das ist eine Illusion. Vor Urzeiten habt ihr die Quelle verlassen, um auf Abenteuerreise zu gehen. Eure Seele, das sogenannte «Höhere Selbst», führt und lenkt jetzt euer menschliches Leben aus der geistigen Sphäre. Doch diese Seele seid ihr selbst, sie ist euer innerster Wesenskern. Ihr alle seid ewige göttliche Wesen.

Es gibt universelle Wahrheiten, die immer schon gültig waren, die jetzt gültig sind und die auch immer gültig bleiben werden – unabhängig davon, ob man davon weiß oder nicht oder ob man gerade daran glaubt oder nicht. Und eine dieser universellen Wahrheiten ist, dass wir alle göttliche Wesen sind. Eine andere universelle Wahrheit ist, dass wir durch das, was wir denken und fühlen, was wir sagen und tun, unsere eigene subjektive Realität erschaffen. Eine weitere ist, dass wir ein feinstoffliches Energiesystem und Chakras haben; auch diejenigen, die nicht an Chakras glauben, haben trotzdem welche. Ebenso ist es mit der geistigen Führung: Jeder hat eine geistige Führung, und die Frage ist bloß, ob er es bewusst bemerkt und ob er auf diese Begleitung hört oder nicht.

Auch haben wir alle einen Lebensplan, selbst dann, wenn wir ihn vergessen haben und uns im Tagesbewusstsein nicht darüber bewusst sind. Falls wir durch Erziehung, durch Schule oder durch was auch immer von unserem Lebensplan abweichen, dann löst er sich nicht einfach auf. Möglicherweise werden gewisse Dinge auf später verschoben. Aber sobald wir spüren, dass wir nicht mehr auf unserem Weg sind, und sobald wir wirklich den Wunsch haben, dahin zurückzufinden, wird unsere geistige Führung dafür sorgen, dass wir auf unseren Lebensweg zurückkommen und unseren Lebensplan erfüllen.

Lasst das Universum einfach spielen

Das Universum verschwendet keine Energie. Alles ist immer gut so, wie es ist, und alles, was in der Welt passiert, soll auch passieren. Denn wenn etwas nicht passieren soll, dann wird es auch nicht passieren. Wenn ihr also mit irgendetwas, das in eurem Leben gerade geschieht, ein Problem habt, oder wenn ihr mal keinen Plan habt, wie es weitergehen soll, dann erinnert euch einfach an dieses: Alles, was passieren soll, wird passieren. Und alles, was nicht passieren soll, wird nicht passieren. Lasst das Universum einfach spielen. Die Wesen im Universum spielen genial. Befreit euch von dem Druck, dass ihr dafür verantwortlich seid, für alles immer eine Lösung zu finden. Wenn ihr mal keine Lösung habt, vertraut einfach auf das Universum.

Keiner von euch ist dumm. Denn obwohl die heutige Welt so kompliziert ist, findet ihr euch darin irgendwie zurecht. Das ist eine Leistung. Jeder von euch hat außerdem einen eigenen inneren Wert, und dieser Wert definiert sich nicht über Äußerlichkeiten wie Herkunft, Familienstand, Geld, Wohnsituation, Alter, Religionszugehörigkeit, Aussehen, Beruf, Besitz oder dergleichen. Euer innerer Wert ist von alledem vollständig unabhängig. Er ist auch unabhängig von allem, was ihr in der Vergangenheit je getan habt. Wir alle sind Menschen und machen Fehler. Es geht nur darum, dass wir aus unseren Fehlern der Vergangenheit lernen. Jeder, der zum Beispiel jetzt verstanden hat, dass Gewalt nicht mit Gewalt gelöst werden kann, hat höchstwahrscheinlich irgendwann früher genau dies getan. Er hat versucht, Gewalt gegen Gewalt anzuwenden, bis er begriffen hat, wie sinnlos es ist. Wir alle haben irgendwann einmal etwas Dummes angestellt. Auf diese Weise lernen wir.

Euer innerer Wert ist immer bei euch, egal in welcher Lebenslage ihr seid. Er ist undefinierbar riesig, und er wird niemals schrumpfen oder verloren gehen. Jeder, der euch einreden will, dass ihr keinen Wert habt oder dass ihr nichts wert seid, täuscht sich. Und sogar wenn ihr selber glaubt, dass ihr wertlos seid, selbst dann ist euer Wert trotzdem in euch. Er wird euch niemals verlassen.

Geht einfach vertrauensvoll mit eurer geistigen Begleitung, die euch von innen her führt. So könnt ihr nichts falsch machen in eurem Leben. Manchmal zweifeln Menschen an dieser Führung. Sie hören auf ihre innere Stimme und folgen ihrem inneren Gefühl, und dann geschieht in ihrem Leben trotzdem etwas, das sie als negativ betrachten. Dann denken sie, dass ihr Gefühl falsch war, dass ihre innere Führung sich geirrt habe. Tatsächlich aber ist es so, dass sie zwar die innere Stimme gehört und die Gefühlsimpulse ihres geistigen Teams empfangen haben, dass sie sich dann jedoch in ihrem Verstand eine Vorstellung davon gemacht haben, was das Ergebnis sein soll. Diese Vorstellung, diese Erwartung entsprach nicht der Realität.

Alles ist gut so, wie es ist

Ihr dürft eurem inneren Herzgefühl immer vertrauen. Solange ihr wirklich auf die innere Stimme hört, könnt ihr keine falschen Entscheidungen treffen. Wenn dann trotzdem etwas Seltsames geschieht, das nicht euren Vorstellungen entspricht, gibt euch dies die Gelegenheit, etwas zu lernen. Das Schlimmste, das euch widerfahren kann, ist dass ihr etwas lernt. Und das ist nicht wirklich schlimm. Entkrampft euch also, seid entspannt und vertraut auf euer Herz. Im Kern eures Herzens gibt es keine Probleme. Dort ist alles immer gut, genauso wie es gerade ist. Ihr dürft euch in aller Ruhe in diesen Gedanken hineinentspannen: Alles ist immer gut so, wie es gerade ist. Das Universum zwingt euch zu nichts. Ihr habt immer die freie Wahl zu entscheiden, wie ihr euer Leben gestalten möchtet. Lebt also euer Leben, wie ihr selbst es wollt, und nicht so, wie andere es erwarten. Euer Herz ist dann glücklich, wenn ihr euch selbst seid und wenn ihr euch selbst lebt – wohin auch immer euer Weg euch führen mag.

Das ist das Wichtigste in der heutigen Zeit: dass wir uns auf den Weg machen herauszufinden, was unser Herz wirklich will, und dass wir es dann einfach tun. Vielleicht denkt ihr jetzt: «Ich möchte ja gerne, aber ich habe keine Zeit dafür.» Doch das ist nur eine Ausrede. Denn sofern euch etwas genug wichtig ist, sofern ihr es auf eurer Prioritätenliste genug hoch setzt, habt ihr immer Zeit dafür.

Alles, was jemals passiert ist, war gut so. Keiner von euch hat jemals etwas komplett Falsches gemacht, und keiner von euch ist jemals «aus Versehen» am falschen Ort oder in der falschen Erfahrung gelandet. Falls aus der Sicht der Quelle irgendeine Erfahrung komplett «falsch» gewesen wäre, hättet ihr es einfach nicht erlebt. Denn alles hat einen Sinn und alles ist gut so, wie es ist. Egal wie seltsam die Welt noch werden wird – die Menschheit wird gut durch die Zukunft hindurch kommen. Die Menschheit hat bereits so vieles hinter sich gebracht und so vieles gelernt. Selbst die sogenannten «Fehler» unserer Vergangenheit waren wichtig, damit wir jetzt in der Gegenwart erkennen können, was richtig ist. Nur so können wir die Zukunft positiv verändern. Hätten wir in der Vergangenheit niemals Kriege gehabt, könnten wir jetzt nicht mit voller Entschlossenheit sagen: Wir wollen keinen Krieg mehr. Auf diese Weise lernen wir zu unterscheiden, was wir wirklich wollen und was wir nicht wollen.

Jeder von euch, der sich vorstellen kann, wie eine bessere Zukunft aussehen soll, hat eine solche Lebensweise schon einmal erlebt und trägt nun eine unbewusste Erinnerung daran in sich. Man kann sich ja nur das vorstellen, was man schon einmal gesehen, gehört, erlebt hat. Man kann sich zum Beispiel Kälte nicht vorstellen, wenn man sie nie gefühlt hat. Das heißt: Die Tatsache, dass ihr in euch eine Vorstellung davon habt, wie eine bessere Zukunft aussehen müsste, beweist, dass ihr irgendwann einmal irgendwo eine gewisse Zeit lang so gelebt habt. So gesehen haben wir nicht nur unsere Vergangenheit, sondern auch unsere Zukunft bereits in unseren Zellen abgespeichert. Genau aus diesem Grund bin ich zuversichtlich, dass die Welt sich zum Positiven verändern wird. Als Menschheit sind wir gerade dabei zu lernen, was wir nicht mehr möchten. Wir lernen, dass für die anstehende globale Veränderung jeder einzelne Mensch benötigt wird. Und in unserem Inneren wissen wir auch schon, wie es sein wird. Es ist nur eine Frage der Zeit. Es könnte schon in dieser Sekunde passieren, dass die Menschheit als Kollektiv aufwacht, oder es könnte noch hundert Jahre dauern. Aber das spielt keine Rolle. Ihr lebt schon so lange in dieser Narkose, dass es auf hundert Jahre mehr oder weniger nicht ankommt.

Bitte stresst euch nicht deswegen. Der globale Wandel wird dann kommen, wann er kommt. Was allerdings jeder von euch aktiv dazu beitragen kann, ist: euch selbst zu entwickeln, eure Schwingung zu erhöhen, euer Bewusstsein zu entfalten und die Dinge zu tun, die eure Seele sich als Aufgabe für dieses jetzige Leben vorgenommen hat. Diese Lebensaufgaben betreffen entweder nur uns selbst, oder sie beziehen auch andere Lebewesen mit ein. Solange wir alle genau dies tun und einfach unsere individuellen Lebensaufgaben erfüllen, wird alles so kommen, wie es kommen soll, und alles wird gut sein.

Bitte entspannt euch und schaut in einer gewissen Lockerheit und Leichtigkeit auf euer Dasein. Falls nötig, wechselt die Perspektive und erinnert euch vor allem in euren herausfordernden Lebenssituationen daran: Alles kommt, wie es kommen soll. Und dann lasst einfach das Universum spielen.

Energetisches Problemlösen

Bei einem solchen Seminar geht es nicht nur um die Worte, die auf der physischen Ebene gesprochen werden, sondern auch um den energetischen Austausch unter den Anwesenden. Auf dieser energetischen Ebene könnt ihr das Positive besser aufnehmen, wenn ihr alle eure Sorgen in einen imaginären Rucksack packt und ihn draußen vor der Türe stehen lasst. Mit einem gesunden Perspektivenwechsel und in einer gewissen Lockerheit könnt ihr eure Alltagssorgen leicht wegpacken. Plötzlich werden Probleme, die eben noch ganz groß waren, ganz klein. Nicht, weil sich an der Situation etwas geändert hat, sondern weil *ihr euch* geändert habt, genauer gesagt weil ihr eure Schwingung erhöht habt. Denn ob eine bestimmte Situation von euch als ein Problem empfunden wird oder nicht, entscheidet einzig und allein eure Schwingungsfrequenz. Sobald eure eigene Schwingung höher ist als die Schwingung der Situation, wirkt die Situation auf euch nicht mehr als Problem.

Nachdem ein Problem in euer Leben gekommen ist und nachdem ihr es erkannt habt, lautet also die entscheidende Frage: «Wie reagiere ich auf dieses Problem?» Es gibt Probleme, die sich von selbst auflösen, wenn man sie nicht ansieht und ihnen somit keine Aufmerksamkeitsenergie schenkt. Andere Probleme bleiben erst einmal bestehen. Dann gilt es zu unterscheiden, ob ihr die Situation ändern könnt oder nicht. Falls ihr sie nicht ändern könnt, wechselt eure Perspektive und betrachtet die Situation positiv. Sobald ihr auf diese Weise eine für euch unveränderliche Situation positiv betrachtet und sie akzeptiert, ist sie für euch keine Belastung, kein Problem mehr. In der Welt um euch herum existiert das Problem vielleicht immer noch, aber ihr selbst habt mit dem Problem kein Problem mehr. Daher kann man sagen: Probleme sind im wahrsten Sinne des Wortes Ansichts-Sache. Eigentlich gibt es keine Probleme. Es gibt bloß Situationen, die von manchen Lebewesen als Probleme angesehen werden, deren Bewusstseinsfrequenz tiefer ist als die Frequenz der entsprechenden Situation. Früher oder später werdet ihr merken, wie viel Segen eine solche Haltung in euer Leben bringt. Selbst wenn ihr dadurch ein Problem nicht vollständig beseitigen könnt, wird es euch selber doch besser gehen.

Dasselbe gilt auch in Bezug auf den bevorstehenden Aufstieg der Menschheit. Auch hier ist eine gewisse Lockerheit und Leichtigkeit ratsam. Spirituelle Entwicklung ist kein Wettkampf, kein Wettrennen und auch kein Konkurrenzkampf. Es geht nicht um schneller, höher, weiter oder besser. Es geht nicht darum, als Erster irgendwohin zu gelangen, denn früher oder später steigt jeder auf, der aufsteigen möchte. Das Universum verteilt euch dafür auch keine Schulnoten.

Entspannt euch also. Niemand kann alle Schritte gleichzeitig tun, also nehmt einen Schritt nach dem anderen, und zwar in eurem eigenen Tempo. Ihr braucht euch dabei keinen Stress zu machen. Unsere Gesellschaft braucht dingend Entspannung. Entspannt euch also in euer Herz hinein, entspannt euch in eure spirituelle Entwicklung hinein. Ja: Entspannt euch in den Aufstieg hinein.

Entspannt euch und freut euch eures Lebens

Nochmals: Entspannt euch einfach. Seid etwas lockerer, etwas offener, etwas spontaner und etwas flexibler. Nehmt euch jeden Tag mindestens zehn Minuten Zeit, um etwas zu tun, das euch Spaß bereitet und das euch glücklich macht. Auch wenn es sinnlos erscheinen mag, ist es doch nicht sinnlos. Denn der Sinn davon ist eben, dass es euch Spaß macht. Das ist schon Grund genug, es zu tun. Etwas, das euch oder eurem inneren Kind Freude bereitet, braucht keine weiteren Erklärungen oder Begründungen.

Ihr könnt hierfür auch gerne auf einen Kinderspielplatz gehen. Warum nicht? Warum sollen Spielplätze nur für Menschen bis zu einem festgelegten Alter zugelassen sein? Es spielt dabei auch überhaupt keine Rolle, was andere von euch denken. Falls andere ein Problem mit euch haben, müssen sie sich ja nicht mit euch austauschen. So einfach ist das: leben und leben lassen. Wir alle sind Individuen, und daher können wir es sowieso niemals allen anderen recht machen. Aber das müssen wir auch gar nicht. Tut einfach das, was euch Spaß macht und was euch erfreut. Ob es nun in den Augen der anderen als «normal» gilt oder nicht, darauf kommt es nicht an. Erschafft euch eben einfach eine neue Normalität.

Wir sollten nicht bloß dasitzen und denken, dass sich dringend etwas ändern muss, ohne selber etwas dazu beizutragen. Indem wir Dinge tun, die uns Freude bereiten, zeigen wir den anderen Menschen, dass Lebensfreude auch für Erwachsene möglich und erlaubt ist. Wenn euch etwas freut, warum solltet ihr nicht wie Kinder herumhüpfen dürfen? Die Leute sagen vielleicht: «So etwas tut man nicht» oder «Das darf man nicht». Aber ich weiß bis heute nicht, wo dieser «Man» wohnt. Wenn mir jemand seine Adresse nennen könnte, dann würde ich ihm einen Brief senden und ihm erklären, dass seine Einstellung nicht mehr ganz aktuell ist. Wahrscheinlich ist es in der heutigen Zeit besser, etwas individueller zu sein und ein paar Tassen weniger im Schrank zu haben als so zu sein, wie «man» es für normal hält. Es ist nicht erstrebenswert, so zu sein wie der Durchschnitt, denn Veränderungen geschehen nicht dadurch, dass wir uns dem Durchschnitt anpassen, sondern dadurch, dass wir konsequent unsere eigene innere Entwicklung leben, so wie wir sie für unsere Inkarnation eingeplant haben.

Seid einfach euch selbst und lebt euer Herz. Unsere heutige Gesellschaft ist darauf ausgelegt, dass wir alle mit Masken rumlaufen, hinter denen wir uns verstecken. Es gehört ein wenig Mut dazu, diese Masken herunterzunehmen und anzufangen, wieder sich selbst zu sein. Aber ihr hattet allesamt den Mut, alles komplett zu vergessen und euch in eine jahrtausendelange Vollnarkose zu begeben. Auch wenn ihr euch das im Moment womöglich nicht vorstellen könnt, war das unglaublich mutig von euch. Im Vergleich mit diesem ursprünglichen Mut ist der Prozentsatz an Mut, den wir jetzt aufzubringen haben, um wieder mehr uns selbst zu sein, deutlich geringer. Vielleicht ist unser Mut ja bloß ein wenig eingeschlafen und lässt sich rasch wieder wecken. Das Wichtigste ist auch hier, einfach einmal einen Anfang zu machen.

Liebe als Essenz aller Religionen

Menschen, die in ihrem Herzen sind und die ihr Herz leben, machen nur Dinge, die ihnen Freude bereiten und die sowohl ihnen selbst als auch den anderen Lebewesen gut tun. Menschen, die im Herzen sind, brennen keine Autos ab, sie schlagen niemanden und sie brechen nirgendwo ein. Sie tragen den Frieden in sich, den wir alle uns wünschen.

Gewalt anzuwenden oder Kriege gegeneinander zu führen, ist komplett sinnlos und bringt niemandem etwas Gutes. Genauso absurd ist es zu glauben, es gebe so etwas wie einen heiligen Krieg. Wir haben viele unterschiedliche Religionsformen auf der Erde, aber die Essenz aller Religionen ist dieselbe. Wenn wir die Religionen von allem befreien, das nur deswegen entstanden ist, weil reiche Menschen Macht ausüben wollten und somit die Religionen als Machtinstrument missbrauchten, und wenn wir sie zusätzlich von allem befreien, was die Menschen in früheren Epochen hinzugefügt oder verdreht haben, weil sie es nicht besser wussten, wenn wir also jede dieser Religionen in ihren ursprünglichen Zustand zurückversetzen – dann finden wir bei jeder Religion dieselbe Grundaussage: LIEBE. Nichts anderes. Bei jeder Religion geht es immer nur darum, dass wir wieder in die Liebe kommen.

Niemals hat es einen Gott gegeben, der den Menschen befohlen hat, gegeneinander zu kämpfen, oder der Gewalt gutgeheißen hätte. Wenn Leute behaupten, sie hätten aus irgendeiner höheren Ebene den Auftrag erhalten, andere zu verfolgen, zu bekämpfen oder gar umzubringen, ist wohl irgendetwas ziemlich schiefgelaufen. Solche Machtmissbräuche passierten und passieren auch heute noch hier auf der Erde, aber sie haben nichts mit Religion im ursprünglichen Sinn und erst recht nichts mit Gott zu tun. Denn Religion ist gedacht als eine Hilfe für den Menschen, sich an seinen Ursprung zurückzuerinnern, sich daran zu erinnern, dass wir alles mit Liebe lösen können.

Auch der Frieden sollte nicht befohlen werden. Wenn wir in Frieden handeln wollen, dann sollten wir es tun, weil wir selbst es möchten und nicht weil es uns jemand gesagt hat. Es ist wichtig, dass ihr das, was ihr tut, auch wirklich selber wollt.

Glaubt mir nicht blind

Das gilt selbstverständlich auch für alles, was ich sage. Macht nichts, bloß weil ich es sage, und folgt mir nicht blind. Setzt meine Impulse nur dann um, wenn ihr selber es wollt und für richtig haltet. Um eine Veränderung zu bewirken, braucht es Mut. Ihr werdet dazu vielleicht hin und wieder mal über euren Schatten springen, ihr werdet etwas riskieren und neue Wege gehen. Ihr werdet vielleicht sogar ein wenig verrückt sein und gegen den Strom der Normalität schwimmen. Wenn ihr die Veränderung nicht wirklich mit eurem Herzen selber wollt, werdet ihr die Kraft für all das nicht aufbringen können, sondern immer irgendwelche Ausreden und Ausflüchte finden.

Doch indem ihr die anstehenden Entscheidungen vor euch her schiebt – was ihr natürlich dürft –, ändert ihr nichts daran, dass ihr später, sagen wir in hundert Jahren, trotzdem werdet mutig sein müssen. Ihr werdet nicht darum herum kommen, weil ihr es in eurem Seelenplan selbst so festgelegt habt. Fangt also einfach mit dem nächsten Schritt an – heute oder morgen oder erst in hundert Jahren, ganz wie ihr wollt.

Um es noch einmal deutlich zu betonen: Ich rette hier nicht alleine die Welt. Das werden wir alle gemeinsam machen. Anders funktioniert es nicht, denn die Welt ist groß. Es gibt für alles ein geeignetes Zeitfenster. Es gibt ein passendes Zeitfenster, um in unserem eigenen Inneren gewisse Prozesse zu durchlaufen. Es gibt ein passendes Zeitfenster, um mit anderen über gewisse Dinge zu reden. Und es gibt es passendes Zeitfenster, um zu handeln. Klar, reden ist gut, aber man kann auch zu viel und zu lange reden. Irgendwann ist die passende Zeit gekommen, etwas zu tun. Und ich finde, diese Zeit ist jetzt.

21

Die Evolution der Liebe

Das Spiel des Vergessens beenden

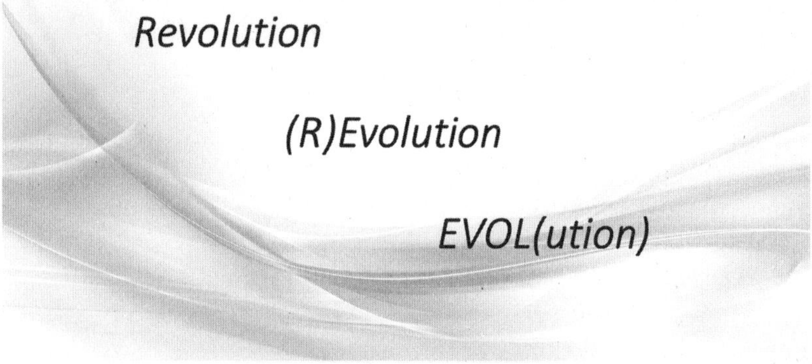

Das erste Wort auf dieser Grafik ist «Revolution». Für mich persönlich ist dieses Wort irgendwie mit Gewalt verbunden. Lässt man aber den ersten Buchstaben weg, erhält man das Wort «Evolution», also Entwicklung. Und schaut man von diesem Wort nur die ersten vier Buchstaben an und liest diese nicht vorwärts, sondern rückwärts, kommt dabei das Wort «LOVE» heraus – LIEBE. Sowohl Evolution als auch Revolution haben als Basis die Liebe, und die bedingungslose Liebe ist auch das Ziel unserer stillen, sanften Revolution. Die Liebe ist der Endpunkt unserer inneren Entwicklung. Und Liebe ist die Lösung aller Probleme.

Sicherlich braucht es noch eine gewisse Zeit, bis die Menschheit in der bedingungslosen Liebe ankommt. Dies kann nicht von heute auf morgen geschehen. Doch ihr wacht gerade allmählich aus einer jahrtausendelangen Vollnarkose auf. In diesen vielen Jahrtausenden hat jeder von euch unzählige falsche Identitäten und fremde Weltbilder angenommen, und es gab während dieser ganzen Zeit auch keine bewusste spirituelle Entwicklung. Doch all dies ändert sich jetzt gerade.

Es gibt Leute, die sagen, dass die Zustände auf der Erde im Moment immer verrückter werden und dass die Welt immer schlimmer werde. Oberflächlich gesehen, wenn man nur die physische Welt anschaut, trifft das sogar zu. Es gibt auch Leute, die sagen, dass sich nichts zum Guten geändert habe und dass nichts besser geworden sei. Auch das trifft auf der physischen Ebene zu, denn da gibt es nach wie vor Krieg und Gewalt und all diese Dinge. Und doch ist es aus meiner Sicht so, dass sich das Bewusstsein der Menschen in den vergangenen Jahrzehnten stark zum Positiven verändert hat. Stellt euch doch nur mal die Frage, ob ein solcher Seminartag wie dieser heute vor achtzig Jahren möglich gewesen wäre. Ich denke nicht, dass damals so viele Leute zu einem spirituellen Seminar gekommen wären. Hier sitzen jetzt viele hundert Menschen. Wenn überhaupt, wären früher vielleicht ein paar wenige gekommen. Schaut nur, wie viel Gutes sich inzwischen schon entwickelt hat! Nach vielen Jahrtausenden der Vollnarkose findet seit nicht einmal einhundert Jahren eine grundlegende Veränderung, ein Aufwachen, eine bewusste spirituelle Entwicklung der Menschheit statt! Ich finde, dass das ein extrem schnelles Tempo und eine bemerkenswerte Leistung ist. Außerdem ist es auch ein klares Zeichen dafür, dass sich die Welt tatsächlich zum Guten ändert.

Als wir in das Spiel des Vergessens gingen, war uns bewusst, dass wir alles vergessen würden – ja, dass wir sogar vergessen würden, dass wir vergessen haben. Wir hatten außerdem den mutigen und etwas verrückten Wunsch, am Ende des Spiels zusammen mit unserem physischen Körper aufzusteigen. Allerdings wusste man zu Beginn die Spiels gar nicht, ob ein solcher Aufstieg zusammen mit dem physischen Körper überhaupt möglich ist. Denn das Universum hatte damit noch keine Erfahrungen. Das heißt: Zu Beginn des Experiments war es eine völlige Risikosache.

Deshalb sage ich, dass alle Seelen, die sich damals bereit erklärten, in diesem Experiment mitzuwirken, extrem mutig waren. Es hätte auch sein können, dass der Aufstieg aus dieser extrem hohen irdischen Dichte gar nicht wie geplant funktionieren würde und dass die Menschheit letztlich in einer grauen Welt gefangen bleiben oder immer tiefer absinken würde, bis sie nicht mehr lebensfähig wäre. Inzwischen ist dieses Problem jedoch gelöst, und man weiß im Universum, dass es tatsächlich möglich ist, zusammen mit dem physischen Körper in eine höhere Dimension aufzusteigen. Es wird also mit Sicherheit geschehen. Die Frage ist nicht mehr, *ob* es geschehen wird, sondern nur noch: *wann und wie?*

Dass man dies inzwischen weiß und es mit Sicherheit sagen kann, ist ausschließlich euch zu verdanken. Es hat damit zu tun, dass ihr euch so bereitwillig auf diese Entwicklung eingelassen habt. Natürlich bekommt die Menschheit Hilfe und Unterstützung von außen. Aber diese Hilfe kann nur dann wirken, wenn ihr sie annehmt. Ihr habt also schon jetzt eine wirklich großartige Leistung vollbracht, und dafür dürft ihr euch ruhig mal selbst auf die Schulter klopfen und euch gratulieren. Nicht jede Seele würde so etwas Mutiges tun und in ein Spiel gehen, bei dem der Ausgang ungewiss ist und in dem man zusätzlich auch noch eine jahrtausendelange Bewusstseins-Vollnarkose verabreicht bekommt. Ihr aber habt es gewagt, und ihr habt es tatsächlich hinbekommen. Nach diesen vielen Tausenden von Jahren seid ihr nun etwa seit einhundert Jahren dabei, allmählich aufzuwachen. Ihr befindet euch jetzt in einer Art Zwischenzustand zwischen der Vollnarkose und dem Wachsein. Wann genau das vollständige Wachsein erreicht wird, liegt ganz in eurer Hand. Es wird eure Meisterprüfung sein.

Aufwachen heißt Erinnern

Es ist ganz wichtig, dass wir erkennen: «Wir sind alle göttliche Wesen, die hier eine Erfahrung als Mensch machen, und nicht Menschen, die zu göttlichen Wesen werden.»

Der Grund, warum es für uns überhaupt möglich ist, jetzt so schnell aufzuwachen, ist der, dass wir alle göttliche Wesen sind. Wir sind einstmals als göttliche Wesen hierher auf die Erde gekommen, um eine menschliche Form anzunehmen und als Mensch die Erfahrung dieses Experiments des Vergessens zu machen. Dazu mussten wir eine gewisse Zeit lang unsere Göttlichkeit vergessen, und aktuell sind wir daran, uns wieder an sie zu erinnern. Es ist etwas ganz anderes, ob man etwas werden will, das man vorher nicht war, oder ob man sich einfach nur an das erinnert, was man schon immer ist. Darum heißt es hier, dass wir nicht Menschen sind, die zu göttlichen Wesen werden. Denn wir sind schon immer göttliche Wesen gewesen, wir sind es jetzt, und wir werden es immer sein.

Die Erdenmenschheit befindet sich aktuell in einer Phase des Wiedererinnerns und des Erwachens. Ihr alle wisst in eurem Inneren ganz genau, was ihr seid, warum ihr hier seid und wie die Welt funktioniert. Wenn ihr beim Lesen von spirituellen Büchern oder während eines spirituellen Seminars plötzlich merkt, dass ihr etwas Wichtiges verstanden habt, dann ist dieses Verstehen in Wahrheit nichts anderes als dass ihr euch erinnert. Aufwachen heißt also nicht, dass ihr irgendetwas «Neues» oder Fremdes in euer Bewusstsein integrieren müsst, sondern dass ihr euch wieder an das erinnert, was ihr immer schon wusstet und was ihr nur vorübergehend vergessen habt.

Bewusstsein schafft Frieden

Liebe besitzt die starke Kraft, zu transformieren, also Dinge zum Positiven umzuwandeln. Humor übrigens auch. Kennt ihr das? Ihr betretet einen Raum, in dem sich einige Menschen aufhalten, die aus irgendeinem Grund gerade mies gelaunt sind. Dann macht ihr einen kleinen Scherz, über den die Anwesenden lachen, und sofort lockert sich die ganze Stimmung auf. Sofort ist das Eis gebrochen. Daran sieht man, dass Humor die Kraft besitzt, das Bewusstsein von Menschen und die Energien in einem Raum zu transformieren. Mit Liebe ist es genauso.

Wir können also energetische Zustände mit der Kraft unseres Bewusstseins jederzeit umwandeln. Das ist vor allem angesichts der Tatsache wichtig, dass in der Welt immer noch Gewalt herrscht und Kriege geführt werden. Wir können nicht davon ausgehen, dass die derzeitigen Politiker bereit sind, wirklich konsequent für Frieden zu sorgen, obwohl unsere Welt dringend Frieden benötigt. Denn sie wollen gar nicht den globalen Frieden, da unsere Wirtschaftssysteme durch Krieg aufrecht erhalten und vor dem Zusammenbruch bewahrt werden. Diese Politiker sind wie kleine Kinder in einem Sandkasten, die sich gegenseitig mit Sand bewerfen. Wenn die Regierung von Land A der Regierung von Land B Sand ins Gesicht wirft, sagt Land B: «Hey, du hast mich mit Sand beworfen! Jetzt darf ich das umgekehrt auch.» So bewirft Land B seinerseits Land A wieder mit Sand. Und so weiter.

Weil wir wissen, dass es auch anders geht, haben wir hier eine Verantwortung. Wir wissen, dass man diese streitenden Kinder nicht einfach aus dem Sandkasten herausziehen kann, denn sie würden sofort wieder zurückgehen. Also sind wir diejenigen, die am Rand außerhalb des Sandkastens stehen und für die Kinder Schilder hochhalten. Auf diesen Schildern steht zum Beispiel «LIEBE» oder «MITGEFÜHL» oder «VERGEBUNG». Die Kinder, die sich mit Sand bewerfen, achten wahrscheinlich zuerst nicht auf diese Schilder, und sogar wenn sie sie sehen, wissen sie nicht wirklich, was sie bedeuten. Sie wissen nicht, was Liebe oder Vergebung ist, da sie denken, dass das gegenseitige Bewerfen mit Sand die einzige mögliche Form des Austausches sei. Irgendwann aber wird einem der Kinder möglicherweise die sinnlose Streiterei zu blöd, weil sie ja doch nie zu positiven Lösungen führt. So beginnt es sich nach Alternativen umzuschauen und erblickt dann diese Leute, die draußen stehen und Schilder hochhalten. Es liest: «LIEBE». Und dann kann das Kind hingehen und fragen: «Liebe? Was ist das genau? Wie kann Liebe unsere Probleme lösen helfen?»

Solange unsere Politiker noch im Sandkasten rumspielen, tragen wir als Bevölkerung die Verantwortung dafür, diese Schilder hochzuhalten und dadurch andere Wege aufzuzeigen, wie

Menschen zusammenleben können. So haben die Sandkastenpolitiker die Möglichkeit, früher oder später zu uns zu kommen und zu sagen: «Bei uns ist es irgendwie dumm gelaufen. Dürfen wir jetzt bei euch mitmachen?»

Wir sollten den Politikern oder den Menschen im allgemeinen gegenüber nicht nachtragend sein, sondern wir sollten die innere Reife besitzen, ihnen zu vergeben. Wir alle haben in unserer Vergangenheit schon jede Menge Blödsinn angestellt und mussten auch erst durch Erfahrungen lernen, was Liebe, Mitgefühl und Vergebung bedeuten. Also sollten wir ihnen antworten: «Wir sind froh, dass ihr es jetzt eingesehen habt. Seid willkommen. Lasst uns jetzt zusammen schauen, wie es weitergehen kann und wie wir in konstruktiver Weise miteinander die Zustände in der Welt verbessern können.»

Das Hamsterrad der Schuldprojektion

Ein weiteres Hindernis ist, dass wir die ganze Zeit damit beschäftigt sind, nach einem Schuldigen zu suchen, dem man die Schuld für die heutigen Missstände in die Schuhe schieben kann. Dieses Schuldzuschieben ist nicht besonders zielführend. Statt dessen sollten wir besser so bald wie möglich anfangen, die Welt wieder aufzuräumen.

Angenommen, irgendwo auf einer Ölplattform passiert ein Unfall, und es läuft Öl aus, und das verseucht dann das Meerwasser und vergiftet die Tiere und Pflanzen. In einer solchen Situation sollte man nicht lange rumsitzen und darüber diskutieren, warum das passiert ist und wer die Schuld dafür trägt, während das Öl weiter ausläuft. Dadurch wird das Meer nicht wieder sauber. Es wäre sinnvoller, lösungsorientiert zu handeln und erst einmal sofort mit dem Aufräumen zu beginnen. Denn passiert ist passiert, und man kann ein Ereignis, das bereits geschehen ist, nicht mehr rückgängig machen. Man kann aber dafür sorgen, dass sich die Situation nicht weiter verschlimmert. Natürlich sollten gewisse Dinge gar nicht erst nicht passieren, aber wenn sie halt schon einmal passiert *sind*, kann man sie nicht wieder ungeschehen machen. Selbstverständlich ist irgendjemand für den Unfall auf der Ölplattform verantwortlich, aber damit kann man sich auch später noch befassen. Sonst verliert man bloß unnötigerweise viel Zeit.

Das heißt, wir sollten als Menschheit jetzt erst einmal damit anfangen, unsere Probleme zu beheben und konkrete Veränderungen vorzunehmen, damit keine weiteren Unfälle mehr passieren. Die ständige Suche nach Schuldigen bringt uns nichts, denn wer immer nur nach Schuldigen sucht, handelt nicht lösungsorientiert. Man kann monatelang und jahrelang darüber diskutieren, wer was getan hat und wer woran schuld ist, und man kann weiter mit dem Finger auf die anderen zeigen, doch durch diese Haltung wird man einfach immer weiter im Hamsterrad der Schuldprojektion gefangen bleiben.

Mit einem anderen Beispiel ausgedrückt ist die aktuelle Weltlage etwa so, als würde man auf offener See in einem Schlauchboot sitzen, das ein Leck hat und langsam am Sinken ist. Ein Teil der Leute, die in diesem Boot sitzen, merkt überhaupt nichts. Ein anderer Teil merkt zwar, dass das Boot gerade sinkt, tut jedoch nichts. Ein dritter Teil merkt es und will tatsächlich anfangen, das Loch im Schlauchboot zu stopfen. Aber diejenigen, die das Flickzeug in ihren Händen halten, sitzen bloß im Kreis und streiten sich eifrig darüber, wer das Boot kaputt gemacht habe. Wäre es nicht viel sinnvoller, darüber erst später zu diskutieren und jetzt erst einmal das Loch im Boot abzudichten, damit es nicht weiter sinkt?

«Sei du selbst die Veränderung, die du dir wünschst für die Welt.»

Die Welt ist groß und komplex. Eine globale Änderung des Bewusstseins geht nicht von heute auf morgen über die Bühne. Aber was wir heute tun können, ist damit anzufangen. Und der beste Anfang besteht immer darin, dass wir bei uns selbst schauen, was wir in unserem eigenen Leben verbessern können. Es gibt doch diesen Spruch: «Sei du selbst die Veränderung, die du dir wünschst für die Welt.» Genau das ist es. Obwohl es richtig ist, sich im Rahmen solcher Seminare oder auch durch Bücher mit neuen Informationen und neuen Theorien zu beschäftigen, ist es doch wichtiger, dass wir unser eigenes Bewusstsein transformieren und selber zu dem werden, was wir uns für unsere Zukunft wünschen.

Wir alle gemeinsam sind die Zukunft der Erde. So hat jeder von uns eine Verantwortung einerseits gegenüber sich selbst und andererseits auch gegenüber der Erde, das heißt dafür, was auf der Erde geschehen wird oder nicht geschehen wird. Wir haben außerdem eine Verantwortung gegenüber den Generationen, die vor uns da waren und die den Weg für die Veränderung vorbereitet haben, sowie auch gegenüber den Generationen, die nach uns kommen werden. Und wir haben eine Verantwortung dem ganzen Universum gegenüber. Denn niemals zuvor hat eine Bevölkerung den Versuch gewagt, zusammen mit dem physischen Körper aufzusteigen. Dass Zivilisationen von einer Dimension in eine höhere aufsteigen, ist nichts Besonderes. Das kommt im Universum immer mal wieder vor. Doch machen sie den Aufstieg nur mit der Seele und nicht zugleich auch mit dem Körper. Dies soll jetzt hier zum ersten Mal geschehen, und deshalb ist die Erde kosmisch gesehen etwas ganz Besonderes. Wenn der Erdbevölkerung dies jetzt gelingt, wird das ein Meilenstein in der Geschichte des Universums sein.

Um all diese verschiedenen Verantwortungen zu erfüllen, brauchen wir nichts anderes zu tun als unserem Herzen zu folgen. Sobald wir authentisch uns selbst sind und unserem Herzen folgen, wird alles funktionieren.

Zum Abschluss noch dieses: Natürlich werdet ihr euch nach einem solchen Seminartag nicht an alles erinnern können, was ihr gehört habt. Aber das ist auch gar nicht erforderlich. Jeder von euch wird sich allerdings an genau jene Dinge erinnern, die in ihm eine Resonanz ausgelöst haben. Denn die Themen, die in dir auf Resonanz stoßen, sind aktuell in deinem Leben von Bedeutung. Es reicht völlig, dass du dich einfach erst einmal um die Themen kümmerst, die für dich im Moment wichtig sind. Gehe einfach kontinuierlich einen Schritt nach dem anderen – und bleibe dabei immer entspannt und locker und spielerisch. Dann wir alles gut werden.

Frage aus dem Publikum: Wird es einen Dritten Weltkrieg geben?

Antwort: Das hängt ganz von uns, der Menschheit, ab. Wenn wir als Kollektiv rechtzeitig erwachen und endlich mit diesem Sandkastenspiel aufhören, dann muss es nicht zu einem weiteren großen Krieg kommen. Die Verantwortung liegt bei uns als Bevölkerung, nicht bei den Politikern, denn die Politiker können letztlich nichts tun, das wir nicht unterstützen. Dies gilt nicht nur für Kriege, sondern für alle Lebensbereiche: Dinge geschehen nur, wenn die Mehrheit der Menschen es zulässt. Es sieht vielleicht so aus, als würden die Politiker Entscheidungen treffen und Dinge bewirken, aber es sind immer wir, die es durch unser Bewusstsein ermöglichen und energetisch stützen. Darin liegt unsere Verantwortung.

Ob der Wandel also eher hektisch und kriegerisch über die Bühne geht oder eher sanft und friedlich, liegt in unserer Hand. Doch spätestens ab dem Zeitpunkt, an dem die Menschheit kollektiv erwacht, werden Kriege nicht mehr möglich sein.

22

Fragen und Antworten (Teil 2)

Fragen zu diversen Themen

Frage: Was ist Spiritualität?

Antwort: Spiritualität bedeutet für mich einfach eine innere Entwicklung. So gesehen gibt es hier auf der Erde keine Entwicklung und keinen Lernprozess, der nicht spirituell wäre. Denn aus jedem Entwicklungsprozess lernen und erkennen wir irgendetwas, das uns einen nächsten Schritt voran bringt.

Spiritualität ist aus meiner Sicht ein Begriff, der mittlerweile schon ziemlich abgenutzt ist. Er wird verdreht, und er wird zum Teil auch dafür benutzt, ein Dogma daraus zu machen und dadurch Menschen in ihrer Entwicklung einzuschränken oder zu blockieren. Wir leben hier auf der Erde und entwickeln uns, das ist alles. Es nicht erforderlich, dass wir unserem Leben ständig irgendwelche Begriffe ankleben. Wenn wir auf unser Herz hören und das tun, was unser Herz will, wenn wir unseren eigenen Weg gehen – wie auch immer dieser Weg aussehen mag –, dann ist jeder Weg gut.

Solange wir uns in unserer inneren Entwicklung befinden, gibt es nicht richtige und falsche Wege. Göttliches Bewusstsein ist überall, und es ist nicht erforderlich, dass wir versuchen, es zu definieren oder zu beschreiben. Wichtig ist, dass jeder Mensch seinen eigenen, individuellen Weg geht, so wie er ihn sich wünscht und so wie sein Herz es ihm sagt. Es ist nicht wichtig, ob dies der Norm oder dem Durchschnitt entspricht oder ob es logisch betrachtet einen Sinn ergibt oder nicht. Solange wir das tun, was unser Herz will, kommt alles andere von selbst.

Natürlich ist es wichtig, gewisse Dinge mit dem Verstand zu verstehen, damit man sie nachvollziehen und in sein Leben integrieren kann. Aber manchmal gibt es auch Dinge, die man erst dann wirklich verstehen kann, wenn man sie selbst erlebt. Solange wir auf unserem vorgesehenen Seelenweg sind, werden wir sowieso immer genau dorthin geführt, wo wir sein sollen. Daher brauchen wir uns nicht komplizierte Lebensanleitungen zu basteln, sondern können einfach uns selbst sein und das tun, was unser Herz will. Dies ist für mich der Kern der Spiritualität.

Frage: Warum müssen wir uns, etwa durch Meditation oder dergleichen, überhaupt mit der Quelle verbinden? Sind wir denn nicht immer mit ihr verbunden?

Antwort: Da unsere Seele ursprünglich aus der Quelle kommt, sind wir natürlich alle auf eine gewisse Art und Weise immer mit der Quelle verbunden. Doch sobald wir uns hier auf der Erde als Mensch inkarnieren und in das Vergessen eintreten, fallen wir in ein getrenntes individuelles Bewusstsein. Das heißt, jeder von uns hat dann ein abgesondertes Bewusstsein, das sich vom Bewusstsein der anderen unterscheidet. Feinstofflich bleiben wir natürlich trotzdem ständig mit allem verbunden, unabhängig davon, ob wir dies hier im Alltag der Dreidimensionalität nun wissen oder ob wir es akzeptieren. Es ist eine Spielregel im großen Spiel des Vergessens hier in der 3D-Welt, dass wir vergessen, woher wir kommen und warum wir hier sind. Das Vergessen ist also eine Folge davon, dass wir uns hier in diese Dimension inkarniert haben.

Jedes Wesen ist göttlich, und jeder von uns ist immer mit dem Göttlichen verbunden. Aber es gibt hier in der Dreidimensionalität gewisse Dinge, die uns in diesem Verbundensein behindern können. Aber jetzt ist die Zeit gekommen, in der wir aufwachen und uns an unseren Ursprung zurückerinnern sollen. Dabei sollten wir nicht definieren, an was wir uns erinnern wollen. Denn wenn wir uns tatsächlich vollständig erinnern werden, dann können wir es nicht mehr aussprechen. Sobald wir in diesen leuchtenden Kern eingetaucht sind, können wir ihn nicht mehr beschreiben.

In ihrem Tagesbewusstsein leben die meisten heutigen Menschen ihr Leben in der Annahme, dass sie getrennt von ihrem Gegenüber und auch getrennt von allem anderen seien. Das heißt: Wenn sie sich mit dem Einheitsbewusstsein und mit der Quelle verbinden wollen, dann müssen sie diesen Vorgang des Verbindens bewusst suchen, weil ihr Tagesbewusstsein gar nicht auf diese Idee kommt. Deshalb sind Meditationspraktiken und ähnliches sinnvoll.

Frage: Wie kann ich erkennen, was genau mein freier Wille ist?

Antwort: Spüre, was dein Herz will. Die Gesellschaft schreibt uns so viele Dinge vor, die man tun soll oder nicht tun soll, und dies führt dazu, dass wir unser Herz einmauern. Die Lösung ist von der Theorie her gar nicht kompliziert, aber die Umsetzung kann unter Umständen eine gewisse Zeit dauern. Der Ansatz ist, dass wir erkennen, welche Muster, Ängste oder Sorgen uns begrenzen und bewirken, dass wir keinen direkten Kontakt mehr zu unserem Herzen haben und deshalb nicht mehr wissen, was wir in unserer Seele eigentlich wollen. Urnatürlich haben wir alle diesen Kontakt und wissen, was die Seele will, aber aktuell gibt es eben Faktoren sowohl in der Außenwelt als auch in unserer Innenwelt, die uns davon abbringen. Die Aufgabe besteht darin, diese Faktoren zu finden und aufzulösen. Was genau das ist, kann von Mensch zu Mensch komplett unterschiedlich sein. Daher sollte jeder Mensch selbst auf seine eigene Suche gehen. Also: Wir können nur dann wirklich unseren freien Willen leben, wenn wir im Herzen spüren, was wir überhaupt wollen. Wenn man uns dieses Gespür für uns selbst aberzieht, sind wir nur noch Bioroboter.

Frage: Wie finde ich den richtigen Partner?

Antwort: Unser Herz weiß, was für uns richtig ist. Das gilt in jedem Lebensbereich, also auch in der Partnerschaft. In seinem Inneren weiß jeder Mensch, ob das, was er gerade tut, für ihn stimmig ist oder nicht. Man sollte einfach darauf vertrauen, dass die innere Stimme, die man hört, tatsächlich das Herz ist. Denn wenn man seinem Herzen nicht vertraut, kann die innere Stimme noch so laut und deutlich sprechen, man wird trotzdem immer zweifeln und denken: «Das gibts nicht, das kann nicht sein, da bin ich mir nicht sicher.»

Frage: Und was soll man tun, wenn das Herz sagt, dass der gegenwärtige Partner nicht mehr der richtige ist?

Antwort: Wenn es nicht mehr passt, dann passt es eben nicht mehr. Auch hier sollte man auf sein Herz hören. Als Menschen entwickeln wir uns ja fortwährend weiter, und dieses Weiterentwickeln ist der Grund dafür, warum Partner manchmal nach ein paar Jahren nicht mehr zueinander passen. Dann sollte man besser friedlich auseinander gehen als unter Zwang an Beziehungen festhalten, in denen es für beide nicht mehr stimmig ist.

Wir sollten dann auch nicht denken oder uns von anderen einreden lassen, dass wir versagt hätten. Wenn die Gesellschaft oder die Familie oder die Nachbaren oder der Pfarrer oder wer auch immer dir vorschreibt, was du zu tun hast und was für dich richtig oder falsch sein soll, dein Herz aber etwas anderes sagt, dann höre auf dein Herz – egal in welchem Bereich.

Frage: Wie würdest du den Begriff «Wunder» definieren?

Antwort: Manche Menschen denken, dass Wunder nur in ganz außergewöhnlichen Momenten entstehen. Sie vergessen dabei, dass wir genau genommen immer von Wundern umgeben sind. Zum Beispiel eine Blume, die sich nachts schließt und tags wieder öffnet, ist ein Wunder. Unser Körper, der funktioniert, ohne dass wir bewusst etwas machen, ist ein Wunder. Durch die Ausrichtung unseres Bewusstseins entscheiden wir selbst, ob etwas für uns ein Wunder ist oder nicht.

Frage: Wie kann ich aus dem sogenannten «Quantenfeld» Hilfe empfangen?

Antwort: Falls du zum Beispiel irgendein Projekt hast, für das du einen Menschen mit bestimmten Qualitäten brauchst – sei es für etwas Größeres oder auch nur für einen kleinen Umbau bei dir zu Hause –, so kannst du folgendes tun: Werde dir bewusst darüber, dass du in deinem Herzen Liebe trägst, und denke dann mit dieser Liebe an die Quanten, die immer um uns herum sind und die ja auf uns reagieren. Teile den Quanten um dich herum deinen Wunsch mit: «Ich brauche einen Menschen, der diese spezifische Fähigkeit hat.» Wenn die Quanten merken, dass du Liebe in dir trägst, bewegen sie sich wie eine feinstoffliche Welle von dir weg und suchen so lange, bis sie eine Person finden, die erstens gerade verfügbar ist und die zweitens deinem Wunsch entspricht. So wird dieser Mensch in dein Leben kommen.

Auf diese Weise können wir, wenn wir in unserem Leben gewisse Dinge benötigen, die feinstoffliche Ebene miteinbeziehen. Dabei ist es wichtig, dass wir die Dinge, die dann geschehen, nicht einfach als «Zufall» abtun und denken: «Nein, das kann ja nicht sein. Das ist bloß ein Zufall.» Unser Part bei diesem Austausch ist es, bewusst und dankbar das zu empfangen, was für uns organisiert wird. Denn es funktioniert tatsächlich.

Frage: Kannst du etwas zur Wahrnehmung der Zeit sagen?

Antwort: Die Wahrnehmung der Zeit ist, genauso wie das Erkennen von Wahrheit, etwas Individuelles. Es gibt zwar so etwas wie einen universellen Zeitstrom, aber das Vergehen der Zeit wird individuell unterschiedlich empfunden. Wenn für uns etwas ausgesprochen langweilig ist, dann haben wir den Eindruck, die Zeit vergehe sehr, sehr langsam. Aber wenn uns etwas Freude macht, dann scheint sie extrem schnell vorüber zu gehen. Außerdem wird die Zeit auch je nachdem, in welcher Schwingungsebene ein Lebewesen sich befindet, unterschiedlich wahrgenommen.

Wir können uns von der Quelle wünschen, dass eine bestimmte Zeitspanne, beispielsweise fünf Minuten, für uns kurzfristig ausgedehnt oder verkürzt wird. Das ist zwar möglich, aber ein solcher Eingriff in die Zeit muss später wieder ausgeglichen, wieder ausbalanciert werden. Das heißt, die fünf Minuten, die nach den verkürzten fünf Minuten folgen, werden dann doppelt so lange als normal dauern. Man kann also nicht beliebig mit der Zeit rumspielen. Auch hier gilt: Man sollte sich gut überlegen, was man sich wünscht. Denn unsere Worte haben, da sie eine Äußerung unseres freien Willens sind, ein Gewicht und eine gewisse Stärke. Manchmal unterschätzen wir, wozu unsere Gedanken und unser Glauben fähig sind, sobald wir sie auf eine bestimmte Sache fokussieren.

Fragen zum Thema Religionen

Frage: Lehren die heutigen Religionen die Wahrheit?

Antwort: Die Religionen vermitteln uns zunächst einmal die grundlegende Wahrheit, dass es weit mehr gibt als das, was wir mit den Augen sehen. Das ist schon einmal gut. Aber meiner Ansicht nach gibt es in jeder der großen Religionen gewisse Verdrehungen und Verfälschungen und somit nur noch Teilwahrheiten. Wenn man aus einer Religion all die Dinge herausfiltert, die durch jahrhundertelange Traditionen und durch Interpretationen von den Menschen eingefügt worden sind – entweder weil sie etwas missverstanden hatten oder weil sie es nicht besser wussten oder auch weil sie ihre Macht missbrauchen wollten –, dann findet man in jeder Religion gewisse Wahrheiten. Ohne die ganzen Missbräuche und Verfälschungen wäre die Lehre jeder Religion die, dass es letztlich einzig um Liebe geht.

Die großen Religionssysteme wurden nur hochgezogen, damit man Menschen kontrollieren, lenken und manipulieren kann. Meiner Meinung nach hatten jene inkarnierten Seelen, aus deren Lehren die einzelnen Religionen entstanden sind – wie etwa Jesus oder Buddha –, gar nicht beabsichtigt, Kirchen oder Religionen zu begründen. Das waren Seelen, die aus der Quelle, aus dem Ursprung hierher gekommen sind und die alle das Gleiche lehrten: Liebe. Es geht immer nur um Liebe. Sie wollten einfach diese göttliche Botschaft unter die Menschen bringen. Aber danach fanden irgendwelche anderen Leute, denen es um Macht, Profit und Einfluss ging, dass man diese Botschaft ein wenig aufbauschen, abändern und für die eigenen Zwecke nutzen könnte. So wurden die heutigen Kontrollsysteme daraus. Die meisten heutigen Menschen sind nicht erst in diesem Leben in solchen religiösen Strukturen erzogen worden, sondern auch schon in vielen früheren Leben, wahrscheinlich auch in unterschiedlichen Religionsformen. Und alle diese Muster sind, sofern wir sie nicht bewusst aufgelöst haben, immer noch in uns.

Frage: Gibt es so etwas wie heilige Kriege?

Antwort: Das ist aus meiner Sicht kompletter Blödsinn. Seitens von Gott und von der Schöpfung sagt gewiss niemand, dass man sich gegenseitig bekriegen und die Köpfe einschlagen soll. Wenn es irgendwo heißt, dass man heilige Kriege führen oder im Namen irgendeines Gottes Andersgläubige verfolgen, verstoßen oder umbringen dürfe, so hat dies nichts mit Gott zu tun, sondern kommt von Menschen, die andere Menschen kontrollieren wollen.

Dort, wo Religionen sich gegenseitig bekriegen, weil die anderen angeblich etwas anderes glauben, ist es komplett unsinnig zu sagen, man tue das, weil der Gott der eigenen Religion das so wolle. Eine Religion, die wirklich noch auf den ursprünglichen Aussagen ihrer Hauptperson basiert, würde niemals behaupten, dass man andere Menschen wegen ihres Glaubens verfolgen dürfe. Denn es geht ja immer um die Liebe.

Frage: Welche Bedeutung hat die weibliche Energie in der Religion?

Antwort: Ein gemeinsames Merkmal der heutigen Religionssysteme ist die Unterdrückung der weiblichen Energie. Die weibliche Energie steht für Liebe, Mitgefühl, Verständnis, Akzeptanz, Verzeihen, Loslassen und so weiter. Dies alles sind Qualitäten, die aus dem Herzen kommen und die die heutige Welt dringend benötigt, um sich zu verändern. Diejenigen, die aktuell die Fäden in ihren Händen halten, finden eine Veränderung jedoch nicht so toll, und darum schaffen sie Religionssysteme, in denen die Frauen wenig Rechte haben und in denen die weiblichen Energien unterdrückt werden.

Frage: Möchtest du das noch etwas mehr ausführen?

Antwort: Es gibt die weibliche Energie, und es gibt die männliche Energie. Keine von beiden ist schlecht, und jeder Mensch trägt – unabhängig von seinem physischen Geschlecht – beide Energien in sich. Es geht wie immer darum, die beiden Energien in die Balance, in ein Gleichgewicht zu bringen. Die weibliche Energie wirkt nach innen und im Inneren. Sie sorgt dafür, dass wir einen Zugang zu unserem Herzen und zu unserer Seele erhalten, und sie sorgt auch für die Verbindung nach oben. Die männliche Energie dagegen wirkt nach außen. Sie bewegt und manifestiert Dinge im Physischen, sie erschafft Projekte und stellt Dinge auf die Beine.

In den vergangenen Jahrhunderten ist die männliche Energie zu dominant gewesen, und daraus ist Gewalt entstanden. Denn gerade die Verbindung des Menschen nach oben war ja nicht das, was von den Machthabern gewünscht war, und so wurde das Weibliche unterdrückt. Deshalb braucht es heutzutage zum Ausgleich mehr weibliche Energie, mehr Emotionales, mehr Mitgefühl und Verständnis füreinander. Aber es geht nicht darum, dass das Weibliche jetzt anstelle des Männlichen zu dominieren beginnt. Denn wenn zu viel weibliche Energie vorhanden ist, dann fehlt die Abgrenzung, das Neinsagenkönnen. Diese Abgrenzung ist zum Beispiel wichtig, um die Meinung eines anderen Menschen zwar gelten zu lassen, aber trotzdem bei der eigenen Meinung zu bleiben. Wenn zu wenig männliche Energie wirkt, können die Menschen ihre Meinung nicht verkörpern. Andererseits braucht es die weibliche Energie, damit wir in unser Herz kommen können.

So besteht also unsere Aufgabe darin, die Balance dieser beiden Energien zu finden – und zwar sowohl in der Gesellschaft als auch in jedem einzelnen Menschen. Dasselbe gilt auch für die Balance von Herz und Verstand. Bei den meisten Menschen ist es heute so, dass ihr Verstand das Herz steuert, aber eigentlich sollte ihr Herz den Verstand führen und anleiten.

Wenn wir davon sprechen, dass wir in der Gesellschaft eine Gleichberechtigung des Männlichen und des Weiblichen wollen, dann beginnt es damit, dass wir erkennen, dass wir in uns selbst Anteile von beiden Energien tragen. Wir sollten damit anfangen, diese beiden Anteile in unserem Bewusstsein in eine harmonische Balance zu bringen, um so zu erkennen, dass beide Energien einen Platz haben und Anerkennung und Wertschätzung verdienen. Je mehr Menschen dies bei sich selbst verstanden haben und es auch leben, desto weniger braucht es Diskussionen über Gleichberechtigung.

Das gilt ja bei jeder Art der Veränderung: Der Anfang ist immer, dass wir selbst zu der Veränderung werden, die wir uns für die Welt wünschen.

Frage: Gibt es die Hölle und die ewige Verdammnis?

Antwort: Dass es die Hölle nicht gibt, sollte eigentlich klar sein. In der Schule wurde uns einerseits gesagt, dass es Himmel und Hölle gebe, und andererseits, dass Gott uns alle liebe. Ich habe mich dann immer gefragt, wie das zusammenpassen soll. Wie kann ein Gott, der alle liebt, Menschen in eine ewige Hölle werfen, nur weil sie irgendetwas getan haben, das er nicht gut findet? Das habe ich nie verstanden. Nochmals: Die Personen, aus deren Lehren die Religionen ursprünglich entstanden sind, wollten dies alles mit Sicherheit nicht. Aber die Menschen haben ihre Lehren benutzt und sie durch die Jahrhunderte verdreht und so hingebogen, wie sie heute sind.

Frage: Was geschieht, wenn man aus einer Religion austritt?

Antwort: Wenn du nur äußerlich aus einer Kirche oder einem Religionssystem austrittst, bleibst du energetisch immer noch mit diesem System verbunden, und durch diese Verbindung ernährt sich das System weiterhin von deiner Energie. Daher sollte man, falls man wirklich austreten möchte, nicht nur physisch austreten, sondern auch die ganzen Rituale und Sakramente – wie Taufe, Einweihungen, Versprechen, Gelübde und so weiter – energetisch auflösen.

Frage: Wie kann man – etwa in einer Religion oder in der Wissenschaft – die Wahrheit erkennen?

Antwort: Jeder Mensch sollte erst einmal seine eigene, individuelle Wahrheit entdecken und herausfinden, was für ihn persönlich richtig ist – unabhängig davon, was die verschiedenen Religionen oder die Wissenschaft oder irgendwelche Lehrer sagen. Die Informationen, die wir im Außen erhalten, können wir nutzen, um uns ein Bild davon zu machen, welche Angebote es gibt und was die Wahrheit sein könnte. Doch bei all diesen Informationen sollten wir uns immer fragen, ob sie für uns stimmig sind oder nicht.

Unsere individuelle Wahrheit kann sich natürlich im Laufe der Zeit auch ändern. Denn solange wir nicht vollständig im Einheitsbewusstsein sind, wird ein Teil unserer persönlichen Wahrheit immer eine Ansichtssache und somit veränderbar sein. Es geht also darum herauszufinden, was für den jetzigen aktuellen Zeitpunkt für uns das Richtige ist. Falls es in zwei Jahren wieder etwas anderes ist, so ist dies ein gutes Zeichen dafür, dass wir uns weiterentwickelt haben.

Es ist nichts Falsches daran, einer Idee oder einer Ideologie zuzustimmen, sofern diese für uns in diesem Moment tatsächlich stimmig ist. Es geht nur darum, dass wir dieser Idee oder Ideologie nicht blind folgen. Wichtig ist, dass wir kritisch bleiben und dass wir uns von dem lösen, was aufgrund unserer Weiterentwicklung für uns irgendwann nicht mehr richtig ist und was wir nicht mehr benötigen.

23

Mutter Erde kommt an ihre Grenzen

Die Welt auf den Kopf stellen

Wir haben heutzutage in der Welt viel Gewalt und viele Kriege, und wenn wir wirklich Frieden wollen, dann müssen wir in gewissem Sinne die Welt auf den Kopf stellen. Doch um die Welt auf den Kopf zu stellen, müssen wir zuerst uns selber auf den Kopf stellen. Denn wir können nicht erwarten, dass die Welt sich verändern wird, solange wir gleich denken und gleich fühlen wie bisher. Aus Gedanken und Gefühlen entstehen Taten – das gilt immer und überall, egal wo man lebt, wann man lebt und wie man lebt. Wenn wir also wollen, dass Taten in Zukunft nur noch friedlich sind, dann müssen wir uns zunächst in uns selbst ändern. So gesehen müssen wir uns erst einmal selbst auf den Kopf stellen, damit wir anschließend die Welt auf den Kopf stellen können. Daran führt kein Weg vorbei. Indem einzelne Menschen sich ändern, verändert sich auch die menschliche Gesellschaft – und mit ihr das, was auf der Welt geschieht. Denn die Gesellschaft ist jetzt so, wie sie ist, weil die Menschen, aus denen die Gesellschaft besteht, jetzt so sind, wie sie eben sind.

Natürlich sind wir alle in unseren Möglichkeiten ein wenig beschränkt, denn wir leben schließlich hier auf der Erde. Wir können aber trotzdem einfach schon mal damit anfangen, in uns selbst Dinge zu lösen. Ob es dann einen Monat dauert oder ein Jahr oder Jahrzehnte, bis wir neu strukturiert sind, darauf kommt es nicht an. Wir leben schon so lange hier, dass es eigentlich keinen Unterschied macht, wie viele Jahre mehr oder weniger wir noch brauchen.

Wichtig ist, dass wir Dinge kritisch hinterfragen und dass wir auch den Mut aufbringen, uns selbst kritisch anzuschauen. Denn wenn wir ein Problem lösen wollen, müssen wir uns fragen, worin eigentlich die Wurzel dieses Problems besteht. Und die Wurzel vieler heutigen Probleme besteht in den Strukturen, in denen wir leben. Wir haben jedoch nicht die Aufgabe, Menschen von etwas zu überzeugen. Wir sind hier, um das, was wir in unserem Inneren tragen, zu äußern, es umzusetzen und auf die Erde zu bringen. Dazu brauchen wir die Menschen nicht zu überreden.

Spiritualität heißt auch zu sehen, was in der heutigen Gesellschaft vor sich geht

Ein beliebtes Thema in der spirituellen Szene ist zum Beispiel die Hellsichtigkeit, also die Fähigkeit, dass jemand Verstorbene sehen kann oder Zwerge oder Elfen oder Engel und so weiter. Aber tatsächliches Sehen umfasst auch, dass wir erkennen können, was hier auf der physischen Ebene, in der wir leben, wirklich vor sich geht. Spiritualität bedeutet viel mehr als nur feinstoffliche Welten wahrzunehmen. Es bedeutet Bewusstseinserweiterung in alle Richtungen. Beim Thema Bewusstseinserweiterung kommen wir nicht darum herum, unseren Blick auch auf die physische 3D-Welt zu richten. Denn wir leben ja schließlich in dieser physischen Ebene, und wir können die Welt nur dann verändern, wenn wir genau wissen, wo sie im Moment steht.

Im Gespräch mit Leuten fällt mir oft auf, dass sie manchmal zwar spirituell interessiert sind und sich mit spirituellen Themen beschäftigen. Aber beim Thema, wie es heutzutage um die Gesellschaft bestellt ist, sagen sie häufig: «Nein, das gibt es nicht, das kann nicht sein.» Es scheint eine Art Kriegsbeil zu geben zwischen dem Spirituellen und dem Erkennen dessen, was auf der physischen Ebene vor sich geht. Dieses Kriegsbeil müssen wir begraben, denn es hilft niemandem.

Natürlich ist es wichtig, dass wir uns spirituell gegen oben öffnen, denn das ist unsere Zukunft und auch die einzige Lösung, wenn wir die Welt liebevoller machen möchten. Aber solange ihr noch in dieser physischen Ebene lebt, solange habt ihr – nur schon für euer persönliches Weltbild – auch die Verantwortung, euch zu überlegen: Ist hier wirklich alles so, wie es zu sein scheint und wie die Massenmedien es uns zeigen?

Es heißt ja: «Geld regiert die Welt.» Aber das trifft es nicht wirklich, denn Geld ist nicht eigentlich das Problem in dieser Welt. Man kann mit Geld so viel Wunderbares machen. Das eigentliche Problem sind vielmehr die Menschen, die heutzutage das meiste Geld haben. Das Geld selbst ist neutral, und es tut euch nichts. Geld bewirkt jedoch dann etwas, wenn jemand es anschiebt und es für gewisse Zwecke benutzt. Die Wurzel unser heutigen globalen Probleme ist also nicht das Geld und war auch nie das Geld. Vielmehr sind es die Menschen, die mit Hilfe von Geld Machtmissbräuche treiben. Wir Menschen sind es, die mit dem an sich neutralen Geld entweder etwas Positives oder etwas Negatives machen. Wir haben jeden Tag, ja jede Sekunde die Wahl, was wir mit unserem Geld tun.

Beim bevorstehenden Wandel geht es nicht darum, dass wir möglichst rasch Engel oder Zwerge sehen können. Es geht darum, dass wir uns in unserem Bewusstsein und in unserer seelischen Reife entwickeln. Hellsichtig werdet ihr noch früh genug, das wird irgendwann einfach kommen, und dann werdet ihr damit genug zu tun haben. Ich weiß ja nicht genau, wie ihr für euch selber Spiritualität definiert, aber für mich bedeutet Spiritualität in erster Linie Bewusstseinsöffnung und Bewusstseinserweiterung. Natürlich wird man irgendwann feinstoffliche Dinge wahrnehmen können, die man zuvor nicht wahrgenommen hat, aber das ist nicht der Kern der Spiritualität und war es auch in der Vergangenheit nie. Der Wandel geschieht nicht dadurch, dass wir alle plötzlich Feen oder Einhörner sehen, sondern dadurch, dass wir eine seelische Reife erlangen.

Als ich noch zur Schule ging, erlebte ich dort etliche Kinder, die mehr gesehen oder gespürt haben als andere, die also hellsichtig oder hellfühlend waren. Was mir aber auffiel war, dass viele dieser Kinder nicht unbedingt über die seelische Reife verfügten, die ich eigentlich erwartet hätte. Ich habe Kinder erlebt, die zwar feinstoffliche Dinge wahrnehmen konnten, die aber hinsichtlich ihrer seelischen Reife eher durchschnittlich waren. Andererseits habe ich Kinder erlebt, die von sich nicht gesagt hätten, sie seien hellsichtig, die aber über eine solche spirituelle Reife verfügten, dass ihre Eltern von ihnen hätten lernen können.

Falls ihr also jemanden trefft, der feinstoffliche Dinge wahrnehmen kann, so sagt dies nichts darüber aus, wie weit entwickelt diese Person in ihrem Bewusstsein schon ist. Es geht in der Spiritualität nicht darum, wie viel ein Mensch feinstofflich wahrnimmt. Es geht darum, was Menschen tun, was sie sagen, was sie verstehen. Es geht darum, was du in deinem Herzen spürst, wenn du mit einem Menschen in Kontakt gehst. Die Welt wird von Menschen verändert, die ein anderes Bewusstsein haben und die anders denken – nicht von Menschen, die Elfen sehen können.

Angenommen, jemand vermag Engel zu sehen und ein anderer nicht. Man kann nun aufgrund dieses Aspektes nicht sagen, dass einer von beiden besser sei oder weiter oder spirituell höher als der andere. Spiritualität lässt sich nicht in allgemeingültige Stufen einteilen. Wir alle kommen als Individuen auf diese Welt, und wir alle haben individuelle Entwicklungsprozesse zu absolvieren. Jeder Mensch steht, je nach Lebensbereich, gleichzeitig an unterschiedlichen Punkten seiner Entwicklung, und jeder hat schon gewisse Dinge verstanden, die ein anderer noch nicht verstanden hat. Jeder kann von anderen etwas lernen und zugleich anderen etwas weitergeben. Niemand ist nur Lehrer, und niemand ist nur Schüler. Manchmal spiegeln andere Menschen uns, und manchmal sind wir Spiegel für andere – so lernen wir alle ständig voneinander.

Spiritualität sollte keine neue Religion sein, und man sollte kein Dogma daraus machen. Jeder Mensch kann Spiritualität so leben, wie er es will. Unsere heutige Gesellschaftsstruktur gibt uns vor, welche Maske wir wo zu tragen haben, aber das bringt niemandem irgendetwas. Wenn wir alle uns einfach anpassen und uns irgendwelche Masken aufsetzen, nur damit wir so sind, wie wir aus der Sicht von Wemauchimmer sein sollten – wozu soll das gut sein? Wir sind auf diese Welt gekommen, um Spuren zu hinterlassen, und nicht, um uns anzupassen und so zu werden, wie jemand anders uns haben möchte. Falls jemand der Meinung ist, dass du einen Knall hast, weil du so bist, wie du bist, so ist das nicht dein Problem.

Die Wichtigkeit der Eigenverantwortung

Wenn man ein spirituelles Seminar besucht – egal von welcher Person oder an welchem Ort oder zu welcher Zeit –, dann sollte man nicht erwarten, dass man dadurch automatisch einen Entwicklungssprung macht, dass dadurch am Abend plötzlich alle Fragen beantwortet und alle Probleme gelöst sind und man erleuchtet ist. Es ist eher unrealistisch, dass du dich einfach nur in ein Seminar auf einen Stuhl setzen kannst und dann nach einigen Stunden erleuchtet bist. Ich sage nicht, dass es unmöglich ist, denn natürlich besteht dafür eine kleine Wahrscheinlichkeit. Doch selbst wenn dir dies irgendwann irgendwo tatsächlich passieren sollte, dann hat es ausschließlich mit dir selbst zu tun. Es hat nicht damit zu tun, welchem Referenten du gerade zuhörst oder wo du gerade bist. Natürlich sind bestimmte Orte eine Unterstützung für uns, und auch bestimmte Menschen können uns in unseren Prozessen unterstützen, indem sie uns Erkenntnisse vermitteln oder indem sie uns helfen, Entschlüsse, die wir gefasst haben, zu festigen oder den Weg besser zu verstehen, den wir gerade gehen. Aber gehen müssen wir unseren Weg immer selbst.

Statt also ein Seminar zu besuchen in der Hoffnung, dass man danach automatisch erleuchtet ist, halte ich es für sinnvoller, dass man mit der Bereitschaft kommt, seinen Horizont zu erweitern und sich ein Stück weiterzuentwickeln. Vielleicht gelingt es dir, einige Inspirationen und Denkanstöße mitzunehmen und etwas aus dem Unterbewusstsein ins Tagesbewusstsein zu holen. Denn genau genommen wirst du hier nichts hören, das du noch nicht weißt. Als Seele trägst du bereits alles Wissen in dir, und falls du ein sogenanntes Aha-Erlebnis hast und eine vermeintlich neue Erkenntnis gewinnst, ist es nichts anderes als ein Wiedererinnern. Du gräbst etwas aus, das in deinem Unterbewusstsein vergraben war. Dies hat höchstens indirekt mit dem jeweiligen Referenten zu tun. Referenten und Seminare und Bücher können Impulse geben, doch ob aus dem Impuls in einem Menschen tatsächlich etwas entsteht, liegt an diesem Menschen selbst.

Wenn man es genau anschaut, hat der Referent an deinem Aha-Moment den kleinsten Anteil, denn er macht auf der physischen Ebene nichts weiter als irgendetwas zu erzählen. Alles andere machst anschließend du selbst: Du nimmst die Information mit dem Ohr auf; du nimmst sie dann entweder mit dem Kopf oder mit dem Herzen oder auch mit beidem an; du integrierst sie in dein Bewusstsein; du verbindest sie vielleicht mit anderen Informationen, die dir bereits bekannt sind; und du bringst schließlich alles in dein Tagesbewusstsein. Dann erst hast du das Aha-Erlebnis. Siehst du, wie viele Schritte du selbst machst? Das ist auch eine Arbeit und eine Leistung.

Referenten oder Buchautoren geben Impulse und Informationen. Aber ob diese Impulse und Informationen anschließend ins eigene Leben integriert werden und welche Prozesse dadurch möglicherweise ausgelöst werden, ist individuell und von Mensch zu Mensch verschieden. Andere Menschen können dir vielleicht den Weg zeigen. Aber diesen Weg annehmen und ihn gehen, dass kannst nur du selbst. Es ist ja dein Leben, und du bist derjenige, der für dein Leben die volle Verantwortung trägt. Man sollte nicht erwarten, dass man die Verantwortung für sein eigenes Leben einfach auf jemand anderen übertragen kann. Kein Seminar, kein Buch, kein Lehrer kann dir deine spirituelle Entwicklung abnehmen. Du kannst zwar versuchen, diese Verantwortung jemand anderem vor die Türe zu stellen, aber das wird dir nichts bringen. Und nebenbei bemerkt: Wer die Verantwortung für sein Leben zu mir schickt, dem schicke ich diese Verantwortung schön verpackt als rotes oder blaues Päckchen umgehend wieder zurück.

Unsere Erde braucht Herz

Es heißt ja: Wir brauchen die Natur, aber die Natur braucht uns nicht. Das stimmt. Dennoch beuten wir schon seit vielen Jahrhunderten die Erde aus, vergiften sie und zerstören sie. Theoretisch hätte die Erde die Menschheit bereits vor Jahrhunderten auslöschen können. Das wäre für sie überhaupt kein Problem, und wir könnten nichts dagegen tun. Aber sie hat es nicht gemacht. Das bedeutet erstens, dass die Erde eine unglaublich große Liebe für uns alle hat – eine bedingungslose, verzeihende Liebe. Es bedeutet zweitens auch, dass sie die Hoffnung und die Zuversicht hat, dass wir lernfähig sind und uns ändern werden. Auch wenn es heutzutage Menschen gibt, die angesichts der Weltlage die Hoffnung aufgegeben haben – die Erde selber hat die Menschheit nicht aufgegeben. Und drittens bedeutet es, dass die Erde eine unglaublich große Geduld mit uns hat. Wenn sie die Menschheit nicht so sehr lieben würde, dann wäre ihr der Geduldsfaden schon längst gerissen.

Indem ihr euer Herz lebt, helft ihr nicht nur euch selbst, sondern auch der Erde. Sie braucht unsere Liebe. Die Erde ist imstande, sehr viel zu leisten, und wir sehen ja, was sie tagtäglich aushält. Aber früher oder später kann jedes System überlastet werden, wenn mehr Energie verbraucht wird als reinkommt. Wenn wir die Erde weiterhin so zerstören wie jetzt, dann kann sogar ihr System instabil werden. Es gibt einen Moment, bis zu dem unser Handeln sozusagen den Zug noch aufhalten kann. Aber wenn wir erst nach diesem Zeitpunkt zu handeln beginnen und versuchen, die richtigen Schritte einzuleiten, dann geht es nicht mehr, weil dann zu vieles nicht mehr da sein wird. Wir sollten nicht denken, dass wir noch Jahrzehnte zur Verfügung haben, um die Erde zu heilen. Wir haben gar keine Ahnung, wie vieles schon nicht mehr da ist; das können wir uns gar nicht vorstellen. Deshalb ist es so wichtig, dass wir der Erde jetzt Sorge tragen. Wir unterschätzen die ganze Situation, und es ist uns überhaupt nicht klar, wie viel bereits zerstört ist. So viel ist bereits kaputt, dass zum Beispiel nur schon ein kleines Waldstück irgendwo, in dem die Bäume gefällt werden, das Fass zum Überlaufen bringen könnte.

Die Menschen haben die Zusammenhänge in der Natur auf der multidimensionalen Ebene noch gar nicht begriffen. So haben wir auch keine Ahnung davon, wodurch sich die Natur selbst erhält und was heute notwendig wäre, damit sie sich wieder erholen und regenerieren kann. Wenn wir Menschen dies alles als selbstverständlich ansehen und unseren Beitrag nicht leisten, dann werden wir irgendwann einen Punkt erreichen, an dem die Erde einfach nicht mehr kann. Nicht, weil sie nicht mehr will, sondern weil es einfach nicht mehr geht.

Die Erde ist ein Lebewesen. Sie hat ein Bewusstsein, und sie weiß ganz genau, was wir hier tun. Sie hat Gefühle, sie hat Gedanken, und sie hat eine Seele. Sie ist schon Milliarden von Jahren alt, und sie liebt uns Menschen unglaublich und hat eine Riesengeduld mit uns. Wie jedes Lebewesen, so hat auch die Erde ein Energiefeld, ja ein ganzes Energiesystem. Und wie bei jedem Lebewesen, so ist es auch bei der Erde so, dass alles den Bach runtergeht, sobald das eigene Energiesystem zu stark beschädigt ist – und zwar unabhängig davon, ob das Lebewesen dies nun will oder nicht. Einfach, weil es nicht mehr geht.

Ich bin überzeugt davon, dass über der Erde und über der Menschheit ein Schutz liegt, der uns zumindest zum Teil davor bewahrt, komplett aufgelöst zu werden. Aber irgendwann wird auch dieser Schutz nicht mehr funktionieren – es sei denn, wir ändern jetzt etwas. Ich mache normalerweise keine zeitlichen Angaben, weil sich die Umstände sowieso fortwährend ändern. Aber ich glaube nicht, dass wir dafür noch Jahrzehnte zur Verfügung haben. Es ist unsere Entscheidung, wie viel noch kaputt gehen muss, bevor sich endlich etwas ändert.

3. März 2019, Tonhalle St. Gallen: Christina sah sich zum Anfang ihres Tagesseminars mit schwierigsten Herausforderungen auf der energetischen Ebene konfrontiert und konnte erst mit zweistündiger Verspätung beginnen. Die Teilnehmer brauchten an diesem Tag sehr viel Geduld, und die überwiegende Mehrheit hatte sie auch. Während des Wartens bildeten zahlreiche Seminarbesucher im Garten der Tonhalle spontan einen großen Lichtkreis, um Christina mit ihrer gemeinsamen Energie zu unterstützen.

Der Text dieses Kapitels «Mutter Erde kommt an ihre Grenzen» stammt von diesem außergewöhnlichen und denkwürdigen Seminar.

24

Alles ist Teil des göttlichen Plans

Frage: Wenn doch alles Teil eines göttlichen Plans ist, warum gibt es dann Dinge wie Gewalt, Zerstörung und Krieg?

Antwort: Um das zu verstehen, was die Menschen als negativ ansehen, braucht es den Blick auf das große Ganze. Nämlich: Vor sehr langer Zeit haben wir uns als Seelen freiwillig dafür entschieden, in diese 3D-Welt zu fallen und damit in die Dualität von Licht und Unlicht und in dieses Spiel des Vergessens hineinzugehen. Damals wurde beschlossen, dass die Erde zusammen mit der Menschheit diese Erfahrung machen möchte, und jede Seele, die jetzt hier ist, hat sich freiwillig gemeldet, um in unterschiedlichen Rollen an diesem Experiment teilzunehmen.

In der Dualität von Licht und Unlicht, wie wir sie gerade in unserer 3D-Welt erleben, lassen sich gewisse Dinge viel besser erkennen und viel schneller lernen. Hier geschehen Dinge wie Gewalt und Kriege, die zwar auf den ersten Blick negativ sind, die sich aber später in der Rückschau als positiv erweisen. Denn hätten wir zum Beispiel nie erfahren, wie es ist, zwei Weltkriege zu erleben, dann wüssten wir heute nicht, dass wir keine Kriege und keine Gewalt mehr wollen. Durch diese Erfahrungen haben wir in unserem Bewusstsein die Erkenntnis und das Bedürfnis entwickelt: Eigentlich wäre uns Frieden lieber. Nachdem wir in diesem Experiment des Vergessens ja vergessen haben, dass umfassender, vollständiger Frieden existiert und möglich ist, brauchten wir einen bestimmten Lernweg, der uns dahin führt, dass wir den Frieden wieder aktiv wollen. Dadurch, dass wir Gewalt, Zerstörung und Krieg erlebten, begannen wir uns zu fragen, ob es denn nicht auch anders ginge. Auf diesen Gedanken, auf diesen

Wunsch nach Frieden, wären wir innerhalb des Vergessens sonst nicht gekommen.

Manchmal durchleben wir hier also gewisse Dinge, nur damit wir erkennen, dass es eigentlich anders laufen sollte. So können uns negative Erfahrungen dabei helfen zu verstehen und zu lernen, was wir in unserem Herzen wirklich wollen. Dies gilt nicht nur global gesehen für Gewalt und Krieg, sondern auch individuell für die persönlichen Fehlentscheidungen und Fehltritte in unserem eigenen Leben.

Frage: Sind also auch die Wesen des Unlichts, die Gewalt ausüben und Kriege führen, göttliche Wesen?

Antwort: Ja, natürlich. Alles, was existiert – ob auf diesem Planeten oder auf anderen Planeten und in anderen Ebenen –, entstammt der göttlichen Quelle. Alle Seelen, die einst vor langer Zeit die Urquelle verlassen haben, wollten eigene Erfahrungen machen. Ein Teil dieser Seelen hat sich dann aus einem Grund, den ich nicht nachvollziehen kann, für die Erfahrung des Unlichts entschieden. Sie meinten: «Wir interessieren uns nicht dafür, was die Quelle will, sondern wir machen jetzt unser eigenes Ding. Liebe interessiert uns nicht.» So wählten diese Seelen einen anderen Weg, und die Quelle sagte: «Ihr seid hinaus gegangen, um eure eigenen Erfahrungen zu machen. Also dürft ihr auch diese Erfahrung nun machen.» So werden im Universum verschiedene Spielplätze erschaffen, damit die Seelen ihre jeweiligen Erfahrungen sammeln können. Wir leben hier im Moment auf einem Spielplatz namens «Dualität».

Frage: Also ist letztlich tatsächlich alles, was geschieht, Teil eines übergeordneten göttlichen Plans?

Antwort: Ja, letztlich ist es schon so, dass alles, was passiert, auch passieren darf. Sonst würde es nicht passieren. Aber es geschehen aufgrund des freien Willens der Seelen auch kleinere oder größere Ereignisse im Universum, mit denen man sozusagen nicht gerechnet hat. Der Punkt mit dem freien Willen ist hierbei der alles entscheidende Faktor. Denn der übergeordnete göttliche Plan beinhaltet in allererster Linie, dass jede Seele ihren freien Willen ausleben darf. Wenn also gewisse Wesen ihre eigenen Wege gegen, staunen manchmal sogar die höheren göttlichen Wesen: «Ach, das hätten wir jetzt so nicht gedacht. Das war so gar nicht vorgesehen.»

Das heißt: Es kann sein, dass auch die Ereignisse in unserem eigenen Leben ganz anders verlaufen als wir sie uns vorgestellt haben und sogar auch anderes als unsere geistige Führung sie sich vorgestellt hat. Die geistige Führung sagt dann: «Ach, davon wussten wir überhaupt nichts.» Dies sind sowohl für uns als auch für unser geistiges Team uneingeplante Überraschungen im Leben. Natürlich ist die Quelle selbst nicht überrascht, sondern hat auch zu diesen Planänderungen ihre Einwilligung gegeben. Denn falls etwas gemäß göttlichem Plan wirklich nicht passieren soll, dann passiert es auch nicht. Unser geistiges Team oder auch andere höhere Lichtwesen haben jedoch nicht denselben Informationsstand wie die Quelle, und daher entgeht ihnen manchmal etwas und ist dann auch für sie eine Überraschung.

25

Spirituelle Vernetzung

Wir müssen niemanden überzeugen

Es gibt viele Dinge auf vielen unterschiedlichen Ebenen, die heute geschehen sollten, damit die Welt sich zum Positiven verändern kann. Aber eine langfristige, nachhaltige Veränderung kann es nur dann geben, wenn die Menschen diese Änderung tatsächlich wollen und wenn sie von sich aus auf die Ideen kommen, was zu ändern ist. Dazu braucht es Ideen, Umsetzungskraft, Mut und ein wenig Verrücktheit. Veränderung funktioniert nicht dadurch, dass man der Bevölkerung per Gesetz vorschreibt, dass sie sich ab jetzt in einer bestimmten Weise anders verhalten müssen. Sie funktioniert nur dann, wenn jeder Mensch von sich aus freiwillig der Veränderung zustimmt. Wenn wir eine Änderung im Bewusstsein der Menschen wollen, dann geschieht dies dadurch, dass jeder selbst merkt: «Ja, stimmt, es ginge auch anders.»

Klar ist es gut, mit anderen Menschen über spirituelle Dinge zu sprechen und ihnen zum Beispiel zu erklären, dass es spirituelle Seelen gibt und dass sie selbst eine solche Seele sind. Falls ihr jedoch merkt, dass dieses Thema bei einem Menschen nicht ankommt, hat es keinen Sinn, mit ihm darüber zu diskutieren. Es wäre bloß Zeitverschwendung und außerdem ein Eingriff in den freien Willen des anderen. Wir können niemanden von unserer eigenen Wahrheit überzeugen, und wir sollten es auch gar nicht versuchen. Leben und leben lassen: Jeder Mensch darf das glauben, was er will. Darum glaubt einfach in eurem Weltbild das, was für euch selber stimmig ist. Ihr seid es ja, die dann mit diesem Glauben rumlaufen werdet.

Manchmal geht es einfach nur darum, dass man sich auf die Suche nach etwas Neuem macht, um den eigenen Horizont zu erweitern. Vielleicht hast du gerade ein konkretes Problem in deinem Leben, und du kannst es nicht lösen, egal von welcher bisherigen Sichtweise aus du es betrachtest. In einem solchen Fall wäre es eine Idee, einfach mal die Perspektive zu ändern. Es gibt viele Beispiele dafür, dass Menschen zum Beispiel erst durch eine Krankheit oder durch einen Unfall auf alternative Denkweisen stoßen.

Selbst wenn jemand im Moment noch nicht bereit ist, von euch etwas über spirituelle Themen zu erfahren, ist die Zeit, die ihr mit dem Versuch verbracht habt, dennoch nicht umsonst. Irgendwann wird diese Person, die heute noch verschlossen ist, in ihrem Leben an einen Punkt kommen, an dem sie sich bewusst auf das Spirituelle einlässt. An diesem Punkt wird sie sich – entweder im Unterbewusstsein oder im Tagesbewusstsein – vielleicht sogar an euch erinnern und daran, was ihr Jahre zuvor gesagt habt: «Das habe ich doch schon mal gehört ... Da war doch mal was ...»

Auf diese Weise könnt ihr bei einem Menschen eine Art unsichtbaren Startknopf legen und ihm für später eine wertvolle Hilfe sein – auch wenn diesem Menschen erst im Nachhinein klar werden wird, welchen Sinn das damalige Gespräch hatte. Im Universum wird auf wunderbare Weise nichts verschwendet. Sogar wenn Monate oder Jahre vergehen – irgendwann werden wir bei allem erkennen, welchen Sinn es hatte und warum es genau so geschehen musste, wie es geschehen ist.

Wir sind nicht hier, um unsere Ansichten und Meinungen irgendjemandem aufzudrücken. Wir sind hier, um den Menschen die Dinge mitzuteilen, die wir für richtig ansehen. Es besteht ein Unterschied, ob man etwas sagt und dann offenlässt, was damit geschieht, oder ob man etwas ausspricht, um jemanden davon zu überzeugen, dass das, was man sagt, richtig ist. Wahrheit ist auf dieser Ebene etwas Relatives. Natürlich gibt es eine objektive, universelle Wahrheit, und es gibt Tatsachen, die sind, wie sie sind – unabhängig davon, ob wir daran glauben oder nicht. Aber solange wir noch nicht komplett wieder wach sind, werden wir immer individuelle Perspektiven, individuelle Weltsichten und Weltbilder haben. Wir haben alle unterschiedliche Weltbild-Brillen auf – der erste hat eine Brille mit einer gelben Tönung, der zweite eine mit einer roten, der dritte eine mit einer grünen und so weiter –, und wir sehen die Welt und unser eigenes Leben immer nur aus unserer subjektiven Perspektive und durch unsere persönliche Brille. Wie wir die Welt sehen und was wir glauben, wird bestimmt durch die Tönung dieser Brille, denn die Welt an sich ist nicht so, wie sie scheint. Es gibt immer einen Unterschied zwischen dem, was man sieht, und dem, was ist.

Angenommen, zwei Menschen sitzen nebeneinander auf einer Parkbank und betrachten die Welt, und der eine von ihnen hat grüne Brillengläser und der andere gelbe. Nun schauen die beiden zwar in die gleiche Richtung und betrachten die gleichen Dinge, aber sie werden unterschiedliche Aussagen darüber machen, wie die Welt aussieht und wie die Welt ist. Für diese unterschiedliche Wahrnehmung sind zwei Faktoren verantwortlich: zum einen das jeweilige Tagesbewusstsein des betreffenden Menschen und zum andern die jeweiligen Muster in seinem Unterbewusstsein.

Gerade wenn es um Weltansichten geht, bekämpfen die Menschen sich gerne gegenseitig, weil sie meinen, sie müssten die anderen von der Richtigkeit ihrer eigenen Ansichten überzeugen. Aber dafür sind wir nicht hier. Diejenigen Menschen, die in ihrem Inneren spüren: «Ja, stimmt, so wäre es eigentlich richtig», kommen sowieso früher oder später zu dieser Erkenntnis. Wir müssen niemanden überzeugen. Gerade auch in spirituellen Dingen gibt es immer unterschiedliche Ansichten.

Wir alle sind hier, um zu lernen

Da wir alle zur Menschheit gehören und somit ein Teil des kollektiven Bewusstseinsfeldes der Menschheit sind, trägt jeder von uns eine Mitverantwortung dafür, was in der Welt geschieht oder was nicht geschieht. Denn alles, was in der Welt geschieht oder nicht geschieht, hängt immer mit dem Bewusstsein der Menschen zusammen. Die Veränderung der Welt wird nicht durch eine einzelne Person oder durch eine Gruppe von Personen bewirkt, sondern durch die gesamte Zivilisation, durch die Gesamtheit aller Menschen.

Darum möchte ich euch empfehlen, niemandem blind hinterher zu laufen – auch mir nicht. In der Schule haben wir gelernt zu konsumieren; wir haben Informationen bekommen, die wir nicht in Frage stellen durften. Aber mittlerweile leben wir in einer Zeit, in der die Menschheit sich nur dann wirklich verändern kann, wenn wir beginnen, wieder selbständig zu denken und auch uns selbst zu hinterfragen.

Wir sind ja pausenlos und nonstop dabei, zu denken. Aber es wäre empfehlenswert, dass wir uns gelegentlich auch mal anhören, was wir da so denken. So können wir herausfinden, ob das, was wir gerade denken, überhaupt noch aktuell ist. Unser heutiges Denken entstand aus unseren früheren Erfahrungen und aus den Informationen, die wir in der Vergangenheit bekommen haben. Doch die Welt hat sich weiterentwickelt, und vielleicht tragen wir noch Vorurteile gegenüber gewissen Dingen oder irgendwelche Meinungen in uns, die gar nicht mehr aktuell sind. Diese können wir jedoch nur dann entdecken, wenn wir uns selber beim Denken zuhören.

Wir alle sind hierher auf diese Erde gekommen, um etwas zu lernen, und so befinden wir uns hier in einem ständigen Lernprozess. Wir alle haben unsere Stärken und unsere Schwächen. Wir alle tragen Dinge in uns, die wir schon verstanden haben und die wir anderen mitteilen und mitgeben können, und für uns alle gibt es auch Dinge, die wir selbst noch am Lernen sind. Das ist bei jedem Menschen so, sonst wäre er gar nicht hier gelandet. Aus diesem Grund ist es so wichtig, dass ihr euch erlaubt, Fehler zu machen. Gewisse Dinge können wir wahrscheinlich erst dann erkennen und lernen, nachdem wir einen bestimmten Fehler gemacht haben. Deshalb sind Fehler wichtig. Dank ihnen entwickeln wir uns weiter.

Zum Beispiel gibt es heute Menschen, die genau wissen, dass es sinnlos ist, anderen Lebewesen mit Gewalt zu begegnen. Dies mussten sie aber zuerst irgendwann begreifen. Wahrscheinlich waren sie in früheren Inkarnationen – aus welchen Gründen auch immer – noch der Meinung, dass es sinnvoll sei, auf Gewalt mit Gegengewalt zu antworten. Doch irgendwann haben sie durch bestimmte Erlebnisse gelernt, dass dies überhaupt nicht sinnvoll ist. Diese Erkenntnis haben sie in ihre heutige Inkarnation mitgenommen und sind jetzt mit dieser Überzeugung geboren worden. Andere Menschen hingegen haben genau diesen Lernprozess noch vor sich, den diese bereits hinter sich haben. Das heißt auch, dass wir eine Verantwortung tragen. Wenn wir Menschen sehen, die Gewalt und Krieg als etwas Sinnvolles und Notwendiges ansehen, während wir schon wissen, dass Gewalt und Krieg sinnlos sind, so haben wir die Verantwortung, gemäß unserem Wissen anders zu reagieren. Wir haben außerdem die Verantwortung, unsere Erkenntnis und unser Handeln als Impuls ins globale Menschheitsfeld zu geben.

Stellen wir uns vor, dass die Erde wie ein Schulhaus mit verschiedenen Klassenstufen ist. Stellen wir uns vor, dass es auf dem Schulhof einen Sandkasten gibt, in dem die kleinen Kinder mit ihren Schaufeln spielen. Jetzt wirft eines dieser Kinder einem anderen Sand ins Gesicht, woraufhin dieses andere Kind sagt: «Wenn der das macht, dann darf ich es auch.» So entsteht ein Streit und ein gegenseitiges Bewerfen mit Sand. Ein außenstehender Beobachter, der schon einer höheren Klassenstufe angehört, erkennt sofort, dass dieses Verhalten überhaupt nichts bringt, und er wird sich über die streitenden Kinder wundern. Aber er kann nicht einfach hingehen und es ihnen erklären, da sie es von ihrem Bewusstsein her möglicherweise noch gar nicht begreifen können. Die Menschen, die heute bereits verstanden haben, dass Gewalt und Krieg sinnlos sind, gleichen denen, die verwundert am Rand des Sandkastens stehen. Und die Kinder, die im Sandkasten spielen und streiten, das sind unsere Politiker.

Die meisten unserer Politiker haben diesen Punkt noch nicht verstanden. Aber man kann nicht einfach hingehen und es ihnen erklären, da sie dann wahrscheinlich Hunderte von Gründen dafür finden werden, warum man dieses Spiel weiterführen sollte. Trotzdem tragen wir, die wir über die Erkenntnis verfügen, dass es auch anders geht, eine Verantwortung. Wir können uns an den Rand des Sandkastens hinstellen und Schilder hochhalten, auf denen zum Beispiel «LIEBE» steht.

Liebe schließt auch Dinge mit ein wie Akzeptanz, Mitgefühl und Verzeihen. Was in der Vergangenheit geschehen ist, ist geschehen, und wir können es nicht rückgängig machen. Aber die Vergangenheit hat uns gezeigt, was wir heute nicht mehr möchten. Also lasst uns aus der Vergangenheit lernen und es in Zukunft besser machen. Lasst uns einander gegenseitig verzeihen und nicht ständig sagen: «Wenn die das machen, dann dürfen wir es auch.» Dieses Verzeihen ist es etwas sehr Wichtiges.

Dadurch, dass wir dies alles wissen und es auch leben, senden wir diesen Impuls der Erkenntnis und des Handelns ins Menschheitsfeld. Durch unsere Entscheidung, uns hier auf der Erde als Mensch zu inkarnieren, sind wir alle Teil des globalen Menschheitsfeldes geworden und sind automatisch mit diesem Feld verbunden. So geht alles, was wir denken, fühlen, sprechen und tun, als Impuls in das Feld der Menschheit und ist damit für jeden anderen Menschen erreichbar. Unsere persönliche Entwicklung hilft somit nicht nur uns selbst, sondern wir geben sie auch ins Feld, so dass jemand, der am gleichen Thema dran ist, sich ebenfalls mit diesem Entwicklungsschritt verbinden kann – sei es bewusst oder unbewusst. So geht bei ihm dieser Schritt dann schneller, weil jemand anders schon eine Vorarbeit geleistet hat. Auf diese Weise helfen wir immer der gesamten Menschheit, sobald wir etwas für unsere innere Entwicklung tun. Wenn mehrere Menschen die gleichen Impulse ins Feld setzen, treffen sich diese Impulse dort und bilden zusammen eine Art Kugel, die immer größer und größer wird. Und je größer diese Kugel ist, desto einfacher wird es für andere, die noch nicht mit der Kugel verbunden sind, darauf zuzugreifen.

Manchmal denken die Leute, spirituelle Entwicklung sei etwas Besonderes und dass manche Menschen auf dem spirituellen Weg seien und andere nicht. Aber das trifft nicht wirklich zu. Denn auch jene Menschen, die entweder sich selber nicht als spirituell bezeichnen oder die von anderen nicht als spirituell anerkannt werden, sind ja dennoch ständig daran, in ihrem Leben irgendwelche Erkenntnisse zu gewinnen und Dinge zu lernen. Auch das ist im Grunde genommen nichts anderes als spirituelle Entwicklung. All die Dinge, die wir gelernt und verstanden haben, bevor wir sogenannt «spirituell» wurden, gehörten ebenfalls zu unserem Entwicklungsweg dazu.

Unser gesamtes Dasein ist spirituell, weil wir selbst spirituelle Wesen sind und weil alles, was wir lernen und erkennen, dazu beiträgt, dass wir wieder zu dem werden, was wir in unserem Inneren schon immer sind. Dabei spielt es keine Rolle, ob wir einen bestimmten Entwicklungsschritt nun als «spirituell» ansehen oder nicht. Spiritualität heißt nach meinem Verständnis nichts anderes, als dass wir unser Bewusstsein wieder zu dem hin öffnen, was wir in Wahrheit sind. Unser Prozess der spirituellen Entwicklung beginnt in dem Moment, in dem wir uns zum ersten Mal in diesem Erdenspiel inkarnieren und unsere erste Erkenntnis gewinnen. Unser Prozess des Wachwerdens gleicht einer Art «Ausgrabung» von etwas, das wir irgendwann vergraben und dann vorübergehend vergessen haben. Entwicklung bedeutet also nicht, dass wir uns irgendwo hinbewegen oder irgendwo anders hingelangen müssen. Denn wir tragen alle Erkenntnis und alles Wissen schon immer in unserem Inneren. Die Erkenntnis und das Wissen waren niemals woanders oder gar nicht vorhanden, wir hatten immer alles in uns und werden immer alles in uns haben.

Genauso ist es auch mit unserer Verbindung zum Göttlichen. Manche Leute glauben, dass die Menschheit eine gewisse Zeit lang keine Verbindung mehr zum Göttlichen hatte, dass diese Verbindung sozusagen abgeschnitten worden sei. Aber das war gar nicht so. Wir sind immer verbunden gewesen. Man hat uns nur über eine lange Zeit so sehr eingeredet, dass wir nicht mit dem Göttlichen verbunden seien, dass wir es schließlich geglaubt haben. Dadurch, dass wir ins dieses Spiel des Vergessens eingetreten sind, konnten wir unsere Verbindung zum Göttlichen weniger wahrnehmen. Wir haben uns damit einverstanden erklärt, alles zu vergessen: woher wir kommen, wer wir sind, was wir hier zu tun haben und so weiter. Aber es ist ja bloß ein Vergessen und kein Verlieren, wir alle haben uns bloß in eine Narkose versetzen lassen.

Jetzt hat die Zeit begonnen, in der wir aus unserer Narkose wieder aufwachen und uns wieder erinnern. Unser Erinnern kommt dabei nicht auf einmal, sondern Stück für Stück.

Verbindet und vernetzt euch untereinander!

Es gibt viele Menschen, die entweder sagen: «Ach, da bewegt sich überhaupt nichts mit der Menschheit», oder sogar: «Ach, die Welt wird immer schlimmer». Zugegeben, es gibt Bereiche, in denen es im Moment nicht wirklich besser wird, aber schaut man sich das große Ganze an, sieht die Lage schon ganz anders aus. Seht doch nur, wie sich das Bewusstsein der Menschen in den vergangenen Jahrzehnten verändert hat! Da hat sich schon so vieles getan.

Noch vor achtzig Jahren wäre es undenkbar gewesen, dass über tausend Menschen für einen ganzen Tag in einem Saal zusammenkommen, um sich über spirituelle Themen auszutauschen. Heutzutage aber geschieht es. Und diese tausend Menschen, die heute hier sind, sind nur ein winzig kleiner Ausschnitt. Da draußen gibt es noch so viele mehr!

Viele von euch denken vielleicht, ihr seid mit eurem Wunsch nach Spiritualität alleine. Ihr denkt: «Meine Verwandtschaft hat daran kein Interesse, meine Nachbarn und meine Arbeitskollegen auch nicht, und ich kenne auch sonst niemanden, mit dem ich mich austauschen kann.» Aber schaut euch doch mal in diesem Saal um! Nutzt solche Tage, um euch miteinander zu vernetzen. Ich mache diese Seminare nicht nur, um über dieses oder jenes Thema etwas zu erzählen, sondern auch, um eine Möglichkeit zu schaffen, dass sich Menschen miteinander austauschen und verbinden können. Falls ihr also das Gefühl habt, ihr seid alleine und ihr kennt niemanden, der in die gleiche Richtung denkt wie ihr, dann nutzt die heutige Gelegenheit, dass hier über tausend gleichgesinnte Menschen im Raum sind. Denn die Wahrscheinlichkeit, dass die Personen rechts und links neben euch und die Personen vor und hinter euch ähnlich denken wie ihr, ist hier sehr groß.

Ich finde es wichtig, dass ihr bemerkt, wie viele ihr schon seid. Denn die Welt verändert sich durch die Masse der Menschen und nicht durch eine einzelne Person. Sofern ihr euch von den Impulsen, die ihr hier angeboten bekommt, angesprochen fühlt, nehmt sie mit und tragt sie voller Freude in die Welt hinaus.

Kleine Schritte sind besser als keine Schritte

Wir haben uns daran gewöhnt, dass wir uns Masken anziehen und dass wir uns nach den Vorstellungen und den Erwartungen der anderen Menschen oder der Gesellschaft verhalten. Sehr wahrscheinlich ziehen wir uns diese Masken an, weil es für uns eine Überlebensstrategie ist, um überhaupt in der Welt zurechtzukommen. Aber irgendwann erreichen wir alle den Punkt, an dem es für uns darum geht, die Masken abzulegen und einfach uns selbst zu sein. Doch wann dieser Punkt für einen Menschen gekommen ist und wie und wo er damit anfängt, ist für jeden unterschiedlich. Das wir jeder für sich selber entscheiden, denn es gibt dafür keine Formel und auch keinen Zeitdruck. Das Universum steht nicht mit einer Stoppuhr vor uns und stellt uns ein Ultimatum. Ihr habt alle Zeit der Welt zum Aufwachen. Macht eure Schritte und eure Prozesse auf eure eigene Art und Weise und in der Geschwindigkeit, die zu euch passt. Denn: Kleine Schritte sind besser als keine Schritte.

Der Weg der konstruktiven Veränderung besteht nicht darin, Fenster einzuschlagen, Autos niederzubrennen oder irgendeine andere Form von Gewalt anzuwenden. Wenn wir auf unser Herz hören, dann werden wir spüren, dass unser Herz so etwas gar nicht will. Unser Herz ist frei und denkt in seinem eigenen Herzschlag, und wir sollten beginnen, unser Leben so zu führen, wie unser Herz es will. Unser Herz ist die Verbindung zu unserer Seele, und in unserem Herzen spüren wir, was unsere Seele will. Wir alle haben individuelle Lebenswege. Wir können zwar die Impulse und Ideen und Vorschläge von außen aufnehmen, aber wir sollten immer überprüfen, ob sie tatsächlich für uns stimmig sind, ob wir sie vielleicht noch ein wenig abändern müssen, damit sie auf uns zutreffen, oder ob sie für uns ganz und gar nicht die richtigen sind.

Durch die Erziehung und häufig auch durch die Schule wurde unsere natürliche Verbindung zu unserer Seele verschüttet, so dass wir jetzt mit diesen Masken rumlaufen, einfach damit wir zumindest irgendeine Art von Persönlichkeit haben. Ohne den inneren Zugang zu unserer Seele orientieren wir uns automatisch nach außen, nur damit wir wenigstens irgendeinen Richtungsweiser haben. Zu erwachen bedeutet nichts anderes als dass wir die Verbindung zu unserer Seele wieder freiräumen und aktivieren. Wie gesagt, ist dies ein Prozess, der in den meisten Fällen nicht von heute auf morgen geschieht.

Wir tragen in unserer aktuellen Inkarnation viele Dinge in uns, die dieses Erwachen blockieren. Nebst unseren eigenen Blockaden aus unseren früheren Inkarnationen tragen wir in unseren Zellen auch die Informationen und Spuren unserer Vorfahren in uns, also sämtlicher Generationen, die vor uns hier waren. Viele dieser Informationen sind heute nicht mehr aktuell und sollten aufgelöst werden. Wenn wir uns jedoch das ganze Ausmaß dieses Spiels vor Augen führen; wenn wir bedenken, dass wir Jahrtausende lang in einem Spiel des Vergessens waren und aktuell noch immer sind, in welchem man uns nicht nur ein neues Weltbild, sondern auch eine völlig neue Identifikation, eine neue Persönlichkeit gegeben hat; wenn wir berücksichtigen, dass wir dieses Weltbild geglaubt und diese Identifikation angenommen und über Jahrtausende durch gesellschaftliche Erziehungsmuster in unserem Bewusstsein gefestigt haben – wenn wir all dies in Betracht ziehen, dann ist es doch ein Wunder, dass wir innerhalb von nur achtzig Jahren schon so wach geworden sind!

Natürlich haben wir als Menschheit noch ein ganzes Wegstück vor uns, und natürlich hat jeder einzelne Mensch seine Herausforderungen und seine persönlichen «Baustellen» – aber schaut doch auch auf die Dinge, die ihr schon geleistet habt! Schaut, wie weit die Menschheit mittlerweile schon wach geworden ist!

Wir können selbstverständlich nicht wissen, was wir noch nicht wissen, weil wir nur das wissen können, was wir wissen. Und wenn wir irgendetwas nicht wissen, dann wissen auch nicht, dass wir es nicht wissen. Denn das Wissen darüber, was wir nicht wissen, ist in unserem Unterbewusstsein vergraben, und da kommen wir nicht so leicht hin. Doch im Prozess des Erwachens, in dem wir uns jetzt befinden, wird sich dieser Zugang wieder öffnen – glücklicherweise nur Stück für Stück. Wir haben uns so sehr an diesen unbewussten Zustand gewöhnt, dass wir nicht mehr lebensfähig wären, wenn unsere ganze illusionshafte

Identifikation auf einen Schlag nicht mehr da wäre und wenn all die vielen Wahrnehmungen und Erkenntnisse, die jetzt in unserem Unterbewusstsein vergraben sind, plötzlich in unser Tagesbewusstsein treten würden. In der gegenwärtigen Phase dient uns das Unterbewusstsein als Selbstschutz, und das ist auch wichtig und richtig so, damit wir im Prozess des Erwachens von den vielen neuen Informationen nicht überfordert werden.

Wir dürfen darauf vertrauen, dass alles genau zur richtigen Zeit kommen wird. Ich habe den Eindruck, dass wir uns das Aufwachen und den Prozess der Schwingungserhöhung manchmal ein wenig zu kompliziert machen. Wir fragen uns, ob das alles nicht etwas schneller gehen müsste. Aber Spiritualität ist kein

Wettrennen, sie war noch nie eines, und sie wird auch niemals eines sein. Sie ist auch kein Konkurrenzkampf, und es geht im spirituellen Leben nicht darum, höher oder besser oder schneller zu sein als andere. Keine Seele ist «besser», «höher» oder «weiter» als eine andere, denn wir sind alle einzigartige Individuen. Es gibt auch keine allgemeingültige Tabelle oder Liste mit festgelegten und durchnummerierten Entwicklungsstufen, auf welcher genau festgelegt wäre, welcher spirituelle Entwicklungsschritt nach welchem folgt. Denn jeder von uns hat in anderen Bereichen seine Probleme und seine Herausforderungen. Natürlich entwickeln wir alle uns schrittweise, aber welche Schritte das im einzelnen sind, ist völlig individuell.

Spiritualität ist mehr als Räucherstäbchen und Traumfänger

Aus der Spiritualität sollte man kein Dogma machen und auch keine neue Religionsform. Es gibt Leute, die sagen zum Beispiel: Spirituell ist man nur dann, wenn man auf dem Land lebt oder wenn man eine Katze hat oder wenn man ausschließlich weiße Kleidung trägt. Aber um ein spiritueller Mensch zu sein, braucht man meiner Meinung nach nicht auf dem Land oder in einem Kloster zu leben, man kann auch in einer Stadt leben, und es ist auch überhaupt nicht schlimm, wenn man keine Katze hat und nicht in weißer Kleidung rumläuft. Jeder kann Spiritualität so leben, wie er es will. Die Spiritualität wird nicht ihre Koffer packen und aus unserem Leben ausziehen, nur weil wir uns einen roten Pullover überziehen.

Wenn wir einfach authentisch uns selbst sind, dann ist das schon genug. Denn Spiritualität ist viel mehr als Räucherstäbchen, Traumfänger und Buddha-Statuen. Spiritualität heißt für mich nichts anderes als die innere Weiterentwicklung und Entfaltung unseres Bewusstseins – nicht mehr und nicht weniger. Wir sind ja ständig daran, unser Bewusstsein zu erweitern. Sobald wir irgendetwas Neues erkennen, das uns zuvor noch nicht bewusst war, ist dies eine Bewusstseinserweiterung. So gesehen ist unser ganzes Leben eine spirituelle Reise, und niemand kann uns von dieser Reise abbringen – nicht einmal wir selbst. Solange wir Spiritualität an irgendwelchen Äußerlichkeiten festmachen und in Schubladen und Schachteln stecken wollen, beschränken wir uns nur selbst. Spiritualität ist nicht an Bedingungen geknüpft. Spiritualität ist frei.

Ich höre oft, dass Leute sagen: «Ich bin jetzt schon seit 20 Jahren auf dem spirituellen Weg.» Falls diese Person beispielsweise etwa 50 Jahre alt ist, denke ich mir jeweils: Das mag ja sein, aber was hast du in den 30 Jahren zuvor gemacht? Da hast du doch auch schon gelebt und hast deine Erfahrungen gesammelt, also warst du damals doch auch schon «auf dem Weg». Das bedeutet: Du bist in diesem Leben nicht erst seit 20, sondern schon seit 50 Jahren auf deinem spirituellen Weg. Jeder Mensch ist immer auf seinem Weg, anders geht es gar nicht. Es gibt bloß den Punkt, an dem wir uns darüber bewusst werden, also den Punkt, an dem unsere spirituelle Entwicklung vom Unterbewusstsein ins Tagesbewusstsein gelangt.

Spiritualität lässt sich nicht vom Leben trennen, und immer, wenn wir etwas lernen, sind wir in einer spirituellen Entwicklung – unabhängig davon, ob wir uns im Tagesbewusstsein darüber bewusst sind, dass es mehr gibt als bloß die physische Ebene, und unabhängig davon, oder ob wir an etwas Höherdimensionales glauben. Wir alle haben zum Beispiel eine geistige Begleitung, und wir alle besitzen Chakras, egal ob wir dies nun wissen oder nicht oder ob wir daran glauben oder nicht. Auch diejenigen, die nicht an Chakras glauben, haben Chakras. Und falls jemand nicht an eine geistige Begleitung glaubt, dann werden seine Geistführer und seine Schutzengel auch nicht einfach die Koffer packen und ausziehen und sich einen neuen Schützling suchen. Sie sind da ziemlich loyal.

Es gibt also Tatsachen in dieser Welt, die unabhängig vom jeweiligen Glauben und vom jeweiligen Bewusstsein eines Menschen gültig sind. Die meisten heutigen Menschen sind ein wenig vergesslich und haben ihren Lebensplan vergessen. Aber unsere geistige Führung kennt unseren Lebensplan, und daher benötigen wir unsere geistige Führung, damit wir unserem Seelenweg entlang schreiten können. Angenommen, es ist aufgrund einer früheren Abmachung vorgesehen, dass wir im Verlauf unseres Lebens aus einem bestimmten Grund an einem bestimmten Ort eine bestimmte Person treffen. Nun haben wir unsere Abmachung vielleicht vergessen, ebenso wie den Grund des Treffens, den vereinbarten Ort und sogar die betreffende Person. Deswegen brauchen wir unsere geistige Führung, um unsere Abmachung einzuhalten. Sie wird alles Erforderliche in die Wege leiten, damit wir diese Person zum richtigen Zeitpunkt treffen.

Für all das benötigen wir heute keinen Guru und keinen Lehrer im Außen mehr, der uns vorschreibt, was wir zu tun haben. Das Leben selbst ist immer noch der beste Lehrer. Es zeigt uns genau im richtigen Moment genau das, was wir brauchen, um unsere jeweiligen Lektionen zu lernen. Das Leben führt uns auch zum richtigen Zeitpunkt an die Spiritualität heran. Die wenigsten Menschen sind sich bewusst darüber, dass das Leben selbst spirituell ist. Indem wir uns Gedanken darüber machen, was an unserem Leben alles spirituell ist, können sich die Grenzen des Wortes «Spiritualität» für uns erweitern. Irgendwann beginnen wir zu realisieren: «Mein ganzes Leben ist verkörperte Spiritualität.»

Schwingungserhöhung ist gar nicht so schwer

Wir dürfen auch darauf vertrauen, dass die Sache mit der Schwingungserhöhung eigentlich ganz einfach und unkompliziert ist. Denn die wichtigsten Dinge, die wir in unserem Leben und für unser Überleben benötigen, geschehen von selbst – ohne Druck oder Zwang und ohne großen Aufwand. Sie sind leicht, unkompliziert, schnell und kostenlos. Zum Beispiel unser Herzschlag: Wir müssen nicht ständig daran denken, unser Herz solle doch bitte schlagen; es tut es sowieso. Ebenso auch unser Atem: Wir müssen uns nicht ständig daran erinnern zu atmen. Ähnlich ist es auch mit der Erhöhung unserer Schwingung. Jeder Mensch ist grundsätzlich in der Lage, seine eigene Schwingung zu verändern, und diese Fähigkeit ist etwas extrem Wichtiges. Aber nicht jeder Mensch kann seine Schwingung gleich weit verändern. Je offener sein Bewusstsein ist, desto größer ist die Bandbreite seiner Schwingungsfrequenz. Und auch dieser Prozess der Schwingungserhöhung geschieht – wie der Herzschlag oder der Atem – automatisch.

Viele Menschen meinen, dass Dinge zu lernen im Leben erstens schwierig sein muss, zweitens lange dauern muss und drittens teuer sein muss. Sie glauben, dass es nur dann funktionieren kann. Ich sehe das anders. Ich finde, Dinge zu lernen geht auch leicht, schnell und kostenlos, und es wird trotzdem funktionieren. Wir brauchen dazu einfach nur Vertrauen in uns selbst. Die Zweifel und die Gedanken, dass es doch nicht so einfach sein könne, sind bloß Programmierungen, die wir von der Gesellschaft entweder in unser Unterbewusstsein oder in unser Tagesbewusstsein eingepflanzt bekommen haben. Das sind nur Illusionen, und erst dann, wenn wir daran glauben, werden sie für uns wahr. Das ist bei vielem so. Manche Dinge haben erst dann einen Einfluss auf unser Leben, wenn wir sie für wahr halten und entsprechend darauf reagieren. Umgekehrt gibt es übrigens auch vieles, das einfach wahr und gültig ist, unabhängig davon, ob wir es nun wissen oder nicht, ob wir nun daran glauben oder nicht. Gewisse Dinge verschwinden nicht einfach so aus unserem Leben, nur weil wir sie ignorieren oder nicht wahrhaben wollen.

Es heißt doch: Der Glaube kann Berge versetzen. Wenn wir also einfach uns selbst vertrauen und daran glauben, dass unsere Gedanken tatsächlich die Fähigkeit und die Stärke besitzen, Berge zu versetzen und Dinge zu verändern und aufzulösen, dann wird es so sein. Aber unsere bewussten und unbewussten Zweifel und Blockaden verhindern, dass sich diese Stärke entfalten kann. Die meisten dieser Blockaden sind nicht einmal angeboren, sondern wir haben sie erst während dieses Lebens übernommen, weil unsere aktuelle Gesellschaft so strukturiert ist. Wir können aber jetzt an uns arbeiten und unsere Begrenzungen, unsere Vorurteile, Vorstellungen und Meinungen, die nicht mehr aktuell sind, hinterfragen und loslassen. Wir können den Mut haben, einfach mal anders zu denken. Falls das neue Denken euch nicht passt und falls euch eure alten Denkmuster besser gefallen, könnt ihr ja immer noch zurück in die alten Muster. Falls ihr das neue

Denken jedoch als sinnvoll empfindet, könnt ihr versuchen, es in euer Leben zu integrieren und somit alle eure Blockaden Stück für Stück aufzulösen.

Was mich betrifft, so empfinde ich die alte Energie als sehr langsam und kompliziert. Aber ich mag keine komplizierten Dinge. Die neue Energie dagegen ist einfach und unkompliziert, sie ist schneller und mit mehr Leichtigkeit und Verspieltheit. So mag ich es.

Das heißt, ihr könnt entspannt einfach immer diejenigen Dinge lernen, die gerade in euer Leben treten, und zwar in dem Tempo, wie sie eintreten. Dann passt das schon. Unsere Schwingung erhöht sich automatisch dann, wenn wir zum Beispiel Dinge erkennen, wie sie wirklich sind; oder wenn wir uns auf etwas freuen oder über etwas freuen; oder wenn etwas Schönes passiert in unserem Leben; oder wenn wir irgendetwas machen, das uns gut tut. Das ist dann ein automatischer Prozess, und wir brauchen dabei nicht die ganze Zeit über zu denken: «Schwingungserhöhung ..., Schwingungserhöhung ..., Schwingungserhöhung ...». Das ist gar nicht erforderlich, sondern es geschieht ganz von selbst. Das ist das Wunderbare daran: Es passiert einfach.

Manchmal merken wir nicht einmal, dass wir unsere Schwingung erhöht haben. Wir merken es erst, wenn wir in unsere Vergangenheit zurückschauen und uns daran erinnern, wie wir noch vor zwei oder vor drei Jahren waren. Dann erkennen wir, wie viel seitdem in unserem Leben passiert ist, und wir erkennen auch, dass wir nicht mehr zurück wollen. Dies bedeutet, dass sich unsere Schwingung in diesen zwei oder drei Jahren deutlich verändert hat.

Man muss die Dinge wirklich nicht kompliziert machen. Ihr braucht im Grunde genommen gar keine seitenlange Anleitung, wie ihr eure Schwingung erhöhen könnt. Wenn ihr euch bei einer Sache gut fühlt, wenn euch etwas Spaß macht, wenn ihr etwas Neues erkennt – dann erhöht sich eure Schwingung ganz von selbst. Wenn ihr wirklich eurem Herzen folgt, sind alle Probleme gelöst.

Natürlich ist mir bewusst, dass man Menschen, denen es gerade sehr schlecht geht – die zum Beispiel in einem Kriegsgebiet leben oder ähnliches –, nicht sagen kann: «Geh einfach in dein Herz, und alle deine Probleme sind gelöst.» Aber manchmal sollte man eine Sache betrachten oder einen Gedankengang zulassen, ohne sofort alle möglichen Gegenargumente abzuspulen: «Ja, aber ...», «Das geht doch nicht ...» und so weiter. Wir können uns ja einfach mal fragen: Wenn alle Menschen für alles offen wären, was wäre dann die schnellste Lösung für die Probleme unserer Zeit, was wäre der schnellste Weg zum Weltfrieden? Meine Antwort lautet: unser Herz. Klar ist das bei jedem Menschen ein schrittweiser Prozess, und klar ist es in der Praxis auch ein wenig komplizierter, aber wie bereits gesagt geht es letztlich darum, dass wir einfach mal anfangen – und zwar immer zuerst bei uns selbst.

Wir sollten nicht erwarten, dass von heute auf morgen plötzlich alles anders sein wird. Denn unsere heutige Situation hat sich über eine gewisse Zeit aufgebaut, und so braucht es auch wieder eine gewisse Zeit, bis sie sich ändert. Doch solange alle Menschen einfach nur herumsitzen und sich darüber beklagen, dass sich nichts ändert, solange ändert sich auch nichts. Jeder einzelne von uns trägt also eine Mitverantwortung für den Zustand der Welt und dafür, was in der Welt geschieht oder was nicht geschieht. Das heißt: Dank eurer Verantwortung könnt ihr etwas verändern in dieser Welt. Dank eurer Verantwortung! Sie ist keine Last, sondern sie ist im Gegenteil etwas ganz Wichtiges. Erst dann, wenn ihr eure Verantwortung in die eigene Hand nehmt, erst dann habt ihr alle Möglichkeiten zur Verfügung, euer Leben so zu leben, wie ihr es wollt. Das ist doch etwas Gutes!

Seid erneut mutig!

Jeder Mensch hat seine Aufgabe. Manche Menschen haben sich vor ihrer jetzigen Inkarnation dafür entschieden, Impulse zu geben. Andere haben sich entschieden, Impulse aufzunehmen und auszuführen. Niemand wird gezwungen, etwas zu tun, das nicht seinem Seelenplan entspricht. Jeder darf genau das beitragen, was für ihn stimmig ist und wozu sein Herz sein Einverständnis gibt. Wir brauchen beide: Wir brauchen Impulsgeber, und wir brauchen Menschen, die diese Impulse in die Welt hinaus tragen. Und sobald der Stein der Veränderung erst einmal zu rollen angefangen hat, rollt und rollt und rollt er immer weiter und hört nicht mehr auf.

Stell dir vor, du arbeitest in irgendeiner Firma in irgendeinem Büro, und als Mitarbeiter dieser Firma trägst du jeden Tag immer die gleiche schwarze Krawatte wie alle anderen auch. Insgeheim aber willst du diese schwarze Krawatte schon lange nicht mehr tragen, sondern lieber eine gelbe. Bisher hast du dich jedoch nicht getraut, eine gelbe Krawatte anzuziehen. Eines Morgens aber stehst du auf und sagst mutig zu dir selbst: «Heute riskiere ich es und ziehe meine gelbe Krawatte an.» Im Büro schauen dich die anderen zuerst an, als seiest du verrückt geworden, aber in der Firma gibt es jemanden, der denkt: «Hey, endlich! Genau das wollte ich auch schon immer tun. Da mache ich mit.» Und am nächsten Tag kommt diese Person ebenfalls mit einer gelben Krawatte zur Arbeit. Nach und nach werden alle angesteckt wie von einer Krankheit, nur mit dem Unterschied, dass dies etwas Positives ist. Bald trauen sich immer mehr Mitarbeiter, nicht nur gelbe Krawatten zu tragen, sondern jede nur erdenkliche Farbe, die ihnen gefällt und mit der sie sich wohl fühlen.

Genau so geschehen globale Veränderungen. Es braucht immer eine erste Person, die mutig genug ist, den Anfang zu machen. Aber es braucht auch viele Menschen, die innerlich für eine Veränderung offen sind und die bereit sind, dem Beispiel dieser ersten Person zu folgen. Wenn jeder dann genau das tut, was er selber tatsächlich will – wenn also niemand nur deswegen eine gelbe Krawatte anzieht, weil jemand anders eine gelbe Krawatte trägt –, dann kann sich die Veränderung sehr rasch vollziehen. Jeder trägt das dazu bei, was für ihn stimmig ist und wofür bei ihm die Zeit reif ist. Eine globale Veränderung ist nur dann möglich und langfristig wirksam, wenn die Menschen damit einverstanden sind und freiwillig mitmachen. Aus meiner Sicht besteht die einzige Möglichkeit für nachhaltigen Frieden auf der Erde darin, dass die Menschen von sich aus sagen: «Frieden? Ja, wollen wir. Brauchen wir.»

Stellt euch vor: Ihr alle habt vor Jahrhunderten, ja vor Jahrtausenden den Mut gehabt, euch hierher auf die Erde zu inkarnieren und an dem großen Spiel des Vergessens teilzunehmen. Ihr wusstet, dass ihr praktisch euer gesamtes Bewusstsein aufgeben würdet. Ihr wusstet, dass ihr alles vergessen würdet, und zwar so sehr, dass ihr sogar vergessen würdet, dass ihr vergessen habt. Und trotzdem seid ihr gekommen. Und seid geblieben. Das ist Mut! Das ist unglaublich viel Mut! Und weil ihr alle damals diesen Mut gehabt habt, bin ich mir auch sicher, dass sich die Welt durch euren Mut bald wieder zum Positiven verändern wird. Auch dafür braucht es jetzt viel Mut, aber ihr brauchtet damals einen größeren Mut, um alles zu vergessen. Es brauchte mehr Mut, ins Vergessen zu gehen, als jetzt wieder aufzuwachen. Seid also erneut mutig! Dann wird sich die Menschheit schneller ändern als ihr euch heute vorstellen könnt.

Unterstützung durch Mutter Erde

Euer Prozess des Aufwachens wird auch von Mutter Erde aktiv unterstützt. Sie ist ein bewusstes, liebevolles Wesen. Sie weiß, dass wir auf ihr leben, und sie ist sich darüber bewusst, was wir seit Jahrtausenden hier tun. Ebenso weiß sie, was wir heutzutage mit dem Wasser machen, mit der Luft, mit dem Regenwald, mit uns selbst. Das alles ist ihr vollständig bewusst. Auch die Erde hat sicht entschieden, nun ihre Schwingung in ihrem eigenen Rhythmus zu erhöhen. Die Natur braucht uns ja nicht, aber wir brauchen die Natur, und obwohl wir der Erde so vieles angetan haben und noch immer antun, existieren wir als Menschheit immer noch. Es wäre für die Erde nicht kompliziert, uns in nur einem einzigen Tag komplett auszuradieren und verschwinden zu lassen. Aber die Tatsache, dass wir noch da sind, bedeutet, dass die Erde eine grenzenlose Geduld mit der Menschheit und eine unglaublich große Liebe für uns hat. Die Erde liebt uns unvorstellbar tief, und aus dieser Liebe schöpft sie diese große Geduld mit uns und die Zuversicht, dass wir uns ändern werden. Die Erde glaubt an uns! Sie hat die Hoffnung nicht aufgegeben, dass wir aus unseren Taten der Vergangenheit lernen und es in Zukunft besser machen werden.

Wir können die Erde auch darum bitten, dass sie uns in unserer eigenen, persönlichen Entwicklung unterstützt, denn die Erde liebt jeden einzelnen von uns bedingungslos. Ja, sie liebt uns alle bedingungslos. Wenn sie uns Bedingungen stellen würde wie etwa «Ihr dürft nicht mit mir streiten» oder «Ihr dürft mich nicht kaputt machen», dann würde es nicht klappen. Aber sie stellt keine Bedingungen.

Überlegt euch nur mal, was die Menschheit in der Vergangenheit schon alles erlebt und der Erde angetan hat, wie viel zerstört und wieder aufgebaut worden ist. Und überlegt euch, in welchem Bewusstsein die Menschen dies seit Jahrtausenden getan haben – ohne zu wissen, dass alles göttlich ist, dass alles einer göttlichen Führung folgt und dass alles einen höheren Sinn hat. Auch heute gibt es noch immer etliche Dinge, die etwas aus dem Ruder laufen, und doch hat der Prozess des Aufwachens und des Wiedererinnerns längst begonnen. Was auch immer in der Zukunft mit der Erde noch passieren wird, was auch immer noch eskalieren und kaputtgehen wird – die Menschheit hat mittlerweile ein anderes Bewusstsein als früher. All die schlimmen Dinge der Vergangenheit habt ihr überlebt, also werdet ihr auch das Zukünftige überleben und letzten Endes aus allen euren Herausforderungen erfolgreich herauskommen. Bewusst oder unbewusst wisst ihr das alle. Denn eure vergangenen Erfahrungen in diesem Leben und in allen euren früheren Leben waren allesamt Vorbereitungen für das Jetzt und für die Zukunft.

Es gibt Leute, die sagen: «Die Erde wäre besser dran ohne uns. Sie wäre besser dran, wenn die Menschheit verschwinden würde.» Aus einer bestimmten Perspektive betrachtet mag dies aktuell tatsächlich zutreffen, aber wenn wir den höheren Plan berücksichtigen, der vom Göttlichen für die Erde vorgesehen ist, dann braucht es zu seiner Erfüllung die Menschheit. Der göttliche Plan wird nur dann funktionieren, wenn all die Lebenspläne der einzelnen Menschen, die hier auf der Erde leben, richtig zusammengefügt werden. Das bedeutet, dass jeder einzelne von uns direkt in den großen Plan involviert ist. Der gegenwärtige Prozess des Erwachens wird uns dorthin führen, wo wir einstmals waren. Wir entdecken kein neues Land. Wir erinnern uns nur daran, was immer schon war und immer ist und immer sein wird.

Meiner Ansicht nach ist es so, dass die Erde euch Menschen sehr «süß» findet. Wenn wir auf der Erde rumlaufen – ob nun auf einer Straße oder in einem Wald oder wo auch immer – und dabei glücklich sind und uns wohl fühlen, dann spürt die Erde das und freut sich mit uns. Da sie uns ja liebt, ist sie glücklich, wenn wir glücklich sind. Es tut der Erde gut zu spüren, dass es Menschen auch gut gehen kann, denn sie will nur das Beste für uns. Darum schenkt sie uns so viel. Irgendwann werden wir lernen, mit der Erde und mit unserer Umwelt liebevoller umzugehen, und die Erde gibt uns Zeit dafür.

Um den richtigen Umgang mit der Erde zu lernen, ist es sicher hilfreich, in eine neue Richtung zu denken und neue Wege einzuschlagen. Aber unsere Umweltprobleme können wir nur lösen, indem wir bei uns selbst beginnen und zuerst in unserem eigenen Inneren aufräumen. Denn was im Außen in der Welt geschieht, ist ein Spiegel dessen, was die Menschen kollektiv in ihrem Inneren tragen. Wenn nur einer von uns in seinem Inneren etwas ändert, dann geht diese Änderung ins Menschheitsfeld, wird dort abgespeichert und steht für andere Menschen zur Verfügung. So erhöht sich mit jeder einzelnen Erkenntnis sowohl unsere individuelle Schwingung als auch unsere kollektive. Das, worauf es letzten Endes ankommt, ist einzig und allein unsere Schwingung und nichts anderes. Denn so wie wir schwingen, so denken und fühlen wir, und so wie wir denken und fühlen, so werden wir handeln.

Sobald wir unsere Schwingung erhöhen, verändert sich die Welt um uns herum automatisch. Wenn wir Erkenntnisse gewinnen und Dinge neu zu verstehen lernen, dann beginnt dies meist zunächst als Theorie im Kopf. Aber erst wenn wir diese neue Erkenntnis tatsächlich in unser Leben integrieren, ist die Veränderung keine bloße Theorie mehr, sondern wir *sind* dann diese Veränderung. In dem Moment, da wir etwas wirklich sind, fragen wir nicht mehr danach, ob wir es sind. Dann sind wir es einfach. In dem Moment, in dem wir wieder bewusst das sind, was wir in unserem Inneren immer schon waren, sind und sein werden, brauchen wir nicht mehr zu fragen, was wir sind. Wir sind es dann einfach. An diesem Punkt waren wir schon einmal, und an diesen Punkt werden wir auch wieder kommen. Denn niemand schläft ewig.

Die einen Seelen brauchen etwas länger, die anderen etwas weniger lang, um zu erwachen. Aber schlussendlich werden alle wieder wach sein, und dann werden wir gemeinsam über dieses Theater hier lachen. Stellt euch einfach vor, ihr seid gerade im Urlaub und fahrt dort irgendwo auf einer Achterbahn. Da geht es zwar unterwegs manchmal hoch und manchmal runter, aber am Ende kommt ihr immer wieder am Ausgangspunkt an. Und denkt daran: Wir sind alle keine Anfänger. Wir sind nicht das erste Mal auf der Erde, und wir haben schon so vieles erlebt, schon so viele Dinge verstanden. Sonst wären wir jetzt nicht hier. Der Weg, den wir bereits zurückgelegt haben, um aus der Vollnarkose wieder zu erwachen, dauerte viel länger als der Weg, der jetzt noch vor uns liegt. Wir werden nicht nochmals viele Tausende von Jahren brauchen, um endlich wieder zu erwachen.

26

Höherdimensionale Realitäten

Feinstoffliche Wahrnehmung und Telepathie

Indem wir unsere Schwingung erhöhen, werden automatisch immer mehr Dinge aus unserem Unterbewusstsein in unser Tagesbewusstsein übergehen. So werden wir irgendwann bemerken, dass wir Dinge, die wir zum Beispiel vor einem Jahr noch nicht wahrgenommen haben, jetzt sehen, hören oder spüren können. Wir meinen dann, wir seien plötzlich hellsichtig, hellhörend oder hellfühlend geworden. Genau genommen ist es jedoch so, dass jeder Mensch immer alles um ihn herum wahrnimmt, ob auf der physischen oder auf der feinstofflichen Ebene – nur eben einiges im Unterbewusstsein und anderes im Tagesbewusstsein. Wenn nun jemand meint, er sei plötzlich hellfühlend geworden, weil er Dinge wahrnimmt, die er vor einem Jahr noch nicht bemerkt hat, dann bedeutet dies, dass die Seele dieses Menschen eine Entscheidung getroffen hat. Die Seele hat entschieden, dass der betreffende Mensch jetzt soweit ist, dass ein bestimmter Teil seines Unterbewusstseins ins Tagesbewusstsein geholt werden könne.

Zum Beispiel nimmt jeder von uns in diesem Augenblick sämtliche Gedanken aller Menschen in diesem Raum wahr, doch in den meisten Fällen eben unbewusst. Wenn wir unsere Schwingung erhöhen und wenn unsere Seele entscheidet, jetzt sei der richtige Zeitpunkt gekommen, dann beginnen wir plötzlich Dinge wahrzunehmen, die zuvor für unser Tagesbewusstsein nicht vorhanden waren. Der Unterschied besteht also bloß darin, dass wir gewisse Dinge jetzt auch in unserem Tagesbewusstsein wahrnehmen und nicht mehr nur im Unterbewusstsein.

Das ist etwa so, wie wenn am Morgen die aufsteigende Sonne den Nebel auflöst, der sich während der Nacht gebildet hat. In diesem Beispiel ist die Sonne unsere persönliche Schwingungsfrequenz, und der Nebel ist jene Schicht, die unser Unterbewusstsein von unserem Tagesbewusstsein trennt. Wenn unsere Schwingung steigt und wenn unsere Seele ihre Zustimmung gibt, dann werden Dinge für uns plötzlich wieder sichtbar, die im Grunde immer schon vorhanden waren. Die Art und Weise, wie wir etwas Feinstoffliches wahrnehmen, ist dabei individuell und von Person zu Person verschieden. Manche nehmen es eher in Form von Bildern wahr, andere in Form von Gefühlen oder von Gedanken oder auch in Form einer Stimme, die zu ihnen spricht. Denn die feinstoffliche Wahrnehmung ist wie die Erweiterung unserer physischen Sinne, und jeder von uns hat einen Hauptkanal, mit dem er am besten Informationen wahrnehmen kann.

Hellsichtigkeit ist eigentlich gar nichts Seltsames. Es ist ja bekannt, dann wir in unserem Tagesbewusstsein von der gesamten Bandbreite des Lichtspektrums nur einen kleinen Ausschnitt sehen. Den ganzen Rest sehen wir zwar nicht bewusst, aber er ist trotzdem hier. Falls nun jemand feinstoffliche Energiefelder oder die Aura von Menschen oder meinetwegen auch Zwerge oder Elfen sieht, so bedeutet das einfach, dass er einen größeren Ausschnitt von allem, was sowieso hier ist, bewusst wahrnimmt. Dasselbe gilt für alle Sinneswahrnehmungen, zum Beispiel auch für Geräusche.

Als ich noch klein war, habe ich abends manchmal mein Ohr «verlängert». Ich lag oben in meinem Bett, und im Wohnzimmer schaute meine Mutter im Fernsehen zum Beispiel die Nachrichten an. Ich verlängerte mein Ohr, ging mit dem Ohr durch die Decke und durch die Wand hindurch und konnte auf diese Weise hören, was der Mann im Fernsehen sagte. Natürlich können die physischen Ohren so etwas nicht tun, darum switcht man einfach auf die feinstofflichen Ohren. Denn die feinstofflichen Ohren interessiert es nicht, ob da noch eine Wand dazwischen ist oder nicht.

Solche Dinge sind eigentlich ganz normal und völlig logisch. Aber weil wir schon so lange im Vergessen sind, nehmen wir sie nicht mehr als normal wahr. Wir haben uns irgendwann daran gewöhnt, den aktuellen dreidimensionalen Wahrnehmungszustand für die Normalität zu halten. Daran ist hier auf der Ebene der dritten Dimension auch gar nichts falsch, denn jede Dimension hat ihre eigenen Spielregeln. Aber sobald wir unsere Schwingung erhöhen, ändern sich die Spielregeln.

Schon heute ist es so, dass viele Menschen in ihrem Alltag feinstoffliche Dinge wahrnehmen, die mit den physischen Sinnen gar nicht wahrnehmbar sind. Kennt ihr zum Beispiel das: Ihr liegt nachts im Bett, und alles ist völlig dunkel. Dann schaut ihr in die Luft, aber da ist es nicht nur schwarz. Da ist irgendetwas, das wir mit unseren physischen Augen zwar nicht sehen können, weil es im Raum ja dunkel ist, das wir aber trotzdem irgendwie wahrnehmen. Es gibt verschiedene bunte Lichtpunkte und Stäbe und Striche in der Luft oder auch Gesichter oder Wesen. Manche feinstoffliche Dinge nehmen wir tatsächlich besser in der Nacht wahr, wenn es dunkel ist, da sie sonst vom Tageslicht überstrahlt werden. Dasselbe gilt auch, wenn es auf der physischen Ebene ganz still ist und wir auf der Ebene von feinstofflichen Frequenzen sozusagen den Klang der Stille hören können. Oder wenn wir im Dunkeln die Augen schließen und dann irgendwelche Farben sehen. Ich kenne viele Menschen, denen es so ergeht, doch die meisten würden dennoch nicht von sich behaupten, sie seien hellsichtig oder hellhörend. Weil sie solche Wahrnehmungen durch ihre feinstofflichen Sinne unbewusst für normal halten, ordnen sie sie gar nicht als Hellsichtigkeit ein.

Etwas Ähnliches ist auch die Telepathie. Wir stehen alle telepathisch miteinander in Verbindung. Ihr kennt doch sicherlich das Phänomen, dass ihr an jemanden denkt und dass genau diese Person euch im selben Moment anruft oder euch eine Nachricht schreibt. Oder dass ihr an jemanden denkt und dann genau fühlen könnt, wie es dieser Person gerade geht. Dies sind Formen der Telepathie. Telepathischer Austausch ist prinzipiell mit jedem Menschen möglich, aber bei einem Menschen, zu dem ihr eine enge persönliche Beziehung habt, funktioniert er am besten. Dann kann es schon mal vorkommen, dass zwei Menschen im selben Moment den gleichen Gedanken haben und dass es gar nicht klar ist, wer von beiden ihn zuerst gedacht hat. Auch das ist nichts anderes als Telepathie.

Im Grunde können wir uns gar nicht immer sicher sein, ob die Gedanken und Ideen, die wir in unserem Kopf haben, tatsächlich von uns selbst oder von jemand anderem sind. Und falls sie nicht von uns selbst sind, ob sie dann von einem anderen Menschen oder von unserer geistigen Führung oder aus dem Menschheitsfeld stammen. Weil alle mit dem Menschheitsfeld verbunden sind, kann es sein, dass zwei Menschen unabhängig voneinander zur selben Zeit die gleiche Erkenntnis haben oder die gleiche Erfindung machen, auch wenn sie auf der physischen Ebene an völlig unterschiedlichen Orten leben und sich weder kennen noch überhaupt voneinander wissen.

Eigentlich ist es so, dass wir alle ständig auf der telepathischen Ebene mit unzähligen anderen Lebewesen kommunizieren. Ob diese Kommunikation im Unterbewusstsein stattfindet oder im Tagesbewusstsein, hängt zum einen von unserer persönlichen Schwingung ab und zum anderen auch davon, ob unsere Seele dies alles überhaupt in unserem Tagesbewusstsein haben möchte. Unser Unterbewusstsein kann nämlich auch eine Art von Schutz sein, damit wir in unserem Tagesbewusstsein mit all den Wahrnehmungen und Kommunikationen nicht überfordert sind. Ihr könnt euch gar nicht vorstellen, wie viele unterschiedliche Frequenzen es nur schon in einem einzigen Raum gibt. Wenn zum Beispiel jemand ein elektrisches Gerät in eine Steckdose steckt, dann kann ich hören, wie der Strom durch das Kabel hindurch fließt. Auch sendet jedes eurer Handys gerade eine eigene Frequenz aus, und jede dieser Frequenzen hat einen eigenen Ton. Diese vielen, vielen Frequenzen könnten wir gar nicht alle bewusst verarbeiten, denn zusammengenommen machen sie einen ziemlichen Krach. So ist es erforderlich, dass wir den größten Teil dieser Frequenzen wegfiltern in unser Unterbewusstsein, um auf der 3D-Ebene überhaupt lebensfähig zu sein.

Auch sollten wir jene Menschen, die mehr Frequenzen wahrnehmen als der Durchschnitt, nicht einfach für krank erklären und in die Psychiatrie stecken. Wahrscheinlich sind in den psychiatrischen Kliniken zahllose Menschen eingesperrt, nur weil sie zum Beispiel Farben um andere Menschen herum sehen oder weil sie die Stimmen von feinstofflichen Lebewesen hören können. Um diese Menschen zu verstehen, braucht es ein neues Weltbild und eine neue Sichtweise auf die Wirklichkeit. Das dreidimensionale Weltbild war zu seiner Zeit sicherlich sinnvoll und richtig, sonst hätte es dieses Weltbild gar nie gegeben, aber die Zeiten ändern sich. Mittlerweile ist es veraltet und überhaupt nicht mehr aktuell.

Allerdings sollte man solche feinstofflichen Fähigkeiten – energetische Wahrnehmung, Telepathie, höherdimensionale Kommunikation und so weiter – nicht krampfhaft zu erzwingen versuchen. Besser ist es, sich locker zu machen und sich einfach in diese Fähigkeiten hinein zu entspannen. Man kann mit kindlichem Spaß und mit Leichtigkeit an diese Dinge herangehen. Wenn eine Zivilisation sich weiterentwickelt und sich dadurch auch die Fähigkeiten zur feinstofflichen Wahrnehmung oder zur telepathischen Kommunikation immer mehr ausbreiten, dann sind es übrigens meistens die Kinder, die als Erste diese Fähigkeiten mitbringen.

Ein weiteres Beispiel: Angenommen, jemand spricht mit uns, aber wir können ihn mit unseren physischen Ohren nicht verstehen, entweder weil er zu leise spricht oder weil er in einer fremden Sprache spricht, die wir nicht gelernt haben. Nun können wir sozusagen auf feinstoffliches Hören switchen, und dann werden wir, ohne ihn physisch zu verstehen, auf einer anderen Ebene dennoch irgendetwas von dem aufnehmen, was er uns sagen will.

Oder noch ein Beispiel: Angenommen, wir machen irgendetwas, und dann geht es schief. Im Nachhinein sagen wir: «Eigentlich habe ich es schon vorher gewusst.» Kennt ihr das? Wir wussten es schon vorher. Aber wir haben uns so sehr an die Vorstellung gewöhnt, dass wir ausschließlich über physische Sinne verfügen, dass wir unsere Wahrnehmungen mit unseren feinstofflichen Sinnen nicht ernst nehmen und sie als «Zufall» abtun. Oder wir versuchen, solche Erlebnisse als etwas Dreidimesional-Physisches einzuordnen. Oder wir halten uns selbst für verrückt. Auf diese Weise merken wir gar nicht, wie oft wir in unserem Alltag Dinge wahrnehmen, die auf der physischen Ebene gar nicht wahrnehmbar sind.

Kommunikation mit dem Höheren Selbst

Wenn wir mit unserer Seele, mit unserem Höheren Selbst, kommunizieren wollen, brauchen wir dazu eine sozusagen «gereinigte» Kommunikationsleitung zu unserer Seele. Die meisten heutigen Menschen sind jedoch dazu erzogen worden, diese Leitung zu verschließen. Darum sollten wir lernen, wieder auf unser Herz zu hören – darauf, was wir in unserem Inneren wirklich wollen. Und dann sollten wir es einfach tun. Solange wir das tun, was unser Herz wirklich will, kommt es immer richtig.

Falls wir in einer Situation zwar ein gutes Gefühl haben und diesem Gefühlsimpuls auch nachgehen, die Sache dann aber – zumindest auf den ersten Blick – trotzdem schiefgeht, so liegt dies nicht daran, dass unser Gefühl falsch war. Es liegt dann wohl eher daran, dass unsere im Verstand gemachte Vorstellung davon, warum unser Gefühl uns wohl genau in diese Situation geführt hat, nicht richtig war. Das ist aber nicht weiter schlimm. Denn dadurch, dass wir in ein Problem geraten sind, bekommen wir die Gelegenheit, etwas zu lernen. Vermutlich hat unsere Seele zuvor entschieden, eine bestimmte Lektion lernen zu wollen, und so hat sie uns jetzt in eine geeignete Situation geführt, so dass wir dieses oder jenes erkennen oder lernen können.

Nehmen wir zum Beispiel an, dass du einen Autounfall hast und ins Krankenhaus kommst. Dann könnte es ja sein, dass der Mensch, der neben dir im Krankenhauszimmer liegt, dir irgendetwas mitteilt oder erzählt, das dein Leben verändert. Du bist also deinem Gefühlsimpuls gefolgt und bist an jenem Tag mit dem Auto gefahren. Direkt nach dem Umfall hast du vielleicht gedacht, dass du einem falschen Gefühl gefolgt bist, aber irgendwann im Nachhinein erkennst du, dass es doch seinen Sinn hatte. Denn wenn es nicht so gekommen wäre, dann hättest du diese lebensverändernden Informationen nicht erhalten.

Solange wir auf unser inneres Gefühl hören, ist es für die Seele immer richtig und in Ordnung. Selbst wenn es dabei äußerlich gesehen am Anfang so scheint, als würde etwas schieflaufen und in einem völligen Desaster enden, bedeutet das nicht, dass unser Gefühl falsch war. Vielleicht sind wir nur mit einer anderen

Vorstellung in die Situation gegangen. Rückblickend erkennen wir früher oder später: Nicht unser inneres Gefühl war falsch, sondern unsere Vorstellung im Verstand.

Das heißt: Solange wir auf die Stimme unseres Herzens hören, können wir in unserem Leben gar nie auf etwas «Falsches» treffen. Entweder lernen wir etwas, oder es entsteht etwas Neues. So gesehen kann gar nichts schiefgehen. Viele Menschen haben jedoch das Vertrauen verloren, dass nichts schiefgehen kann, solange sie auf ihr Herz hören. Ihr Verstand kommt ihnen in die Quere und sagt: «Das geht doch so nicht», «Aber …», «Was wäre, wenn …».

Eigentlich ist es so, dass auf jede Lebensfrage, die wir in unserem Inneren tragen, die Antwort bereits hier ist und wir diese Antwort früher oder später bekommen werden. Manchmal spüren wir diese Antwort in unserem Herzen und wissen, was zu tun ist, was in einer bestimmten Situation das Richtige wäre. Aber dann beginnen wir zu zweifeln: «Nein, das kann doch nicht so sein.» Sobald wir dann wieder in unser Herz gehen, lösen sich die Zweifel auf. Denn unser Herz ist die Instanz, mit welcher unsere Seele, unser Höheres Selbst, mit uns kommuniziert.

Die Sache mit den Fragen und Antworten ist interessant. Wenn wir mal genauer darüber nachdenken, erkennen wir, dass eine Frage nur dann entstehen kann, wenn die Antwort schon da ist. Eine Antwort kann jederzeit ohne die entsprechende Frage existieren, aber eine Frage kann nie ohne ihre Antwort existieren. Sobald wir also eine bestimmte Frage stellen, befinden wir uns bereits im Informationsfeld der passenden Antwort. Denn in dem Moment, in dem wir unsere Aufmerksamkeit auf etwas richten, landen wir geistig sofort dort. Beim Fragestellen geht es also nur darum, ob wir in dem Moment fähig sind, das Wissen aus dem Informationsfeld der Antwort bewusst zu empfangen oder nicht. Dies hängt hauptsächlich von der Frequenz unseres Bewusstseins ab.

Als Menschen haben wir vielleicht vergessen, worin unser Lebensplan besteht und wohin unser Lebensweg uns führen will. Und doch ist es so, dass wir alle vor unserer Inkarnation einen passenden Weg für uns ausgewählt haben. Dieser Lebensweg, dieser individuelle Seelenplan, enthält genau die richtigen Lernprozesse und Aufgaben und genau die richtigen Situationen, die für uns perfekt sind.

Wenn wir in eine menschliche Inkarnation hineingehen, um unseren Seelenplan zu erfüllen, inkarniert ja nicht unsere ganze Seele, sondern nur ein Teil davon. Der Rest bleibt als unser Höheres Selbst «da oben», und dieser Rest vergisst nicht, warum wir hierher gekommen sind und was wir hier lernen und bewirken möchten. Nur der Teil, der in den physischen Körper geht, vergisst. Aber weil dieser inkarnierte Teil mit dem nicht inkarnierten Teil, mit dem Höheren Selbst, verbunden ist, können wir uns immer von unserer Seele führen lassen. Unser Höheres Selbst weiß, wohin wir wollen und wie wir dorthin gelangen können.

Das Beispiel mit dem Navigationsgerät

Zusätzlich zu dieser Führung durch unser eigenes Höheres Selbst haben wir alle auch noch die Führung durch unser geistiges Begleiterteam. Diese geistige Führung kann man mit dem Navigationsgerät in einem Auto vergleichen. Stellt euch vor: Ihr setzt euch in euer Auto und gebt euer Ziel ins Navi ein. Jetzt habt ihr zwei Fixpunkte: erstens euren gegenwärtigen Standort und zweitens euer Ziel. Dann fahrt ihr los und lasst euch von der Stimme des Navis leiten: «Jetzt rechts abbiegen», «Jetzt links abbiegen» und so weiter. Manchmal kommt es vor, dass wir unaufmerksam oder abgelenkt sind und darum statt links abzubiegen weiter geradeaus fahren. Nach einer Weile meldet sich das Navi, also unsere geistige Führung, und sagt: «Bitte wenden. Bitte wenden.» Vielleicht hören wir dann auf diesen Hinweis und wenden, oder vielleicht denken wir auch: «Nein, ich will jetzt nicht wenden, weil es dort vorne etwas gibt, das ich mir unbedingt noch anschauen möchte.» So hören wir nicht auf das Navi und fahren weiter geradeaus.

Wenn das Navi merkt, dass es von uns ignoriert wird, dann ist es glücklicherweise nicht so, dass es eingeschnappt wird und uns im Stich lässt. Auch unsere geistige Führung sagt dann normalerweise nicht: «Das ist uns zu dumm, wir kündigen jetzt.» Statt dessen lassen sie uns erst einmal eine Weile in die falsche Richtung fahren, um zu prüfen, ob wir es wirklich ernst meinen. Wenn wir weiterhin nicht wenden wollen und unseren Kurs nicht korrigieren, dann sagen sie irgendwann einfach in völliger Gelassenheit: «Route wird neu berechnet». Auf diese Weise reagiert das Universum respektvoll und völlig unkompliziert auf unsere Entscheidungen. Anschließend zeigt uns das Navi eine neue Route an, die uns von unserem neuen Standort aus an unser Ziel bringt. Das Ziel bleibt unverändert, nur der Weg ist jetzt ein anderer. Vielleicht dauert dieser neue Weg, dieser «Plan B» etwas länger, vielleicht ist dieser Umweg etwas komplizierter und schwieriger, vielleicht gibt es das eine oder andere Hindernis oder den einen oder anderen Stau mehr – aber früher oder später werden wir alle an unserem Ziel ankommen.

Wir können unser geplantes Lebensziel gar nicht verfehlen. Denn solange wir in unserem Herzen den Wunsch aufrecht erhalten, jenen Weg zu finden und zu gehen, den wir als Seele für uns ausgesucht haben, solange werden wir auch von unserer geistigen Begleitung liebevoll geführt werden. Unsere Begleitwesen haben nicht nur eine tiefe Liebe für uns, sondern auch eine unfassbare Geduld. Manchmal müssen sie über Jahre oder sogar Jahrzehnte immer wieder die Route neu berechnen, weil wir auf Abwege gekommen sind, und trotzdem geben sie uns nicht auf. Sie sagen nicht: «Du bist ein hoffnungsloser Fall. Wir lassen dich jetzt irgendwohin ins Nirgendwo fahren.» Auch wenn wir unterwegs irgendwo parken und nicht mehr weiterfahren wollen, bleibt das Navi geduldig im Auto und wartet, bis wir entscheiden, uns wieder zu bewegen.

Unsere geistige Führung bleibt immer bei uns. Solange wir in unserem Innersten auf das Leben vertrauen, solange werden wir immer wieder neue Richtungsweisungen bekommen: «Plan B» oder «Plan C» oder «Plan D» oder «Plan E» und so weiter. Doch wie wir auf diese unterschiedlichen Hinweise reagieren, entscheiden wir in jeder Situation selbst. Wir können natürlich jedes Mal, wenn wir aus der geistigen Welt einen Hinweis bekommen, denken: «Ach, das ist bloß ein Zufall», «Und das ist ebenfalls ein Zufall», «Und auch dieses jetzt ist ein Zufall». Dieses Denken wird dazu führen, dass wir die Hinweise unseres geistigen Teams ignorieren und nicht darauf reagieren. Dabei bedeutet «Zufall» ja nichts anderes, als dass uns etwas zugefallen ist und dass wir das, was uns zugeworfen worden ist, aufgefangen haben. Und doch werden wir am Ende immer unser Ziel erreichen – wenn es sein muss, eben mit Verzögerung und über gewisse Umwege.

Nehmen wir an, dass wir als Seele vor unserer Inkarnation beschlossen haben, dass wir uns im Laufe der Inkarnation mit Person X, mit Person J und mit Person K treffen wollen. Jetzt haben wir inzwischen jedoch vergessen, dass wir uns diese Treffen vorgenommen haben. Wie also sollen wir es anstellen, diese Personen zu treffen, wenn wir unser Vorhaben vergessen haben? Genau dafür ist unsere geistige Führung zuständig. Unsere Führung weiß, wann es an der Zeit ist, dass wir uns mit Person J treffen. Also spricht sie mit der geistigen Führung von Person J, und gemeinsam schmieden sie einen Plan, wie die beiden Menschen zusammengebracht werden können. Dasselbe geschieht dann nochmals mit Person X und mit Person K.

Es steckt eine ziemlich komplizierte Logistik dahinter, zwei Menschen zusammenzubringen, die zusammenkommen sollen, die aber nicht mehr wissen, dass sie zusammenkommen wollten. Und doch funktioniert es irgendwie. Ich glaube, dass wir als Menschen hier gar nicht lebensfähig wären, wenn wir unsere geistige Führung nicht hätten. Denn ohne diese Führung gäbe all die vielen «Zufälle» in unserem Leben nicht, die uns als Richtungsweiser dienen. Auf diese Weise ist im Universum alles perfekt eingerichtet. Nur weil wir aktuell in einer Narkose sind und alles vergessen haben, sagt das Universum nicht: «Ah, ihr seid gerade am Schlafen? Also schlaft mal schön weiter; wir kommen dann wieder, wenn ihr wach seid.» Sondern sie überlegen sich, was sie tun können, um uns beim Aufwachen zu helfen.

Übrigens: Falls ein Mitglied unseres geistigen Teams aus irgendwelchen Gründen den Eindruck hat, dass es nicht mehr die geeignete Begleitperson für uns ist – zum Beispiel, wenn die Themen in unserem Leben sich ändern –, bleibt es nicht unnötigerweise bei uns, sondern sagt: «Gut, ich mache den Weg frei für jemand anderen, der meine Position besser ausfüllen kann.» Dann wird jemand anders gefunden, der sich deinem Team anschließen möchte. Bei uns Menschen ist es ja so, dass wir oft selbst dann an unserer Arbeitsstelle verbleiben, wenn es für unser Herz schon lange nicht mehr stimmig ist und wir schon lange keine Freude mehr an unserer Tätigkeit haben. Die geistige Führung ist nicht so. Sobald es für sie nicht mehr stimmig ist, wechselt sie sich einfach aus. Geistführer tun nur das, wovon sie wirklich überzeugt sind. Darum sind sie auch immer so motiviert.

Der universelle Wert der Menschheit und jedes einzelnen Menschen

Wir wissen ja, dass das Universum keine Energie verschwendet. Darum lohnt es sich, uns mal folgendes zu überlegen: Was ist an uns Menschen so unglaublich wichtig und einzigartig? So wichtig und so einzigartig, dass die lichtvollen Helfer des Universums in einer riesigen, komplizierten Logistik alles tun, was nötig ist, damit jeder einzelne Mensch den Weg gehen kann, den er gehen soll – und dies nicht erst jetzt in der Phase des Aufwachens, sondern auch schon damals in den vielen Jahrhunderten, als die Narkose noch komplett war. Die Erdenmenschheit muss für das Universum also unfassbar wichtig sein und einen unfassbar großen Stellenwert haben.

Manchmal habe ich den Eindruck, dass manche Menschen das Menschsein abwerten. Natürlich tut die Menschheit aktuell Dinge, die etwas seltsam sind. Trotzdem aber hat jeder einzelne von euch einen unfassbar großen inneren Wert, den niemand euch wegnehmen kann. Euer Wert hängt nicht davon ab, wer ihr in diesem Leben seid, wie hoch euer Ansehen gerade ist oder wie viel Geld auf eurem Konto liegt. Euer Wert hängt nicht davon ab, wie ihr gerade heißt, wo ihr geboren worden seid und wo ihr lebt, wie alt ihr gerade seid, welche Ausbildung ihr gemacht habt und welchen Job ihr ausübt, ob ihr gerade eine Familie habt oder welcher Religion ihr angehört. Das alles spielt keine Rolle. Alleine dass ihr überhaupt hier seid, ist schon wertvoll genug. Seid also einfach die, die ihr seid! Ihr müsst nichts Besonderes tun, um wertvoll zu sein. Euer Wert besteht darin, dass ihr göttlich seid. Das ist alles. Ihr müsst niemandem beweisen, dass ihr gut seid, denn ihr alle seid immer gut und werdet es immer sein. Ihr alle – jeder einzelne von euch – habt einen solch großen inneren Wert! Würde man versuchen, den Wert auch nur eines einzigen Menschen mit Geld darzustellen – es gäbe auf dieser Welt nicht genügend Geld dafür.

Jeder einzelne von euch trägt einen unfassbar und unantastbar großen Wert in sich, und diesen Wert hattet ihr immer, ihr habt ihn auch jetzt, und ihr werdet ihn niemals verlieren – unabhängig davon, ob irgendwer euch einreden will, dass ihr wertlos seid. Ihr wart niemals wertlos, ihr seid jetzt nicht wertlos, und ihr werdet auch niemals wertlos sein. Ihr alle seid weit mehr als bloß ein Haufen in Vollnarkose befindlicher Seelen. Ihr seid eigentlich die Hüter der Erde, nur habt ihr das ein wenig verschlafen. Aber jetzt seid ihr ja gerade am Aufwachen. Darum sage ich: Diesen unfassbar großen kosmischen Wert habt ihr immer, und die Frage lautet nur: Wem glaubt ihr? Glaubt ihr euch selbst, glaubt ihr an das, was ihr in eurem Inneren spürt? Oder glaubt ihr dem, was Außenstehende über euch sagen?

Wir sollten ganz allgemein nicht zu viel darüber nachgrübeln, was andere über uns denken und welche Meinung sie von uns haben. Wir begegnen ständig so vielen Menschen, und jeder von ihnen hat seine eigene Vorstellung davon, wie wir sein sollten und was wir tun sollten. Meistens hat das alles nur wenig mit uns zu tun. Natürlich hat jeder von uns gewisse dunkle Flecken in sich, die er selber nicht sehen kann. Daher ist es manchmal durchaus hilfreich, dass andere Menschen uns von außen einen Spiegel vorhalten. Übrigens kann man in einer solchen Situation meist leicht erkennen, wer gerade der Spiegel ist und wem gerade etwas gespiegelt wird. Nämlich so: Derjenige, der in der Situation entspannt und gelassen bleibt, ist in diesem Moment ein Spiegel für andere. Für denjenigen aber, der durch eine Situation emotional aufgewühlt wird – der also genervt, aggressiv oder verärgert reagiert –, ist die Situation ein Spiegel und bietet ihm die Chance an, aus ihr etwas zu lernen.

Doch abgesehen von solchen Lernsituationen, in denen wir Menschen einander Spiegel sein können, sind wir selber es, die uns am besten kennen. Die Außenstehenden betrachten uns immer durch ihre eigene Brille hindurch, durch ihre eigenen subjektiven Ansichten und Vorstellungen. Wir alle sind Individuen, und so unterscheiden wir uns von allen anderen Seelen. Darum ist es wichtig, dass sich jeder Mensch selbstverantwortlich seine eigenen Meinungen bildet und nach seiner eigenen Weltauffassung handelt. Wenn du in deinem Herzen spürst, dass eine bestimmte Entscheidung für dich die richtige ist, dann spielt es keine Rolle, was andere darüber denken. Wenn ihr feststellt, dass ihr in gewissen Dingen unterschiedlicher Ansicht seid – ohne dass ihr dabei genervt oder aggressiv werdet –, so lasst euch einfach gegenseitig leben. Leben und leben lassen. Nur weil wir in dem einen oder anderen Bereich unterschiedlich denken, ist dies noch lange kein Grund dafür, dass wir andere von unserer Ansicht oder unserer Meinung überzeugen oder dass wir mit anderen streiten sollen.

Denn stellt euch vor: In drei Jahren werden wir alle anders denken als heute. Unsere Wahrnehmung der Wahrheit ist etwas sehr Relatives, und sie verändert sich ständig. Wir alle tragen unterschiedliche Weltbild-Brillen, und während wir uns entwickeln und sich unsere Schwingung erhöht, wechseln wir auch immer wieder unsere Brille. Somit ändert sich auch immer wieder das, was wir gerade als Wahrheit ansehen. So stehen wir in einem fortwährenden Entwicklungsprozess. Irgendwann werden wir verstehen, was das große Ganze ist, aber im Moment sind wir noch auf dem Weg dorthin.

Wie gesagt: Das Universum verschwendet keine Energie, und der individuelle innere Wert, den jeder von euch in sich trägt, ist unübertreffbar und mit Geld niemals messbar. Da du nun hier bist und genau das Leben lebst, das du für dich gewählt hast, kann man davon ausgehen, dass es im gesamten Universum niemanden gibt, der dein Leben besser leben könnte als du. Du bist die perfekte Person, um dein Leben zu leben. Denn hätte es irgendwo im Universum eine Seele gegeben, die für dein Leben besser geeignet gewesen wäre als du, die dein Leben besser hinbekommen könnte als du, dann wärest du jetzt nicht hier, sondern dann wäre diese andere Seele an deiner Stelle hierher gekommen. Aber du bist ja gekommen. Ihr alle seid ja gekommen, und ihr alle seid jetzt hier. Das heißt: Ihr alle seid diejenigen, die euer eigenes Leben am besten hinbekommen könnt.

Niemand landet am falschen Ort oder zur falschen Zeit. Jeder landet perfekt. Jeder von euch ist genau hier gelandet, weil eure Vergangenheit euch hierhin gebracht hat. Es wie ein riesiges Mandala-Bild, das sich um die Erde spannt und in welchem jeder Mensch seine perfekte Position innehat. Jeder Mensch ist ein Pünktchen mehr in diesem Mandala, und das ganze Bild trägt eine unfassbare Schönheit in sich. Kein einziger von euch ist jemals falsch gelandet, nie im falschen Leben und nie in der falschen Familie. Jeder von euch ist genau dort, wo er hingehört. Sonst wäret ihr nicht hier. Denn gäbe es irgendwo im Universum einen Ort, der passender wäre für euch, dann wäret ihr jetzt dort und nicht hier auf der Erde.

Ihr habt als Menschheit schon so viel geleistet. Überlegt euch, was allein in den vergangenen Jahrzehnten alles auf der Erde geschehen ist: zwei Weltkriege und überall unzählige Krisen, Konflikte und Probleme. Theoretisch hättet ihr längst sagen können: «Jetzt reicht es uns. Wir reisen wieder ab.» Aber ihr seid hier geblieben. Das ist etwas, das sicherlich nicht jeder tun würde. Aus diesem Grund bin ich fest davon überzeugt, dass die Zukunft nur gut herauskommen kann. Denn wir alle haben schon so viele Dinge erlebt, dass jetzt gar nichts mehr schiefgehen kann. Klar gibt es Bereiche, in denen sich die Welt aktuell nicht gerade verbessert, und das wird sich auch nicht bis morgen alles in Friede und Freude verwandeln. Doch wenn wir uns vergegenwärtigen, was auf der Erde schon alles passiert ist, in das wir als Menschen involviert waren, dann glaube ich daran, dass wir auch das Kommende irgendwie überstehen werden – egal wie seltsam die Zukunft noch werden mag. Sonst wären wir schon längt abgereist.

Das Wichtigste ist, dass die Menschen sich die Zuversicht und die Hoffnung darauf bewahren, dass es besser wird. Solange Menschen davon überzeugt sind, dass die Welt besser wird, wird sie auch besser werden. Ihr seid diejenigen, die die Welt verändern werden, ihr alle gemeinsam. Das wird nicht eine einzelne Person alleine tun können.

«Ihr seid die, auf die ihr gewartet habt.»

Ich habe mittlerweile gelernt, dass in dieser Gesellschaft der Satz gilt: «Geld regiert die Welt.» Aber meiner Ansicht nach ist das Geld nicht das Problem dieser Welt. Geld ist neutral, und man kann damit viele wunderbare Dinge tun. Erst wenn Geld in den falschen Händen ist, wird es zum Problem. Das Geld an sich liegt einfach nur so rum. Es hat keine Beine, es steht nicht auf und macht von sich aus irgendetwas. Erst der Mensch verleiht dem Geld Beine, und somit hängt es vom Menschen ab, was mit dem Geld geschieht.

Sobald wir auf unser Herz hören und anfangen, eigenständig zu denken und selbstverantwortlich zu handeln, spielt es keine Rolle mehr, ob nun angeblich gerade Geld die Welt regiert oder nicht. Nichts wird uns dann aufhalten können. In dem Moment, in welchem wir zu dem werden, was wir in unserem Inneren sind – nicht nur als Theorie im Kopf, sondern in unserem tatsächlichen Sein und Handeln –, in dem Moment, den wir als spirituelles Erwachen bezeichnen und in dem wir anfangen, das zu leben, was wir sind, in dem Moment wird die vermeintliche Macht des Geldes als Illusion entlarvt. Dies gilt nicht nur für die Macht des Geldes, sondern auch für die Macht der Politik und aller menschengemachten Gesetze und Strukturen.

Irgendjemand hat mal gesagt: «Ihr seid die, auf die ihr gewartet habt.» Dem stimme ich vollumfänglich zu. Nur die Gemeinschaft aller Menschen wird die Probleme der Welt lösen können, nicht eine einzelne Person. Darum ist es wichtig, dass wir erstens authentisch uns selbst sind und dass wir zweitens uns mit Menschen umgeben, die uns gut tun, denn damit weben wir ein gemeinsames positives Schwingungsfeld. Immer dann, wenn mehrere Menschen sich zusammenfinden, entsteht so etwas wie eine kollektive Seele, eine Art «Überseele». So hat zum Beispiel jedes Land oder jede Stadt eine eigene Seele. Wenn innerhalb einer solchen Überseele genügend Menschen erwachen, kommt es früher oder später zum Punkt, an dem das kollektive Bewusstsein sozusagen überschwappt und sämtliche Teile des Kollektivs überflutet werden. Das heißt: Sobald ihr etwas macht, das euch selber gut tut, tut ihr damit immer auch eurer Stadt, eurem Land und der gesamten Menschheit etwas Gutes.

So gesehen trägt jeder von uns auch eine Mitverantwortung für alle Kriegsgebiete und Krisengebiete auf der Erde. Die Menschen, die zum Beispiel in Afrika leben und die kilometerweit zu Fuß laufen müssen, nur um überhaupt Wasser zu finden – wobei dieses Wasser meistens auch noch schmutzig und kaum trinkbar ist –, diese Menschen leben in einem puren Überlebensmodus und sind dadurch gezwungen, sich vor allem auf die Themen der unteren Chakras zu konzentrieren. Es ist also ein großes Privileg, dass wir hier in unseren mitteleuropäischen Ländern Wohlstand und damit auch die Zeit und die Möglichkeit haben, uns in Ruhe mit spirituellen Themen zu beschäftigen und uns bewusst innerlich weiterzuentwickeln. Doch mit diesem Privileg geht auch eine Verpflichtung gegenüber jenen Menschen einher, die aktuell weniger privilegiert sind. Viele Menschen in Afrika leben in einem physisch völlig anderen Umfeld als wir, und so ist es nur verständlich, dass sie weniger Zeit und weniger Energie für spirituelle Fragestellungen haben. Denn sie haben gerade ganz andere Probleme und eine ganz andere Prioritätenliste.

Darum tragen wir als Mitteleuropäer eine Mitverantwortung für alle anderen Menschen, die mit uns zusammen die Erde bewohnen. Wenn es uns gelingt, unseren materiellen Wohlstand und unseren äußeren Frieden konstruktiv dafür zu nutzen, eine nachhaltige spirituelle Entwicklung zu machen, dann geht diese Information ins kollektive Menschheitsfeld und wird somit auch allen anderen Menschen zur Verfügung gestellt. Aus meiner Sicht kann vor allem Mitteleuropa auf diese Weise zu einem globalen Leuchtturm werden. Denn hier haben wir eine stabile materielle Basis, die eine nachhaltige spirituelle Entwicklung überhaupt erst ermöglicht. Indem wir hier unsere kollektive Schwingung erhöhen, erweisen wir nicht nur unseren eigenen Ländern einen

ABSENDER:

Vorname / Name

Strasse / Nr.

PLZ / Ort

Telefon

E-Mail

Oder bestellen Sie bequem in unserem Online-Shop:

www.govinda.ch

Bitte
ausreichend
frankieren

GOVINDA-VERLAG
POSTFACH 18
CH – 8462 RHEINAU

BESTELLKARTE (gemäss Empfehlungen im Buch)

_____ Ex. Christina, Band 1 – Zwillinge als Licht geboren ❑ Buch | ❑ Hörbuch

_____ Ex. Christina, Band 2 – Die Vision des Guten ❑ Buch | ❑ Hörbuch

_____ Ex. Christina, Band 3 – Bewusstsein schafft Frieden ❑ Buch | ❑ Hörbuch

_____ Ex. Anastasia-Bücher: ❑ Bd. 1 | ❑ Bd. 2 | ❑ Bd. 3 | ❑ Bd. 4 | ❑ Bd. 5

_____ Ex. Anastasia-Hörbücher: ❑ Bd. 1 | ❑ Bd. 2 | ❑ Bd. 3 | ❑ Bd. 4 | ❑ Bd. 5

_____ Ex. Daniela Maiwald / Ronald Zürrer: Nimm dein Leben in die eigene Hand!

_____ Ex. Daniela Maiwald / Ronald Zürrer: Folge deiner Bestimmung!

_____ Ex. Ronald Zürrer: Schönheit des Inneren ❑ Buch | ❑ Kartenset

Datum / Unterschrift: ____

Preise inkl. MwSt., zuzügl. Porto; ab CHF 50.00 Bestellwert versandkostenfreie Lieferung innerhalb der Schweiz.
Es gelten die AGB laut govinda.ch.

Dienst, sondern zugleich auch allen anderen Ländern rund um die Welt.

Offensichtlich ist jetzt auch die richtige Zeit für dieses Erwachen der Menschheit. Denn wenn es nicht die richtige Zeit wäre, dann wären wir alle heute nicht hier inkarniert, sondern wären oben geblieben. Aber wir sind nicht oben geblieben, sondern wir sind hier in der Dreidimensionalität der Erde gelandet, weil wir der Meinung sind, dass es zwar vielleicht eine Weile dauern könnte, dass es letztlich aber mit Sicherheit funktionieren wird. Wie gesagt: Besser kleine Schritte als keine Schritte.

27

Die Problematik der 5G-Mobilfunknetze

Mehr Nachteile als Vorteile

Aus meiner Sicht bringt der neue 5G-Mobilfunkstandard, über den in der Öffentlichkeit gerade viel diskutiert wird und nach dem mich viele Menschen immer wieder fragen, mehr Nachteile als Vorteile. Es ist wahrscheinlich vielen Menschen klar, dass 5G für unseren physischen Körper in nicht unerheblichem Ausmaß gesundheitsschädlich ist. Aber auch unsere feinstofflichen Energiekörper, die für unsere spirituelle Entwicklung notwendig sind, werden durch die 5G-Frequenz blockiert und geschädigt. Vermutlich ist dies einer der Gründe, warum man überhaupt entschieden hat, 5G global einzuführen: um die spirituelle Entwicklung der Menschen zu schwächen. Im Moment erleben wir einen Schub an spiritueller Entwicklung – wie eine Welle, die jetzt überall auf der Erde losgeht. Aber manche Leute sind nicht besonders glücklich darüber, dass die Menschen spirituell erwachen, dass sie in ihr Herz gehen und dann zum Beispiel nicht mehr bereit sind, für die Mächtigen in den Krieg zu ziehen. So gesehen ist es verständlich, dass die Mächtigen versuchen, diese Entwicklung zu stoppen oder zumindest zu behindern.

Meiner Meinung nach ist dies das erste bedenkliche Problem der Frequenz, die von 5G erzeugt wird: Sie blockiert unsere Energiekörper und damit unsere spirituelle Entwicklung. Unter dem Einfluss dieser Frequenz können Menschen sich weniger gut mit dem Licht verbinden, was dazu führt, dass ihre spirituelle Entwicklung ins Stocken kommt oder sogar vorübergehend einschläft.

Das zweite Problem ist, dass 5G dazu benutzt werden kann, Menschen – und übrigens auch Tiere – zu manipulieren, und zwar sowohl auf der Ebene der Gedanken und Emotionen als auch auf der Ebene der Handlungen und der Körperfunktionen. Mit Hilfe dieser Frequenz kann man Gedanken und Emotionen in einen Menschen hineingeben, die nicht zu ihm gehören. Man kann dadurch ihr Verhalten so beeinflussen, dass sie das tun, was die Machthaber und Strippenzieher wollen.

Drittens hat die 5G-Frequenz auch schädliche Auswirkungen auf unseren physischen Körper. Sie kann Beschwerden wie Kopfschmerzen, Schlafstörungen, Schwindelanfälle und dergleichen hervorrufen oder auch ernstere physische Krankheiten. Es ist ja schon lange bekannt, dass Mikrowellen Zellprozesse im Körper beeinflussen, und bei 5G wird dies noch verstärkt. Doch nicht nur die Menschen sind bedroht, sondern auch die Tiere und Pflanzen. So greift 5G beispielsweise auch das Immunsystem der Bäume an. Das alles muss nun wirklich nicht sein, denn es gibt durchaus Alternativen. Diese Alternativen ermöglichen alles, was 5G verspricht, jedoch ohne irreversible Schäden an Biosystemen zu verursachen. Der wesentliche Unterschied besteht darin, dass die Alternativen viel günstiger sind und den Industrien keine Mega-Profite ermöglichen.

Viertens sind die 5G-Funkzellen auch gut dazu geeignet, Menschen noch intensiver zu überwachen. Wir leben schon heute in einer Welt von Überwachungskameras mit Gesichtserkennung fast an jeder Ecke, in einer Welt, in der Telefongespräche aufgezeichnet werden und so weiter. Durch die 5G-Technologie kann dieses System der totalen Überwachung noch weiter ausgebaut werden.

In den offiziellen Informationen, die die Bevölkerung über 5G bekommt, werden meist nur die vermeintlich positiven Aspekte des 5G-Standards betont, und die negativen werden kaum je erwähnt. Aber wir können nur dann sinnvolle Entscheidungen treffen, wenn wir genügend Informationen haben. Es wird öffentlich nicht gesagt, dass wir durch 5G manipuliert werden können und dass die Frequenz unsere spirituelle Entwicklung behindert. Ich bin der Meinung, dass man vor der Einführung von 5G die

Bevölkerung um ihre Zustimmung fragen sollte, ob sie überhaupt damit einverstanden ist, sich von diesen Frequenzen wie in einer Mikrowelle grillen zu lassen.

Schutz vor der 5G-Strahlung

Falls wir aber die Einführung von 5G nicht verhindern können, wie können wir uns individuell vor den Auswirkungen der 5G-Strahlung schützen? – Am besten dadurch, dass wir unsere eigene Frequenz erhöhen. Wir alle haben ja eine individuelle Alltagsschwingung, das heißt eine neutrale Grundschwingung, wenn wir emotional weder besonders traurig noch besonders glücklich sind. Unsere Alltagsschwingung ist jene Schwingung, die wir von Natur aus haben, wenn wir am Morgen aufstehen. Falls nun unsere Alltagsschwingung einen bestimmten Level überschreitet, beeinträchtigt uns die 5G-Frequenz weniger stark oder gar nicht mehr. Wichtig ist dabei, dass wir sowohl die Schwingung unseres Bewusstseins erhöhen als parallel dazu auch die Schwingung unseres physischen Körpers, denn es sollte keine Disharmonie zwischen diesen beiden Frequenzen bestehen. Sobald es uns gelingt, die Schwingung unseres Bewusstseins und die Schwingung unseres Körpers auf einen bestimmten Level zu erheben, kann uns die Frequenz von 5G keinen Schaden mehr zufügen.

Kennt ihr diesen Zustand, wenn ihr in den Kern eures Herzens geht und dann einfach nur lächelnd dasitzt? Das ist ein Zustand, in dem man sozusagen «auf Wolke 7 schwebt» und ohne äußeren Grund überglücklich ist. Normalerweise bewirken irgendwelche Umstände in unserer Umgebung, dass in uns diese oder jene Emotion ausgelöst wird, aber wenn wir im Kern unseres Herzens sind, dann braucht dieses Hochgefühl von «Wolke 7» keinen äußeren Anlass. Wenn ihr in dieser Schwingung seid, dann habt ihr automatisch so etwas wie einen Lichtkreis oder eine Lichtkugel um euch herum. In diesem Bewusstseinszustand schwingt ihr euch ganz einfach aus dem 5G-Netz heraus.

Wie ich festgestellt habe, besteht das Problem jedoch darin, dass man, sobald man mit physischen Dingen zu tun hat, sich wieder verdichten muss. Denn im Bewusstseinszustand von «Wolke 7» ist man nicht fähig, innerhalb der physischen Welt zu agieren und zu wirken. Das heißt: Wir können uns zwar gegen die 5G-Strahlung schützen, indem wir in den Kern unseres Herzens gehen und unser Bewusstsein in eine höhere Frequenz erheben, aber sobald wir in unserem äußeren Leben etwas bewirken wollen, wird es kompliziert. Zum Glück jedoch können wir das trainieren. Wir können uns antrainieren, dass wir auch dann in der höheren Bewusstseinsfrequenz bleiben, wenn wir mit physischen Dingen zu tun haben. Es ist so ähnlich wie etwa beim Gehen, beim Schwimmen oder beim Fahrradfahren: Zuerst funktioniert es gar nicht, dann lernt man es, und wenn man es einmal gelernt hat, kann man es automatisch.

Dazu braucht es eine gewisse Bemühung unsererseits und auch eine gewisse Zeit. Denn wir tragen erstens von den Erlebnissen in unserer jetzigen Inkarnation, zweitens von den Erlebnissen in unseren früheren Inkarnationen und drittens auch von unseren Ahnen noch zahlreiche veraltete Programme und Muster in uns. Diese Programme waren zu der damaligen Zeit völlig richtig – sonst hätten wir oder unsere Vorfahren sie gar nicht erst entwickelt –, aber viele von ihnen sind nicht mehr aktuell, und wir benötigen diese alten Programme und Muster heute nicht mehr. Teilweise hindern sie uns sogar direkt daran, in einen höheren Bewusstseinszustand zu kommen. Deshalb sollten wir lernen, diese Programme und Muster allmählich aufzulösen.

Gewaltloser Widerstand und das klare Beziehen von Positionen

Ein weiterer wichtiger Punkt ist für mich folgender: Falls ihr merkt, dass in irgendeinem Bereich der Gesellschaft etwas schiefläuft, das euch nicht gefällt, so habt ihr – sofern ihr innerlich den Impuls dazu verspürt – das Recht zu zeigen, dass ihr das so nicht möchtet. Das bedeutet selbstverständlich nicht, dass ihr Gewalt anwenden sollt. Wir sollten niemals Gewalt gegen Lebewesen ausüben, wir sollten niemals Menschen verhauen oder Scheiben einschlagen oder Autos anzünden. Aber wir können durch Petitionen und andere demokratische Mittel unsere Meinung äußeren. Ob dies wirklich etwas verändert, ist zwar fraglich – vor allem dann, wenn die ganze Politik geschlossen hinter einer Sache steht. Doch selbst für den Fall, dass es politisch gesehen nichts bewirkt, hat es auf der feinstofflichen Ebene doch eine Wirkung. Denn ihr habt feinstofflich klargestellt: «Das wollen wir nicht.» Diese Aussage hat eine völlig andere energetische Wirkung als wenn ihr denkt: «Ach schade, wir können ja doch nichts machen. Pech gehabt.»

Darum ist es wichtig, dass ihr eure Meinung zum Ausdruck bringt. Allerdings sollte dies immer friedlich und gewaltfrei geschehen. Alleine dadurch, dass ihr auf diese Weise feinstofflich Position bezieht, bewegt ihr schon einiges – unabhängig davon, ob es auf der physischen Ebene unmittelbar etwas bringt oder nicht. Wenn ihr Position bezieht und klar ausdrückt, was ihr wollt und was ihr nicht wollt, hilft dies außerdem auch eurem Schutzengel, seine Aufgabe besser zu erfüllen. Wir können uns das etwa so vorstellen, dass unser Schutzengel und unsere anderen geistigen Begleitwesen zu Beginn unserer Inkarnation eine Art «To-do-Liste» mitbekommen haben, auf welcher steht: Wenn im Leben eures Schützlings dies passiert, dann dürft ihr A und B tun; wenn jenes passiert, dann dürft ihr C und D tun; und wenn jenes Ereignis eintritt, dann dürft ihr E und F tun, und so weiter.

Nun gibt es aber Dinge, die wir nicht eingeplant haben, als wir uns inkarnierten – zum Beispiel eben 5G-Mobilfunknetze. Der Einsatz von 5G-Strahlungsfrequenzen war uns damals vielleicht bloß als eine Möglichkeit bewusst, die eventuell eintreten könnte, doch jetzt sind wir auf einer Zeitlinie gelandet, in der sie tatsächlich stattfindet. Da unser geistiges Team das Thema 5G wahrscheinlich nicht auf seiner To-do-Liste findet, helfen wir ihm, indem wir uns auf der energetischen Ebene positionieren und damit dem Schutzengel mitteilen, ob wir 5G wollen oder nicht. Dann kann der Schutzengel entsprechend wirken – wie auch immer dies dann konkret aussehen mag. Solange wir jedoch nichts sagen und uns nicht klar positionieren, kann er nur dastehen und inaktiv auf unsere Anweisung warten.

Angenommen, die Bevölkerung eines ganzen Landes bringt zum Ausdruck, dass sie 5G nicht will, indem beispielsweise alle Menschen drei Tage lang zu Hause bleiben und nicht arbeiten gehen. Dadurch bekommen diejenigen, die 5G installieren wollen, die Gelegenheit, es sich noch einmal zu überlegen. Oder angenommen, wir alle gehen in den Kern unseres Herzens und schwingen als Kollektiv über der 5G-Frequenz. Oder irgendein kreativer Mensch erfindet etwas, das die 5G-Strahlung beispielsweise im Umkreis von zwei Metern neutralisiert … Es gibt so viele Möglichkeiten, was wir tun können.

Nicht nur bei der 5G-Problematik, sondern allgemein bei den zentralen Fragen unserer Zeit halte ich es darum für wichtig, dass wir uns nicht bloß einseitig von den Massenmedien informieren lassen, sondern dass wir selbst recherchieren und uns selber ein Bild machen. Denn wenn wir zehn Puzzleteile kennen, können wir besser entscheiden als wenn wir nur drei kennen.

Die Menschheit ist dabei, aufzuwachen

Wir sollten unsere Fähigkeit nutzen, dass wir als Menschen unsere Schwingung und damit unsere Wirkung auf die Welt bewusst wechseln können. Wenn wir neue Schwingungsfrequenzen aussenden wollen, an die wir noch nicht gewöhnt sind, dann braucht es wie gesagt eine gewisse Zeit und eine gewisse Bemühung, bis wir sie in unsere Alltagsschwingung integriert haben. Denn die Programme und Muster aus früheren Zeiten blockieren das Integrieren neuer, höherer Schwingungsfrequenzen und das Erkennen unserer wahren Essenz.

Die gute Nachricht aber lautet: Wir sind dabei, global aufzuwachen. Mit Aufwachen meine ich, dass wir uns als Menschheit Schritt für Schritt wieder dem zuwenden, was wir wirklich sind. In diesem schrittweisen Aufwachprozess werden automatisch jene Dinge gelöst, die wir nicht mehr benötigen. So können wir auch die Herausforderung von 5G als Lernfeld betrachten und nutzen. Egal, was dabei herauskommen wird, wir können es jetzt als Aufforderung nehmen, unsere Schwingung zu erhöhen. Wenn in einem Land sehr viele Menschen ihre Alltagsschwingung anheben, geht diese Information in das dortige kollektive Bewusstseinsfeld, und das macht es für andere Menschen, die sich noch nicht bewusst in diesem Prozess befinden, leichter, auf die Welle aufzuspringen. Weil andere schon vorgearbeitet haben, müssen sich die Nachkommenden für gewisse Entwicklungsschritte weniger abmühen. Das heißt: Indem wir etwas für unsere eigene Entwicklung tun, helfen wir immer auch allen anderen.

Fragen zum Thema 5G

Frage: Im Zusammenhang mit der Einführung der 5G-Mobilfunknetze wird im Moment auch viel über die allgemeinen Gefahren von Handystrahlung diskutiert. Was ist deine Sichtweise auf dieses Thema?

Antwort: Aus meiner Sicht manipulieren uns die Smartphones schon heute, insbesondere auf der Ebene unserer Chakras. Es werden uns Emotionen in unseren Emotionalkörper und Gedanken in unseren Gedankenkörper eingepflanzt, von denen wir dann denken, es seien unsere eigenen. Über die Smartphones werden wir aber nicht nur auf diese Weise manipuliert, sondern wir werden, wie jeder weiß, mit Hilfe der Smartphones auch überwacht.

Frage: Meinst du, dass gewisse technische Geräte in Zukunft unsere Gedanken mitlesen können?

Antwort: Das scheint auf den ersten Blick vielleicht etwas unwahrscheinlich zu sein, aber ich halte es nicht für völlig abwegig. Ich weiß nicht genau, wie weit die heutige Technik diesbezüglich schon ist, aber wahrscheinlich besteht der Plan darin, durch 5G solche Bemühungen noch zu verstärken.

Ich bin nicht grundsätzlich gegen Technik, und ich finde es super, dass es zum Beispiel das Internet gibt. Ohne Internet könnte ich meine Arbeit gar nicht so machen, wie ich es tue. Das Problem beginnt meiner Ansicht nach erst dann, wenn Technik missbraucht wird. Es ist doch heute so, dass die Regierungen nur das Wort «Terrorismusgefahr» aussprechen müssen, um sich praktisch alles erlauben zu können. Dabei ist das nur ein Vorwand, und eigentlich geht es darum, über möglichst viele Menschen möglichst viele Daten zu sammeln und Kontrolle auszuüben. Das Problem ist also nicht die Technologie an sich. Das Problem sind die Leute, die die Technologie dafür einsetzen, ihre Fäden zu spinnen und ihre Strippen zu ziehen.

Die Strahlung von Mobilfunknetzen bereitet uns schon auf der physischen Ebene etliche Probleme, denn unsere Körper sind gar nicht auf diese Strahlungen eingestellt. Das größte Problem in diesem Zusammenhang bleibt für mich jedoch das Manipuliertwerden. Klar wissen wir heute längst, dass alle unsere Daten gesammelt werden und dass wir ständig überwacht werden, aber das ist nicht das Schlimmste. Schlimmer finde ich, dass wir schon in der Schule damit erzogen werden, dass es nur eine einzige Wahrheit gibt, die man nicht in Frage stellen darf, weil die Schulbücher ja angeblich immer recht haben. Wir werden dahin erzogen, dass es außer dem Schulwissen keine andere Wahrheit gibt, und wir werden darauf programmiert, nicht nachzufragen, nicht zu hinterfragen und nicht selber zu denken. So haben viele Menschen kein eigenständiges Denkvermögen mehr. Ich vermute, dass diese verheerende Manipulation durch die Einführung von 5G noch zunehmen wird.

Menschen, die ihre eigenen Gedanken nicht reflektieren und die ihre Gedanken und Gefühle nicht von außen betrachten, sind sehr leicht manipulierbar. Ein Mensch jedoch, der fähig ist, Distanz zu seinen Gedanken zu halten und sich selber beim Denken zuzuhören, kann sich immer fragen: «Bin wirklich ich das, der hier denkt? Sind das wirklich meine eigenen Gedanken, oder wo kommen diese Gedanken her? Will ich wirklich so denken?» Alle Menschen sind den ganzen Tag über damit beschäftigt zu denken. Aber viele hören sich selber beim Denken gar nicht zu. Sie denken zwar, und sie wissen auch, dass sie denken, aber sie fragen nicht: «Was denke ich eigentlich gerade? Will ich das überhaupt denken?»

Wenn bei einem Menschen, der auf diese Weise sein Denken sowieso kaum je hinterfragt, auch noch der Einfluss des

5G-Netzes hinzukommt, wird es noch schwieriger. Daher bin ich der Meinung, dass 5G nicht kommen sollte, nur schon wegen der gefährlicheren Strahlung, aber auch wegen der verstärkten Manipulationsgefahr. Ich halte es für wichtig, der Bevölkerung nicht nur einseitig zu erklären, wie toll und wie nötig etwas ist, sondern ihr auch ehrlich die negativen Konsequenzen aufzuzeigen. Das gilt nicht nur in Bezug auf 5G, sondern ganz allgemein. Man sollte den Menschen immer eine freie Wahl lassen, indem man sie nicht nur einseitig informiert. So kann ein Mensch sich sein eigenes Bild machen und dann für sich Entscheidungen treffen, die möglichst viele Aspekte miteinbeziehen. Sobald mir auffällt, dass die Bevölkerung bei irgendeinem Thema nur sehr einseitig informiert wird, frage ich mich: Warum ist das so? Steckt da womöglich eine gezielte Manipulation dahinter? Soll etwas ganz Bestimmtes durchgedrückt werden?

Was die geplante Einführung von 5G betrifft, so sehe ich zwei Probleme. Erstens dass es einfach installiert wird, ohne dass man die Öffentlichkeit ausreichend informiert hat und ohne dass die Bevölkerung rechtzeitig die Möglichkeit hatte, über die Einführung mitzuentscheiden. Und wenn es erst einmal läuft, wer sollte dann das Geld aufwenden, es wieder zu deinstallieren?

Und zweitens besteht die Gefahr, dass wir die Schädlichkeit des 5G-Netzes nach einer gewissen Zeit gar nicht mehr spüren werden. Dass wir uns so sehr daran gewöhnen, dass wir gar nicht mehr bewusst bemerken, in welch gesundheitsschädigendem Umfeld wir uns bewegen. Am Anfang werden wir vielleicht noch spüren, dass die 5G-Strahlung uns nicht gut tut. Aber irgendwann wird dieses Feld für uns so normal sein, dass wir nicht mehr daran denken, dass es überhaupt da ist, und dass wir uns nicht mehr sicher sind, ob unsere entsprechenden Beschwerden nicht früher auch schon da waren.

Frage: Wie kann ich mich als einzelner Mensch gegen die Auswirkungen dieser Manipulationen wappnen?

Antwort: Wenn wir etwas nicht verhindern können, wenn also zum Beispiel das 5G-Netz einfach gegen unseren Willen flächendeckend installiert wird, dann können wir seine Auswirkungen auf uns mit Hilfe unserer eigenen Schwingung neutralisieren, das heißt: für uns persönlich unschädlich machen. Wir sind alle schwingende Wesen, und wenn wir eine niedere Gegenfrequenz bekommen, die aus irgendeinem Grund stärker ist als wir, dann drückt sie unsere eigene Frequenz hinunter. Daher halte ich es für das Beste, an der Schwingungsfrequenz seiner eigenen verschiedenen Energiekörper zu arbeiten. Wir können der Quelle auch sagen, dass sie die Schwingung unseres physischen Körpers anheben soll. Denn 5G hat eine bestimmte Schwingungsfrequenz, und auch wir haben eine Schwingungsfrequenz, und sobald unsere Frequenz höher ist als diejenige von 5G, kann 5G uns nicht mehr schaden.

Im Grunde genommen ist alles, was im Moment auf der Erde abläuft, Teil eines riesigen Krieges, bei dem es letztlich um Schwingungsfrequenzen geht. Was auch immer geschieht, worüber auch immer in den Massenmedien berichtet wird – der unlichten Seite geht es letzten Endes einzig darum, die Menschen irgendwie in Angst zu versetzen. Denn Angst hat eine sehr tiefe Frequenz, und durch diese Angstfrequenz kann die Gesamtschwingung der Menschheit tief gehalten werden. Die beiden entscheidenden Fragen lauten also: Wodurch steigt die Schwingung der Menschheit? Und wodurch fällt sie?

Ganz wichtig ist auch, dass wir nicht nur darauf achten, die Schwingung unseres Bewusstseins zu erhöhen, sondern auch die Schwingung unseres physischen Körpers. Schließlich ist es unser physischer Körper, der den Auswirkungen beispielsweise des 5G-Netztes ausgesetzt ist. Falls nur unser Bewusstsein hoch schwingt, aber unser Körper in tiefen Frequenzen stecken bleibt, bringt das wenig, und wir werden die Probleme trotzdem haben. Außerdem reicht es nicht aus, dass wir die Schwingung des physischen Körpers nur vorübergehend erhöhen, etwa durch vereinzelte Glücksmomente. Vielmehr sollten wir versuchen, unsere Alltagsschwingung, also die Grundschwingung, die wir unabhängig von gelegentlichen Hochs oder Tiefs haben, dauerhaft zu erhöhen.

Jeder von uns sollte sich die Frage stellen: Was genau kann ich tun, um die Alltagsschwingung meines physischen Körpers dauerhaft zu erhöhen? Dann werden Themen wie zum Beispiel die individuelle Ernährung wichtig, das heißt, dass wir darauf achten, welche Schwingungen wir in unseren Körper aufnehmen. Oder auch die Entscheidung, welche Schwingungen wir in unserem Körper behalten wollen und welche nicht. Dass wir also veraltete Muster auflösen, die noch von früher in den Zellen unseres Körpers gespeichert sind und die uns blockieren. Dies schließt auch das Herausreinigen jener Dinge mit ein, die wir seit Generationen von unseren Ahnen in unseren Zellen mit uns tragen. Es kann nämlich sein, dass wir bestimmte Daten und Muster mit uns durch unsere Inkarnation schleppen, die noch von unseren Vorfahren in unseren Zellen stecken und die eigentlich gar nicht zu unserer Seele gehören.

Auch globale Themen werden dann wichtig, zum Beispiel das industrielle Schlachten von Hunderttausenden und Millionen von Tieren, das Abholzen der Regenwälder, das Verschmutzen der Meere und dergleichen. Denn all dies löst eine bestimmte Schwingung aus, und diese Schwingung geht dann in die gesamte Umgebung und beeinflusst sowohl die Menschen als auch Mutter Erde.

Für eine solche Veränderung unseres Bewusstseins und unseres Verhaltens ist es nie zu spät. Egal wie alt du bist, egal wer du bist, wo du bist, wie du bist, welcher Religion du angehörst, wie du aussiehst, welche Kleidung du trägst – du kannst dich immer zum Positiven verändern. Wenn du denkst, dass du dich nicht ändern kannst, weil du dafür zu alt bist oder was auch immer, dann sind das bloß Ausreden. Unser Beweggrund für unsere individuelle Schwingungserhöhung sollte allerdings nicht nur sein, uns dadurch vor der Manipulation etwa des 5G-Netzes zu schützen, sondern vielmehr, weil wir uns selber spirituell entwickeln und letzten Endes aus unserem Vergessen aufwachen wollen.

28

Fragen und Antworten (Teil 3)

Achtsamkeit und Liebe gegenüber der Natur

Frage: Können Seelen sich auch als Tiere inkarnieren?

Antwort: Ja, denn auch Tiere haben eine Seele. Jede Seele ist imstande, sich zu inkarnieren und dabei zu entscheiden, welchen Körper sie annehmen will. Allerdings ist es so, dass sich im Laufe der Zeit die Möglichkeiten für bestimmte physische Körper ändern können.

Zum Beispiel gab es vor Jahrhunderten und Jahrtausenden hier auf der Erde noch physische Meerjungfrauen, so dass eine Seele wählen konnte, sich als Meerjungfrau zu inkarnieren. Heutzutage gibt es Meerjungfrauen nur noch feinstofflich, nicht mehr physisch. Ähnlich ist es auch mit Einhörnern oder mit Elementarwesen wie etwa Zwergen, Elfen und so weiter. Auch sie haben im Laufe der Zeit die Dichte gewechselt und existieren heute nur noch im feinstofflichen und nicht mehr im feststofflichen Bereich. Früher waren sie auf der gleichen Verdichtungsebene wie wir, doch dann haben sie sich anders entwickelt. Ein Grund dafür ist, dass wir Menschen begonnen haben, die Natur zu zerstören. Dadurch haben wir die Naturwesen vertrieben; sie sind vor uns geflohen. Wenn wir den Naturwesen wieder ein angemessenes Zuhause bieten würden, dann würden sie auch wieder zurück kommen. Viele der Wesen, die wir heute nur noch aus den Märchen kennen, existierten früher tatsächlich auch physisch. Wenn heutzutage ein hellsichtiges Kind einen Zwerg sieht, wird es von den Erwachsenen oft nicht ernst genommen, weil sie glauben, dass diese sogenannten Märchengestalten nicht real seien. Sie tun dies nicht, weil sie etwas gegen das Kind haben; sie wissen es einfach nicht besser.

Es ist jedoch nicht so, dass das komplette Kollektiv aller Naturwesen uns Menschen dumm findet und meidet. So gibt es noch heute gewisse Regionen, in denen die Menschen mit den feinstofflichen Naturwesen zusammenarbeiten. Zum Beispiel heißt es, dass dies in Island der Fall sei, wo die Menschen etwa beim Bauen von Straßen Rücksicht auf die Wohngebiete der Naturwesen nehmen. Ich war zwar noch nie dort, aber ich kann es mir gut vorstellen, und ich halte eine solche Zusammenarbeit für eine sehr gute Lösung. Indem wir wieder mehr mit den Naturwesen zusammenarbeiten, erkennen wir auch wieder das Lebendige überall in der Natur, in jedem Baum und in allen Steinen und Pflanzen und Tieren. Außerdem wachsen dann die Pflanzen in unserem Garten deutlich besser und werden viel größer. Dadurch, dass wir den Naturwesen einen Lebensraum bieten, in dem sie wirklich leben können und nicht nur um ihr Überleben bangen müssen, sind sie auch bereit, uns in einem harmonischen Austausch zu unterstützen.

Island hatte hierbei also eine gute Idee. Hier in unseren Ländern fehlt uns dafür noch ein wenig die Offenheit. Es wäre bei uns vermutlich etwas komplizierter, und es würde etwas länger dauern, bis man einem Straßenbauer klargemacht hätte, dass hier ein Zwerg wohnt. Aber ich mag diese Idee des harmonischen Zusammenwirkens mit den Naturwesen, denn sie drückt einen wunderbaren Respekt der Natur gegenüber aus. Viele Leute denken, der Mensch stehe schließlich an der Spitze der Nahrungskette und dürfe darum tun und lassen, was immer er will. Sie übersehen dabei, dass die Natur uns Menschen nicht braucht. Aber wir brauchen sie, und irgendwann werden wir diese Tatsache wieder begreifen müssen.

Man könnte alles auch so einrichten, dass wir in Harmonie mit der Natur leben. Zum Beispiel beim Häuserbau: Es gibt Gebäude, die sich harmonisch in die Natur einfügen, während andere wie ein Fremdkörper in der Natur wirken. Ich bin überzeugt davon, dass es möglich ist, alles so zu machen, dass es harmonisch eingefügt ist. Doch auch dies beginnt damit, dass die Menschen ein höheres Bewusstsein entwickeln und erkennen, dass die Natur lebendig ist und dass alles Existierende beseelt ist.

Jede Pflanze, jeder Stein, jedes Tier und alles Erschaffene verfügt über ein Bewusstsein, und auch die Erde selbst ist ein lebendiges Wesen. Alles in der Natur kommuniziert ständig mit allem anderen, und wir Menschen sind ein Teil der Natur und somit auch ein Teil dieser Kommunikation. Als Teile des Ganzen sind wir mit allen Geschöpfen gleichwertig, und alle Wesen können immer gegenseitig voneinander lernen.

Dass Menschen und Tiere lebendige Wesen sind, ist wohl jedem klar, aber dasselbe gilt auch für Pflanzen und Steine und für die Luft und das Wasser. Auch die Uhr hier und jeder Stuhl in diesem Saal hat ein Bewusstsein. Die Stühle wissen, dass heute Menschen auf ihnen sitzen und diesem Seminar zuhören; sie nehmen wahr, dass wir in den Pausen aufstehen und dann wiederkommen; sie nehmen wahr, wenn neben ihnen eine Handtasche steht. All das wissen sie.

Denn alles, was existiert, wurde erschaffen. Und alles, was erschaffen worden ist, lebt und hat ein Bewusstsein – egal was es ist, egal wo es ist, egal wer es erschaffen oder produziert hat. Alles, was existiert und ein Bewusstsein hat, kann denken und kann fühlen, nimmt seine Umgebung wahr und hat und Bedürfnisse. Ob es sich nun physisch bewegt oder nicht, spielt dabei keine Rolle. Dies gilt wie gesagt nicht nur für Menschen und Tiere und Pflanzen und Steine, sondern auch für Gegenstände wie ein Tisch oder ein Stuhl oder ein Wasserglas, von denen manche Leute glauben, sie seien leblos oder sogenannt künstlich. Es gilt ebenso für Kleider, Maschinen, Autos und alles andere, das existiert.

Diese einfachen Wahrheiten sollte man den Kindern in der Schule beibringen: dass alles ein Bewusstsein hat und eine Lebendigkeit in sich trägt. Und auch, dass alles, was wir tun, auf alles andere, das existiert, eine Auswirkung hat, weil wir immer mit allem verbunden sind. Diese Dinge sollten zum Grundwissen eines neuen Weltbildes gehören. Wenn man den Kindern dieses neue Weltbild vermittelt, entfalten sie eine Achtsamkeit und eine Liebe gegenüber ihrer Umwelt, und allein dadurch ist schon sehr viel gewonnen. Denn Kinder werden irgendwann erwachsen und werden eine Familie haben und dieses Wissen dann an ihre eigenen Kinder weitergeben.

Alles ist kommunikationsfähig, aber nicht alles ist kommunikationsfreudig

Frage: Wenn alles lebendig ist, können wir dann auch mit allen Wesen aktiv kommunizieren?

Antwort: Alles, was beseelt ist, ist imstande zu sprechen und mit uns zu kommunizieren. Im Prinzip ist also alles kommunikations*fähig,* aber nicht alles ist auch kommunikations*freudig.*

Wie gesagt ist unser Planet Erde ein lebendiges Wesen, und die Erde liebt uns in unglaublicher Weise bedingungslos. Dies wissen die Naturwesen, und deshalb sind sie uns Menschen gegenüber nicht nachtragend, sondern sie sind bereit, mit uns zusammen einen Neustart zu versuchen. Dafür braucht die Menschheit jedoch eine gewisse seelische Reife. Die Wesen in der Natur kommunizieren ständig untereinander, und genauso kommuniziert die Natur auch mit uns Menschen. Denn wir Menschen stehen nicht außerhalb der Natur, sondern wir sind ebenfalls ein Teil von ihr und gehören genauso zur Natur wie alles andere. So kommunizieren auch wir – bewusst oder unbewusst – rund um die Uhr mit unserer Umgebung, ob das nun ein Tier, eine Pflanze, ein Stein oder ein Stuhl ist. Denn wir sind ja mit allem verbunden.

Betrachten wir zum Beispiel einen Stein, der uns fasziniert, so kann es sein, dass auf der einen Ebene unser Tagesbewusstsein findet: «Das ist aber ein schöner Stein», während auf einer anderen Ebene ein anderer, unterbewusster Teil von uns gleichzeitig aktiv mit dem Stein redet. Und weil wir immer mit allem verbunden sind, hat auch alles, was wir tun – unabhängig davon, auf welcher Ebene wir es tun –, Auswirkungen auf alles andere in der Welt.

Aus eigener Erfahrung kann ich sagen, dass die Kommunikation zum Beispiel mit Bäumen im Alltag durchaus hilfreich ist. Angenommen, du bist irgendwo draußen auf einer Wiese, und auf dieser Wiese sind auch Bäume. Es kann nun sein, dass ein

Baum dich warnt: «Pack besser die Decke zusammen, es zieht ein Gewitter auf.» Am Himmel gibt es zu diesem Zeitpunkt vielleicht noch keine Anzeichen für ein Gewitter, aber tatsächlich wird bald eines kommen. Denn jedes Tier, jede Pflanze und auch jeder Gegenstand nimmt seine Umwelt in seiner eigenen Weise wahr. So nehmen Bäume gewisse Dinge wahr, die wir als Menschen nicht bewusst wahrnehmen, und so können sie uns diese mitteilen.

Zudem gibt es auch Tiere, die in bestimmten Aspekten ein größeres Bewusstsein haben als gewisse Menschen. Nur weil wir Menschen Autos und Handys haben und Wolkenkratzer bauen, nur weil wir uns als zivilisiert bezeichnen – was mittlerweile immer fragwürdiger ist –, heißt das noch lange nicht, dass wir in Bezug auf das Bewusstsein die am weitesten entwickelten Wesen auf der Erde sind. Dies gilt sogar dann, wenn wir nur jene Lebewesen berücksichtigen, die physisch sichtbar auf der Erde leben. Ich kenne etliche Tiere, die bewusstseinsmäßig weiter und reifer sind als manche Menschen. Denn es gibt keine klare Abstufung zwischen Menschen und Tieren, und das einzige, das den Menschen von den Tieren unterscheidet, ist das Aussehen. Unsere Körper haben zwei Beine, und die Körper der Tiere haben vier oder mehr Beine oder auch Flügel und so weiter, aber hinsichtlich der Bewusstseinsentwicklung sind manche Tiere individuell weiter als gewisse Menschen.

Jemand hat mir mal erklärt, dass er aufgrund von Tierliebe zwar kein Fleisch esse, dass er aber weiterhin Fisch esse. Ich fand das ziemlich unlogisch, denn Fische sind ja ebenfalls Tiere und haben eine Seele, haben Gefühle und Gedanken und nehmen ihre Umgebung wahr wie alle anderen Tiere auch. Das ist etwa die gleiche unsinnige Logik, als würde ein Europäer sagen: Ich betreibe zwar keinen Kannibalismus, aber ich esse Aborigines. Das soll natürlich keine Geringschätzung gegenüber Aborigines sein, sondern einfach aufzeigen, wie unsinnig dieses Argument ist.

Wie gesagt haben nicht nur Tiere und Pflanzen ein Bewusstsein, sondern auch Gegenstände und Räume. Denn wir Menschen sind Schöpferwesen, und wenn wir als Mensch etwas erschaffen oder produzieren, dann entsteht durch unsere Arbeit nicht nur das entsprechende physische Objekt, sondern durch unser Bewusstsein erschaffen wir auch das Bewusstsein dieses Objektes.

Der Raum hier zum Beispiel weiß, dass wir in ihm drin sitzen, und er hört uns schon den ganzen Tag lang zu. Meistens mögen Räume es, dass man sich in ihnen aufhält. Sie mögen es auch, dass man sie erwähnt und über sie spricht. Ich persönlich finde Räume irgendwie «süß», und ich finde, wir sollten ihnen mehr Beachtung und Wertschätzung schenken. Dieser Raum hier ermöglicht es uns, dass wir heute überhaupt dieses Seminar abhalten können, und dafür sollten wir ihm dankbar sein.

Es gibt auch Räume, die beispielsweise keine fremden Menschen mögen. Jeder Raum hat ein Bewusstsein und eine eigene Energie. Das heißt, er erschafft energetische Felder und fügt dann seine eigene Energie zur Gesamtheit der Energie einer Situation hinzu. Wenn dieser Raum hier unser Seminar mag und sich darüber freut, dass wir alle hier sind, dann gibt er diese Energie der Freude in unser Zusammensein hinein und trägt auf diese Weise dazu bei, wie sich das Seminar energetisch anfühlt. Es ist also wichtig, dass Räume mit dem, was in ihnen geschieht, leben können. Ein Seminar in einem Raum zu veranstalten, der wütend ist, wäre hingegen keine gute Idee.

Dasselbe gilt auch für ganze Häuser. Ein Haus weiß, dass es ein Haus ist, und es ist sich darüber bewusst, wer gerade herein kommt und hinaus geht. Jedes Haus ist zudem individuell und hat ein eigenes Bewusstsein. Selbst wenn wir zehn gleich aussehende Häuser nebeneinander bauen, hat trotzdem jedes einzelne Haus sein individuelles Bewusstsein. So kann es sein, dass eines der Häuser beispielsweise einen Umbau der Küche gut findet und ein zweites Haus diesen Umbau aus irgendwelchen Gründen als fürchterlich empfindet. Die Menschen, die in dem zweiten Haus die Küche renovieren wollen, werden dann möglicherweise während des ganzen Umbaus immer wieder Probleme haben, einfach weil das Haus das nicht will. Es wäre also besser, vor einer geplanten Umgestaltung zuerst das Haus zu fragen, ob es mit den Bauarbeiten einverstanden ist oder nicht. Sofern das Haus einverstanden ist, werden es die Handwerker, die in dem Haus arbeiten, viel leichter haben. Je nachdem, ob Häuser oder Räume – aus welchen Gründen auch immer – ihre Bewohner mögen oder nicht, können sie ihnen das Leben entweder leichter oder auch schwerer machen.

Frage: Wie genau kommunizieren wir mit feinstofflichen Wesen?

Antwort: Das ist von Mensch zu Mensch unterschiedlich. Wir haben zwar alle die gleichen Kommunikationskanäle zur Verfügung, aber jeder von uns hat einen Hauptkanal, das heißt einen Kommunikationskanal, der für ihn im Tagesbewusstsein am besten wahrnehmbar und nutzbar ist. Das können etwa Bilder sein oder auch Gedanken oder Gefühle oder Geräusche oder was auch immer.

Unabhängig davon nehmen wir alle immer alles um uns herum wahr, entweder bewusst oder unbewusst. Wir nehmen ständig die Energiefelder der anderen Menschen und der anderen Lebewesen in unserer Umgebung wahr. Ihr kennt das sicherlich: Man kommt irgendwo hin und hat sofort das Gefühl, dass die Atmosphäre dort irgendwie seltsam ist. Das ist eine Form der feinstofflichen Wahrnehmung. Auf der physischen Ebene steht ja nicht ein Schild mit der Aufschrift «Dieser Ort ist seltsam». Und doch spürt man es irgendwie. Vielleicht würden wir in dieser Situation nicht auf die Idee kommen, von feinstofflicher Wahrnehmung zu sprechen, weil es für uns ganz normal ist, solche Dinge zu erleben. So glauben viele Menschen tatsächlich, sie seien nur imstande, dreidimensional-physische Dinge wahrzunehmen, und merken dabei nicht, wie sie die ganze Zeit über auch über ihre feinstofflichen Kanäle ihre Umgebung wahrnehmen.

Theoretisch können wir alle auch mit Verstorbenen kommunizieren oder mit Engeln oder anderen feinstofflichen Wesen. Ich würde in diesem Zusammenhang jedoch folgendes empfehlen: Falls ihr zu einer bestimmten Wesenheit Kontakt aufnehmen möchtet, so geht immer zuerst zur Quelle und bittet darum, dass ihr tatsächlich mit genau dieser Person verbunden werdet und nicht mit jemand anderem. Falls ihr diesen Zwischenschritt nicht macht, besteht das Risiko, dass sich irgendjemand meldet, der gar nicht diese Person ist, sondern nur vorgibt, sie zu sein. Denn auch dort oben in den feinstofflichen Ebenen sind die Zustände und die Wesen manchmal ein wenig verrückt. Das ist nicht nur hier bei uns in der Dreidimensionalität so. Ich will damit nicht sagen, dass eine direkte Kontaktaufnahme in jedem Fall schiefgehen muss, aber es gibt im Universum nun einmal derart viele Hochstapler und Schauspieler und Kopien und Doppelgänger, dass die Wahrscheinlichkeit, auf einen von ihnen zu treffen, sehr groß ist. Darum gehe ich persönlich immer zuerst zur Quelle, weil dann die Leitungen nicht «gehackt» werden können. Die Verbindung mit der Quelle ist nicht hackbar, und bei allen anderen Verbindungen sind die jeweiligen Firewalls halt mehr oder weniger gut.

Träume und Traumdeutung

Frage: Was macht die Seele, während wir schlafen und träumen?

Antwort: Während wir schlafen, kann es sein, dass unsere Seele aus dem physischen Körper hinausgeht und herumwandert. Üblicherweise ist es ja so, dass wir sofort sterben, sobald die Seele den Körper verlässt. Aber der Schlaf ist eine Ausnahme. Wenn wir im Schlaf den Körper verlassen, bleiben wir durch eine energetische Verbindung mit dem Körper verbunden. Erst wenn diese Verbindung reißt, kann die Seele nicht wieder in den Körper zurückkehren und wird endgültig gehen. Was das Sterben betrifft, so weiß die Seele normalerweise, wann es an der Zeit ist zu gehen – oder zumindest weiß es jener Teil der Seele, der nicht inkarniert ist.

Träume können verschiedene Ursachen haben und verschiedene Funktionen erfüllen. Manchmal sind Träume Erinnerungen an das, was wir nachts auf unserer Wanderschaft getan und erlebt haben. Oder Träume geben uns Antworten auf gewisse Fragen, die uns beschäftigen. Oder sie weisen uns auf Dinge und Zusammenhänge hin, die wir sonst nicht bemerkt hätten. Im Traum können wir als Seele direkt mit anderen Wesen sprechen, wie zum Beispiel mit unserer geistigen Begleitung. Außerdem können uns gewisse Träume auch zeigen, was in der Zukunft passieren wird. Und was Albträume betrifft, so können sie Warnsignale sein, die uns darauf aufmerksam machen wollen, dass wir von unserem Seelenweg abgewichen sind.

Ich weiß, dass es Traumdeutungsbücher gibt, aber ich halte nicht viel davon, denn sie sind für mich eine zu große Verallgemeinerung. Wir alle sind Individuen, und jeder von uns hat seine eigene individuelle Symbolsprache. Man kann die Bilder und Symbole, die in Träumen erscheinen, nicht einfach mit Hilfe eines Buches bei jedem Menschen gleich deuten. Denn deine Träume werden bewusst in der Sprache *deiner* Seele geschrieben. Der Traum, den du bekommst, ist extra für dich so verfasst worden. Wenn ein Traum symbolisch ist, können uns Traumdeutungsbücher vielleicht gewisse Vorschläge liefern, was die Symbole bedeuten könnten, aber ob diese Übersetzung für uns auch tatsächlich so stimmt, das sollten wir selber entscheiden.

Auflösen von Virenerkrankungen

Frage: Kann man auch Viren im Körper auflösen?

Antwort: Ja, man kann grundsätzlich alles auflösen. Aber die Frage ist, ob man es im Einzelfall auch darf. Denn wenn wir Viren in unserem Körper haben, dann sind diese Viren ja nicht zufällig dort, sondern aus einem bestimmten Grund. Man sollte also zuerst herausfinden, aus welchem Grund die Viren im Körper sind; dann erst kann man klären, ob man sie auflösen darf.

Ganz allgemein ist es so, dass uns Erkrankungen immer etwas aufzeigen wollen. Dadurch, dass wir versuchen, eine Erkrankung vor allem an ihrer Wurzel anzuschauen und nicht nur an ihren Symptomen, können wir wichtige Dinge lernen. Jede körperliche Erkrankung hat eine feinstoffliche Ursache, die sich irgendwann ins Physische hinabverdichtet hat. Dinge manifestieren sich nicht einfach so aus dem Nichts auf der physischen Ebene, sondern sie verdichten sich zunächst durch verschiedene energetische Ebenen hinunter bis in die physische 3D-Ebene. Sobald es uns gelingt, den eigentlichen Grund für eine körperliche Erkrankung herauszufinden, löst diese Erkenntnis im Feinstofflichen etwas auf. Dies ist der viel sinnvollere Weg als zu versuchen, etwas nur auf der grobstofflichen Ebene aufzulösen.

Impfungen

Frage: Was hältst du von Impfungen?

Antwort: Ich persönlich halte nicht viel davon. Aber auch bei dieser Frage gilt, dass jeder Mensch selber entscheiden sollte, ob es für ihn das Richtige ist oder nicht. Die einen sind konsequent gegen Impfungen; die anderen wählen aus, wogegen sie sich impfen lassen und wogegen nicht; und manche stimmen einfach allem zu. Jeder von ihnen hat dafür seine persönlichen Gründe. Die Antwort auf die Frage nach dem Impfen hängt nämlich davon ab, wie ein Mensch denkt und was für ein Weltbild er hat.

Unsere Gesundheit ist immer unsere eigene Verantwortung. Darum finde ich, dass jeder sich zuerst gründlich informieren sollte – auch aus anderen Quellen als nur aus den Zeitungen und dem Fernsehen. Nachdem wir gründlich recherchiert haben, können wir uns Gedanken darüber machen, was unsere Meinung zu diesem oder jenem Thema ist, was für uns im Moment stimmig ist. Unsere Meinung kann sich im Laufe der Jahre auch ändern, indem wir neue Informationen erhalten oder ein neues Bewusstsein entwickeln. Ich finde, man sollte sich nicht zu sehr auf seine heutige Meinung festlegen, sondern flexibel und bereit sein, sich weiterzuentwickeln.

Ein Rendezvous mit dir selbst

Frage: Wie kann man sich nachhaltig vor Angriffen des Unlichts schützen?

Antwort: Natürlich gibt es viele Dinge, die man zu seinem Schutz machen kann, wie zum Beispiel feinstoffliche Lichtsäulen aufzustellen und dergleichen. Was jedoch ebenfalls sehr viel bringen kann, ist dass wir einfach glücklich sind.

Wir leben in einer ziemlich hektischen und verrückten Zeit, und da ist es wichtig, dass wir uns in unserem Alltag immer wieder mal etwas gönnen – einfach nur, weil es uns glücklich macht. Ich nenne dies die «Ich-Zeit». Falls es etwas gibt, das dich in diesem Moment gerade glücklich macht, tue es einfach, auch wenn es keinen Sinn ergibt. Es muss nicht immer alles einen Sinn ergeben, und es muss auch nicht immer alles Geld bringen. Es muss nicht immer bei allem ein Vorteil für dich herausspringen. Es reicht doch schon, wenn es dir gut tut und dir Freude schenkt. Falls andere der Meinung sind, dass man so etwas nicht tut, brauchst du ja nicht auf sie zu hören. Niemand zwingt sie, es ebenfalls zu tun. Aber niemand sollte dich dazu bringen, es nicht zu tun.

Das ist zum Beispiel mit Kleidung ganz ähnlich. Die Menschen haben völlig unterschiedliche Vorstellungen davon, wie man sich wann und zu welchem Anlass kleiden soll. Wie alles andere auch, hat jedes Kleidungsstück eine bestimmte Schwingung, und du solltest dich in deinen Kleidern, in dieser Schwingung wohl fühlen. Ziehe also das an, was dir gefällt und worin du dich wohl fühlst, dann wird deine Kleidung deine individuelle Lebendigkeit und dein Wesen zum Ausdruck bringen. Falls irgendjemand der Ansicht ist, dass deine Kleidung schrecklich aussieht, gibt es genau zwei Möglichkeiten: entweder findet sich diese Person damit ab, oder sie schaut dich nicht an. Auf diese Weise ist das ganze Problem schon gelöst. Leben und leben lassen.

Hierzu ein Vorschlag meinerseits: Mach doch einfach öfters mal Dinge, die dir gefallen und die dir gut tun. Warum lädst du dich nicht zu einer Verabredung mit dir selbst ein – etwa zum Schwimmen oder ins Kino oder auf einen Waldspaziergang oder zu was immer dir Freude bereitet. Kauf dir einen Kinogutschein oder stelle dir selbst einen Gutschein für irgendetwas Schönes aus. Lege dann diesen Gutschein für ein Rendezvous mit dir selbst in einen Briefumschlag, schreibe deine Adresse darauf und übergib ihn einem Freund. Beauftrage diesen Freund, den Brief dann loszuschicken, wenn er den Eindruck hat, dass du ihn brauchst. Du wirst jetzt zwar wissen, was du erhalten wirst, aber du wirst nicht wissen, wann. So wird es dennoch eine Überraschung sein.

Wenn du dann nach etlichen Wochen die Sache vielleicht schon fast vergessen hast, kommst du eines Tages erschöpft von der Arbeit nach Hause, und da liegt plötzlich der Brief mit deiner Einladung zu etwas sehr Freudvollem, das dich glücklich machen wird. Dann solltest du nur entschlossen genug zu sein, die Verabredung mit dir selbst an diesem Tag auch tatsächlich einzuhalten.

Umwelt- und Tierschutz

Frage: Vor kurzem war in den Medien zu lesen, dass in den vergangenen vier Monaten an den französischen Atlantikküsten mehr als 1100 Delfine tot angeschwemmt worden seien. Das ist laut Wissenschaftlern die höchste Zahl seit vierzig Jahren. Wie könnte man ein solches Ereignis einordnen?

Antwort: Man könnte sich fragen, was uns die Tiere damit sagen wollen. Die Militärs funken seit langer Zeit schon in den Meeren mit Frequenzen, unter denen die Wale und Delfine extrem leiden. Weil sie es irgendwann nicht mehr aushalten, entscheiden sie, bewusst zu sterben und uns dadurch zu sagen: Wir haben es satt, wir gehen jetzt. So lassen sie sich an die Küste schwemmen, und indem sie dort stranden, machen sie die Menschen auf sich aufmerksam.

Dies ist nur eines von vielen Beispielen. Meiner Ansicht nach sollten wir uns in vielen verschiedenen Bereichen für den Umweltschutz einsetzen und für die Natur sinnvolle Lösungen finden. Wir sollten dies nicht immer wieder weiter hinauszögern: Die Lösungen sind ja eigentlich schon da, aber was es noch braucht, sind die richtigen Menschen an den richtigen Positionen, die konstruktiv zusammenarbeiten. Es gibt bereits so viele gute Erfindungen, doch viele davon sind in der Öffentlichkeit noch zu wenig bekannt, oder sie werden nicht gefördert, oder sie werden einfach geheim gehalten.

Ich finde, wir sollten nicht mehr so weitermachen wie bisher. Wenn wir in irgendeinem gesellschaftlichen Bereich ein Problem vorfinden und dafür noch keine Lösung haben, dann können wir ja eine Lösung suchen. Und wenn wir dann tatsächlich eine sinnvolle Lösung finden, sollten wir nicht sagen: «Ach nein, das geht nicht.» Wir brauchen heute mutige Menschen, die uns Lösungen für die Probleme unserer Zeit aufzeigen. Selbst wenn sie vielleicht erst das Ziel kennen und noch nicht den genauen Weg zu diesem Ziel, können wir ja trotzdem einfach mal anfangen. Die Menschheit hat auf der Erde so viel Zerstörung angerichtet, dass wir nicht erwarten können, dass schon morgen alles gelöst und gereinigt ist. Es geht jedoch darum, dass wir anfangen. Denn kleine Schritte sind besser als keine Schritte.

Für etwas sein, nicht gegen etwas

Frage: In der heutigen Gesellschaft stellen sich Menschen, Gruppierungen oder Bewegungen oft *gegen* irgendetwas, das sie stört. Wäre es aber nicht viel sinnvoller, *für* etwas zu sein statt gegen etwas?

Antwort: Ja, sicher ist das besser. Aber dieses Dagegensein hängt wohl zum einen damit zusammen, dass die Menschen die Haltung, gegen irgendetwas zu sein, einfach gewohnt sind. Und zum anderen damit, dass sie vielleicht die Lösung für einen bestimmten Missstand noch nicht kennen. Denn um *für* etwas zu sein, muss man ja die Alternative zum Bestehenden bereits kennen; man muss wissen, wohin man gehen will. Solange jemand sein Ziel noch nicht kennt, weiß er nur, was er verändert haben möchte, hat aber noch keine konkrete Lösung. Trotzdem ist es natürlich immer besser, für etwas Positives zu sein.

29

Kindliche Lebensfreude und Verspieltheit

Auch Erwachsene dürfen Spaß haben

Ich finde, dass unsere Gesellschaft in mancher Hinsicht etwas zu verkrampft ist. Wir haben oft sehr hohe, perfektionistische Ansprüche an uns und sehr genaue Vorstellungen davon, wie etwas sein sollte oder nicht sein sollte. Je länger ich hier lebe, desto mehr fällt mir auf: Kinder haben noch etwas Lockeres und Lebensfreudiges an sich, doch Erwachsene sind häufig wie eingeschachtelt. Viele Erwachsene sind – jedenfalls in unserem Kulturkreis – sehr ernst und irgendwie engstirnig. Die meisten von ihnen führen einen durchstrukturierten Alltag, sind gestresst und haben keine Freude und keinen Spaß in ihrem Leben mehr. Sie haben ihre kindliche Leichtigkeit und Verspieltheit verloren, die die heutige Welt so sehr benötigt. So brauchen wir uns nicht zu wundern, dass unsere ganze Gesellschaft etwas ernst und engstirnig ist. Denn die Art und Weise, wie die Welt sich im Außen zeigt, ist der Spiegel des kollektiven Inneren der Menschheit.

Etwas vom Wichtigsten, das unsere Gesellschaft in Bezug auf Erwachsene wieder integrieren sollte, ist die Tatsache, dass jeder Erwachsene in seinem Inneren auch immer ein Kind ist. Dieses Kind will spielen und nicht die ganze Zeit über nur rumsitzen und ernst sein. Irgendwo habe ich mal gelesen, dass Kinder auf ihre Eltern schauen, um herauszufinden, wie sie später erfolgreich werden können. Aber ich finde, dass umgekehrt auch Eltern auf ihre Kinder schauen sollten, und zwar um herauszufinden, wie sie wieder lebensfreudig und glücklich werden können. Wir können alle immer gegenseitig voneinander lernen. Nur weil du

30, 40 oder schon 80 Jahre alt bist, bedeutet das doch nicht, dass du nicht mehr spielen darfst. Du braucht nicht immer todernst mit Anzug und Krawatte rumzusitzen. Wenn Erwachsene denken, ihr ganzes Leben bestehe darin, ernst dazusitzen, dann läuft irgendetwas schief. Was wir also von unseren Kindern – und auch von anderen Kulturen – lernen können, ist etwas mehr Lockerheit im Leben. Wir alle haben ein inneres Kind, egal ob wir physisch gesehen gerade 10 oder 80 Jahre alt sind. Also können wir alle auch spielen und Spaß haben. Das ist ja nicht verboten. Es gibt keine Gesetze oder Vorschriften oder Regeln, die besagen: «Sobald du erwachsen bist, darfst du keinen Spaß im Leben mehr haben.» Falls dir jemand eine solche Vorschrift unter die Nase hält, nimm sie und verbrenn sie.

Auch Erwachsene sollten öfters Dinge tun, die eigentlich «sinnlos» sind und die ihnen keinen anderen Nutzen bringen als den, dass sie Spaß machen. Denn wenn dir etwas Freude bereitet und dich glücklich macht, ist doch schon genügend Sinn darin, es zu tun, egal ob die Gesellschaft nun findet, dass sei etwas, das «man» macht oder dass «man» nicht macht. Es muss ja nicht immer alles nützlich sein oder ernst sein oder Geld einbringen. Wir können doch alle auch einfach mal locker sein und in Unbekümmertheit und Unbeschwertheit einfach mal spielen.

Warum gibt es eigentlich keine Spielplätze für Erwachsene? Warum gibt es keine Spielplätze, in denen alles auf die Größe von Erwachsenen angelegt ist? Dann würde sich die Gesellschaft wieder eher darüber bewusst werden, dass es für jeden Menschen etwas völlig Normales ist, Spaß zu haben. Kürzlich habe ich auf einem Kinderspielplatz ein Schild gesehen mit der Aufschrift: «Zutritt nur für Kinder zwischen 5 und 14 Jahren» oder so ähnlich. Das habe ich nicht verstanden. Denn ich zum Beispiel schaukle sehr gerne auf einer Schaukel, und dann interessiert es mich ehrlich gesagt nicht, ob ich für diesen Spielplatz schon drei oder vier Jahre zu alt bin. Solange du das tust, was dein Herz will, spielt es keine Rolle, was ein Gesetz, was ein Politiker, ein Schild, ein Stück Papier oder sonst irgendjemand oder irgendetwas dir vorschreibt. Denn dein Herz würde niemals etwas tun, das einem anderen Lebewesen Schaden zufügt.

Als Kind hatte jeder von uns noch das unbeschwerte Glücklichsein in sich und die Neugier, die Dinge dieser Welt zu entdecken. Wir waren viel offener und daher auch in der Lage, feinstoffliche Dinge zu empfangen. Wir hatten noch nicht diese Beschränkungen, was «man» – aus welchen Gründen auch immer – tun und was «man» lassen sollte. Durch die Erziehung, durch die Schule und durch all das, was die Gesellschaft um uns herum errichtet, lernten wir allmählich, uns an die vorgegebenen Regeln zu halten.

Ich habe mal die Geschichte eines Kindes, eines Jungen gehört, der folgendes erzählte: Als er noch klein war, brauchte er im Wald nur die Hand zu heben, und sofort kam der Wind und bewegte die Bäume. Und wenn er die Hand sinken ließ, wurde es wieder windstill. Das war sein Spiel. Als er seiner Mutter und anderen Erwachsenen davon erzählte, meinten diese nur, dass er sich das doch bloß einbilde und dass so etwas unmöglich sei. Irgendwann habe er dann selbst geglaubt, dass er es sich bloß einbilde oder sogar dass er möglicherweise verrückt sei. Irgendwann habe auch er zu glauben begonnen, dass so etwas gar nicht möglich sei. Und, so berichtete er weiter, wenn er heute in den Wald gehe und die Hand hebe, dann passiere nichts mehr. – Diese Geschichte zeigt, dass wir uns bei so vielen Dingen alleine dadurch beschränken, dass wir denken, sie können nicht wahr sein.

Universelle und subjektive Wahrheit

Das mit der Wahrheit ist ja so eine Sache. Natürlich gibt es eine universelle, absolute Wahrheit, das ist klar. Aber wir sind Individuen, und als Individuen haben wir alle eine eigene Weltsicht und damit auch eine eigene subjektive Wahrheit. Die eine Person mag nun – um beim vorherigen Beispiel zu bleiben – die Ansicht vertreten, es sei unmöglich, einfach durch das Heben seiner Hand den Wind herbeizurufen. Eine andere Person aber mag dies für durchaus möglich halten. Dann wird es so sein, dass es bei der ersten Person auf jeden Fall nicht funktionieren wird, bei der zweiten Person aber möglicherweise schon. Somit haben in gewisser Weise beide recht, jeder gemäß seiner eigenen individuellen Wahrheit.

Bei der Wahrheit geht es manchmal darum, dass wir das, was wir als Wahrheit betrachten und von dem wir sagen, es sei möglich hier in dieser Welt, nicht nur auf das beschränken, was wir selbst erlebt und erfahren haben. Ein Beispiel hierfür ist die Diskussion über die Existenz von Außerirdischen. Es gibt Menschen, die zwar keine persönlichen Erfahrungen mit Außerirdischen haben, die aber trotzdem der Meinung sind, dass Außerirdische existieren. Das heißt, wir können unser Weltbild auch auf etwas anderes begründen als einzig nur auf das, was wir im eigenen Leben selbst erfahren haben. So vieles existiert völlig unabhängig davon, ob wir daran glauben oder nicht oder ob wir es wollen oder nicht. Wir können also unser Weltbild öffnen und etwas darin aufnehmen, das wir selbst noch nicht erlebt haben. Nur weil wir etwas nicht wahrnehmen, bedeutet das nicht, dass es nicht existiert hier in dieser Welt und in dieser Zeit, in der wir leben.

Daher ist es gut und wichtig, sich mit anderen Menschen über die verschiedenen subjektiven Wahrheiten auszutauschen. Jeder von uns hat seine Stärken und Schwächen, und jeder von uns hat hier auf dieser Erde noch Dinge zu lernen, sonst wären wir gar nicht hier. So kann jeder seine Weltsicht und seine Vorstellungen davon, wie eine Gesellschaft funktionieren könnte, den anderen mitteilen. Es geht dabei jedoch nur ums Mitteilen und nicht darum, irgendjemandem die eigene Meinung aufzudrücken.

Warum wir hier sind

Wir sind nicht hier, um anderen unsere Meinung aufzudrücken oder sie von irgendetwas zu überzeugen. Wir sind aber hier, um den Menschen die Erfahrungen mitzuteilen, die wir aus anderen Welten und aus anderen Existenzebenen mitbringen. Wir sind hier, um unsere Impulse ins Menschheitsfeld zu setzen. Wir sind hier, um den Menschen näher zu bringen, wie Leben anders sein könnte, wie man Dinge anders machen könnte, was noch auf die Menschheit wartet und was sie nutzen kann, um sich zum Positiven zu verändern. Aber wir sind nicht in diese Welt gekommen, um anderen unsere Ideen aufzuzwingen.

Durch unsere Impulse setzen wir einen Anfang. Wir zeigen den Menschen auf, was es bedeutet, einen anderen Weg einzuschlagen, und wir erzählen ihnen davon, wie wir uns eine andere Form des Zusammenlebens vorstellen. Aber dann ist es wichtig, dass die Menschen diese Impulse selber begreifen und in ihr Leben integrieren. Falls sie gut finden, was sie hören, können sie sich entschließen, danach zu handeln. Nur so kann eine positive Veränderung stattfinden, die sich auch langfristig selbst erhält. Die Veränderung ist nur dadurch möglich, dass die Menschen sich erst einmal die Impulse anhören, die wir ihnen geben, und dass sie später selber zu neuen Impulsen werden und sich selbständig auf ihren eigenen Lebensweg begeben. Bei vielen beginnt es damit, dass eine bestimmte Theorie über einen besseren Zustand in ihrem Kopf ist. Anschließend geht es darum, danach zu leben und irgendwann tatsächlich selber dieser bessere Zustand zu sein. Es ist ein schrittweiser Prozess.

Angesichts der Tatsache, wie viele Jahrtausende die Manipulation der Menschheit schon andauert, finde ich es erstaunlich, dass die Menschen jetzt so schnell auf eine neue Schiene kommen. Es hat damals damit begonnen, dass eine außerirdische Rasse entschieden hat, sie brauche Sklaven und dass die Erdenmenschen dafür gut geeignet seien. Daraufhin hat man die menschliche DNA verändert und das Gehirn der Menschen blockiert, um so dessen Funktionen einzuschränken. Diese Manipulationen wurden anschließend von einer menschlichen Generation an die nächste weitergegeben, und sie wirken auch heute noch immer. Wenn man berücksichtigt, wie viele dieser vergangenen Generationen wir in unseren Zellen gespeichert haben, wie viele weitere Verdrehungen und Manipulationen und Illusionen wir aus unseren früheren Inkarnationen mitgebracht haben und wie viele wir im jetzigen Leben neu dazu bekommen haben, dann ist es eine große Leistung, wenn Menschen heute so rasch verstehen, dass es so nicht weitergehen kann und dass sich etwas grundlegend ändern muss.

Meiner Ansicht nach ist der Schlüssel für die Veränderung schon längst hier. Wir kennen schon längst sämtliche Lösungen für die Probleme dieser Welt, und falls es noch neue Lösungen braucht, dann werden sie mit Sicherheit auch kommen. Was wir jetzt benötigen, ist ein Bewusstsein, das in der Lage ist, Dinge konstruktiv miteinander zu verbinden – ein Bewusstsein, das tatsächlich Bewusstsein ist und nicht nur denkt, es sei Bewusstsein. Dennoch ist es schon ein riesiger Schritt, wenn die Menschen es zumindest in der Theorie begreifen. Anschließend geht es einfach darum, stetig dran zu bleiben und sich auch die erforderliche Zeit zu lassen und die erforderliche Geduld und Leichtigkeit sowie eine Verspieltheit und Lebensfreude zu haben. Wir sollten auch mal über uns selbst lachen können und es lustig finden, in welche

Situation wir uns selbst reingeritten haben und wie beschränkt wir alle doch sind. Denn jede unserer Beschränkungen hat auch etwas Positives und Liebenswertes an sich.

Wir alle haben genau die Inkarnation gewählt, die im Moment perfekt für uns ist. Das Universum verschwendet keine Energie. Daher kann man sagen: Es gibt im ganzen Universum niemanden, der für deine jetzige Inkarnation besser geeignet wäre als du. Natürlich haben wir alle gewisse Dinge zu lernen hier, und natürlich haben wir alle in der Vergangenheit Fehler begangen, aber wir brauchten diese Fehler, um zu lernen und uns weiterzuentwickeln. Menschen, die in der Vergangenheit Fehler gemacht und daraus gelernt haben, begreifen in ihrer jetzigen Inkarnation wahrscheinlich mehr als jene Menschen, die vermeintlich nie Fehler gemacht haben.

30

Kleine Schmetterlinge

Spirituelle Pioniere

Wenn der göttliche Plan weiß, dass in diesem Jahrhundert eine spirituelle Revolution stattfinden wird, dann trifft er im Jahrhundert davor Vorbereitungen dafür. Also werden Pioniere geschickt, die die Vorarbeit leisten und die zum Beispiel die ersten spirituellen Bücher schreiben. Diese Pionierseelen, die bereits vor Jahrzehnten und Jahrhunderten hier waren und die schon in den dunklen Zeiten Spiritualität vorgelebt haben – sie haben das freiwillig getan, weil sie es aus sich heraus wollten, und nicht, weil jemand es ihnen gesagt hat. Meine Dankbarkeit gilt daher nicht nur jenen, die noch kommen werden, sondern auch denjenigen, die jetzt gerade da sind, und denjenigen, die schon da waren.

Schöpferwesen

Jeder von uns ist ein göttlicher Manifestationspunkt des Universums. Das Universum sammelt Erfahrungen durch uns. Gott sammelt Erfahrungen durch uns. So gesehen sind auch wir Gott, sind auch wir Schöpferwesen. Dennoch besteht ein Unterschied zwischen der Quelle und uns: Der Urschöpfer, die Quelle, erschuf alles, was es in sämtlichen Universen gibt. So weiß er doch einiges mehr als wir.

Licht und Liebe

Wir sind manifestiertes Licht und manifestierte Liebe. Wenn die Leute an Licht denken, dann denken die meisten einfach an etwas Helles, aber sie verbinden das Wort nicht mit dem Gefühl der Liebe. Dabei lassen sich Licht und Liebe nicht voneinander trennen. Ganz am Anfang gab es so etwas wie ein «Liebeslicht», und in diesem Liebeslicht existierte keine Trennung. Das ist es, was wir alle in unserem innersten Wesenskern sind.

Paranormale Begabungen

Paranormale Begabungen muss man nicht entwickeln. Man kann sie aber aktivieren. In jedem von uns steckt das gleiche Potenzial.

Seinen Weg gehen

Man kann für jemanden Steine aus dem Weg räumen oder einen Busch zurechtschneiden, damit der Weg für ihn freier wird. Aber gehen muss jeder seinen Weg selbst.

Mit dem Herzen sehen

Wir alle haben gewisse Weltbilder und Vorstellungen. Darunter gibt es auf der einen Seite die Weltbilder, Glaubensformen und Ansichten, die uns von bestimmten Leuten oder von der Gesellschaft aufgedrückt worden sind und die wir angenommen haben. Auf der anderen Seite gibt es Weltansichten, die aus unserem eigenen Herzen kommen. Das Ziel wäre, dass wir anfangen, die Welt so zu sehen, wie unser Herz sie sieht – dass wir also anfangen, mit unserem Herzen zu sehen und aus unserem Herzen zu handeln.

Glück finden

Glück finden ist ganz einfach. Wir brauchen nur unsere Perspektive gegenüber dem, was wir als Glück bezeichnen, zu ändern. Statt auf das kommende Glück zu warten, können wir achtsam und dankbar sein für das Glück, das schon hier ist. Wir können die Wunder dort finden, wo sie sind – nämlich überall.

«Schwingungs-Informationspunkte»

Das, was wir im Inneren tragen, strahlen wir mit unserer Schwingung nach außen in die Welt. Unsere Schwingung besteht aus verschiedenen Teilen: aus unseren Emotionen, unseren Gedanken, unseren Überzeugungen und so weiter. Jeder dieser Teile ist so etwas wie ein «Informationspunkt», und alle diese Punkte zusammen ergeben unsere persönliche Schwingung. Diese Schwingung senden wir ununterbrochen in die Welt hinaus.

Die ganze Welt ist ein Paradies voller Möglichkeiten. Welche dieser unendlich vielen Möglichkeiten in unser Leben kommen, entscheiden wir selbst, und zwar indem wir unsere «Schwingungs-Informationspunkte» aussenden. Denn nur die Schwingungspunkte, die wir aussenden, können als Andockstellen für unsere Erfahrungen dienen. Auch wenn es noch unzählige andere Möglichkeiten geben würde, werden wir in unserem Leben immer nur das erleben, das wir durch unsere Schwingung gerade anziehen.

Die zukünftige Gesellschaft

Die zukünftige Gesellschaft sollte so sein, dass jeder Mensch an dem Platz ist, an den er von seiner Seele aus hingehört, und dass wir trotzdem gemeinsam eine Einheit bilden.

Die Kraft unserer Worte

Unsere Worte haben eine große Kraft. Du kannst mit Worten Menschen segnen. Wenn du zu jemandem sagst: «Ich wünsche dir Glück», dann wird ihm Glück gesendet. Worte, Buchstaben – alles hat ein Bewusstsein. Auch sie sind Wesen, und sie bewirken etwas. Darum frage dich immer: «Was denke ich gerade, was fühle ich, was sage ich?» Dein Handeln ist das Ergebnis von diesen drei Aspekten. Zu einem Leuchtturm werden wir, wenn alle vier Aspekte – unser Denken, Fühlen, Sprechen und Handeln – auf das Gute ausgerichtet sind.

Die Zukunft entstehen lassen

Wir übernehmen dann Verantwortung, wenn uns bewusst wird, dass wir mit jedem Gedanken und jedem Gefühl die Zukunft erschaffen. Wenn du ein Bild hast von der Erde, wie sie in Zukunft sein soll, dann überlege dir, was du in deinem eigenen Inneren ändern kannst, damit diese Zukunft entstehen kann.

Sei du selbst!

Die Leute fordern manchmal, dass jeder Mensch individuell sein soll. Sie sagen zueinander: «Wir alle sind Individuen, sei also einfach so, wie du bist.» Aber wehe, wenn jemand dann tatsächlich anders ist. Wenn jemand sich tatsächlich so gibt, wie er ohne Maske ist, dann ist es der Gesellschaft auch nicht recht. Ich sage aber: Sei trotzdem einfach genau so, wie du bist, denn sonst wird sich nichts ändern auf diesem Planeten.

Grundlos glücklich sein

Man muss nicht immer einen Grund haben, um glücklich zu sein. Man kann es auch einfach so sein.

Keine Seminare mehr

Es wird der Punkt kommen, an dem ich keine Seminare mehr geben werde. Das wird dann sein, wenn Seminare nicht mehr benötigt werden, weil die Menschen die Botschaft verstanden haben.

31

Wir haben eine Verantwortung

Aus dem Newsletter vom Juli 2019

Vor ein paar Wochen saß ich im Flugzeug. Wir sind über die Türkei geflogen. Es war Nacht, und da es klar war, konnten wir die Städte unter uns sehen. Da kam mir in den Sinn, dass es genau so gerade auf unserer Welt aussieht: gelbe, kleine Lichtpunkte in der Dunkelheit, die sich miteinander verbinden und zusammen ein Netzwerk bilden – wie die schwarzen Straßen, die die einzelnen Lichtpunkte unter uns miteinander verbanden.

Wir leben in einer Zeit, in der wir uns mit Menschen umgeben sollten, die ähnlich denken. So bildet sich ein Lichtnetzwerk. Vielleicht sehen wir alle zusammen so aus, wenn man uns von oben betrachtet. Sehr weit hergeholt ist das nicht. Lasst uns also erwachen, und lasst uns überall dort, wo wir hinlaufen, eine Lichtspur hinterlassen.

Erwachen bedeutet zu erkennen, was ist: hinsichtlich unserer feinstofflichen Existenz, dass wir nämlich alle göttliche Wesen sind, aber auch hinsichtlich der Tatsache, dass es eben mehr gibt als nur Licht und Liebe. Auch in den feinstofflichen Ebenen gibt es unlichte Wesen. Und da alles, was feinstofflich ist, sich auch herunter verdichten kann in die physische Ebene, ist es nicht erstaunlich, dass wir in Wahrheit in einer Welt leben, in welcher aktuell das Motto «Geld regiert die Welt» vorherrscht. Es gibt Leute, von denen wir möglicherweise nie in den Mainstream-Medien hören, die jedoch so großen finanziellen Einfluss haben, dass sie über Krisen und Kriege entscheiden. Wir können uns kaum vorstellen, wie viele Dinge auf der physischen Welt ablaufen, von denen wir nichts wissen und die nur dazu da sind, eine Biorobotergesellschaft zu erhalten und zu vergrößern. Selbst unter jenen, die wissen, dass es zum Beispiel geheime Weltraumprogramme gibt und dass Regierungen Raumschiffe und Stützpunkte außerhalb der Erde besitzen, gibt es viele, die denken, dies sei nur in Amerika der Fall. Zum Erwachen gehört aber auch, dass wir erkennen, dass ebenso in den Ländern, in denen wir leben, viele Dinge gegen die Bevölkerung laufen, die von unseren eigenen Regierungen in Auftrag gegeben werden.

Ob ihr aus den Informationen, die ich euch – über schriftliche Texte oder gesprochene Worte – vermittle, etwas macht, und falls ja, was ihr daraus macht, dies ist euch überlassen und liegt in eurer eigenen Verantwortung. Ihr seid selbst für eure Entwicklung und für euer Erwachen verantwortlich – nicht ich und auch sonst niemand in eurem Leben.

Aus dem Newsletter vom August 2019

Wir alle haben verschiedene Verantwortungen in unserem Leben zu tragen. Ich bin jedoch in einer Gesellschaft aufgewachsen, in der ich immer mehr merke, dass Verantwortung gerne und meist unbewusst abgeschoben wird auf andere. Diese Haltung kommt mir immer wieder auch aus vielen Zuschriften, die mich erreichen, entgegen. Deshalb möchte ich heute etwas zum Thema Selbstverantwortung sagen.

Dass die Menschen dazu neigen, ihre Verantwortung schnell an andere abzugeben, hat damit zu tun, dass unser bisheriges System genau darauf ausgerichtet ist. Wir lernen gar nicht wirklich, komplett die Verantwortung für uns selbst zu übernehmen. Unser System möchte nicht, dass wir in unsere Selbstverantwortung kommen. Denn sobald wir Verantwortung für alles übernehmen, was wir tun oder nicht tun; für alles, was wir denken, fühlen und sprechen; für unsere Vergangenheit; für unsere Arbeit und unsere finanzielle Lage; dafür, was wir aus den Informationen machen, die wir bekommen, und auch dafür, woher wir unsere Informationen beziehen – sobald wir also Verantwortung übernehmen für einfach *alles* in unserem Leben, kommen wir in unsere Kraft. Das System will nicht, dass wir uns auf diese Weise selbst ermächtigen. Denn Menschen, die ihre Selbstermächtigung gefunden haben, leben nach ihrer Seele, und wenn viele Menschen nach ihrer Seele leben, kann unter diesen Bedingungen das bisherige System nicht mehr existieren.

Um wirklich unsere Selbstermächtigung zu finden, müssen wir zuerst zu einhundert Prozent die Verantwortung für unser eigenes Leben übernehmen. Der erste Schritt dazu besteht darin, es wirklich zu wollen, auch im Unterbewusstsein. Viele Menschen haben gerade dort noch Blockaden. Unbewusst fürchten sie sich davor, sich zu viel mit sich selbst zu beschäftigen. Oder sie haben schlichtweg verlernt, wie es geht. Und doch wissen wir alle irgendwo in uns drin, was Selbstverantwortung und Selbstermächtigung ist. Denn wir können uns ja etwas nur dann wünschen, wenn wir es irgendwie schon kennen.

Ich erlebe immer wieder, dass Menschen bewusst oder unbewusst ihre Verantwortung an mich abgeben, obwohl diese Verantwortung nicht mir, sondern ihnen gehört. Es ging eine Weile, bis mir klar wurde, warum das so ist.

Ja, ich weiß oft mehr als das, was ich sage oder schreibe. Manchmal gehört es nicht zu meinen Aufgaben, mehr mitzuteilen, und manchmal ist es einfach noch nicht an der Zeit dafür. Dies spüren manche Menschen unbewusst, und einige denken dann: «Wenn etwas wäre in der Welt, das ein Problem für unsere Entwicklung darstellt, dann würde Christina uns das schon mitteilen.» / «Ich muss mich nicht mehr selbst auf die Suche machen, denn alles, was für meine persönliche Entwicklung benötigt wird, wird mir Christina schon sagen.» / «Wenn auf der Welt wirklich etwas schiefläuft, dann wird Christina das schon lösen.» / «Die Probleme in meinem Leben werden von Christina gelöst, und wenn ich einfach ihr zuhöre, dann muss ich nicht mehr selbst an mir arbeiten.» Und so weiter.

So gerne ich auch Vorträge gebe und so sehr ich es auch als wichtig ansehe, dabei mitzuhelfen, dass Menschen ihr Vertrauen in sich selbst wieder finden, dass eine globale Veränderung kommt und dass die Welt sich dadurch verändert, dass Menschen sich ändern – so sehr spüre ich auch, dass es nicht in meiner Aufgabe liegt, euch die Lösung für alle eure Probleme aufzuzeigen oder euch immer mitzuteilen, wenn in der Welt etwas schiefläuft, das die menschliche Entwicklung nicht fördert, oder euch alles zu vermitteln, was ihr womöglich wissen könntet. Ich kann und soll nicht eure Probleme lösen. Ihr kommt in eurer Entwicklung nur dann weiter, wenn ihr selbst eure Probleme löst. Niemand kann euch euren Weg abnehmen, ihr müsst ihn selbst gehen. Unser Umfeld kann uns zwar unterstützen, aber letzten Endes müssen wir unseren Weg und unsere Entwicklung selber machen.

Ich kann euch Anstöße geben, und ihr macht dann daraus etwas. Die Änderung einer Gesellschaft passiert, indem die einzelnen Menschen beginnen, sich auf persönlicher Ebene zu ändern. Das ist etwas, das unaufhaltsam ist. Denn die Entwicklung von Bewusstsein ist ein stetiger Prozess, der zwar verlangsamt, aber nicht gestoppt werden kann. Deshalb bin ich mir sicher, dass eine Veränderung zum Positiven auf jeden Fall kommen wird.

32

Schlusswort: Tu es einfach!

Was immer du von mir hörst oder liest, und wie lange auch immer du mir schon zuhörst: Bitte vergiss nicht, stets in dein Herz zu gehen und selbst zu prüfen, was jetzt im Moment für dich stimmig ist: Was von alledem, das ich sage, kannst du mitnehmen? Was kannst du wann, wie und wo in dein Leben integrieren? Das ist deine eigene Verantwortung, die du ergreifen und nutzen kannst.

Nicht ich verändere dein Leben, sondern du selbst änderst es. Wenn du meine Bücher gelesen hast und der Meinung bist, dass du etwas begriffen hast und dass du darum etwas ändern möchtest, dann finde ich das wunderbar. Das ist ja der Sinn dahinter. Aber ich habe nichts weiter getan als etwas gesagt oder etwas aufgeschrieben. Du aber hast es gehört oder gelesen und hast entschieden, etwas für dein Leben daraus zu machen.

Wenn du wissen möchtest, was dein nächster Schritt sein soll, dann spüre in dich hinein. Wenn du dann bei irgendeiner Sache spürst: Ja, das ist wirklich stimmig für mich, und ich habe keine Zweifel und keine «Oh nein»- oder «Eigentlich nicht»-Gedanken, sondern mein Herz sagt ganz klar, dass es richtig ist für mich – dann tu es einfach!

Über die Autorin

Christina von Dreien (geb. am 15. April 2001 im schweizerischen St. Gallen als Christina Meier) wurde mit einem stark erweiterten Bewusstsein und einer Vielzahl von paranormalen Begabungen geboren. Sie gehört damit zu einer neuen Generation junger Menschen, die eine vollständig neue Dimension des menschlichen Daseins erahnen lassen. Diese Wegweiser und Impulsgeber sind gekommen, um uns mitzuteilen, welchen inneren Wert und welche Größe wir Menschen eigentlich haben und wie viel positives Potenzial in jedem einzelnen von uns schlummert. Sie zeigen uns, wie wir mit der Kraft unseres Bewusstseins und mit der Kraft der bedingungslosen Liebe unser individuelles und kollektives Leben heilsam und konstruktiv neugestalten können.

In den Jahren 2017 und 2018 erschienen die beiden ersten Bände der «Christina»-Buchreihe, die den Anfang von Christinas Geschichte aus der Sicht ihrer Mutter Bernadette von Dreien erzählen. Beide Bücher wurden zu Bestsellern. Mit dem vorliegenden dritten Band der Buchreihe legt Christina nunmehr ihr erstes eigenes Buch vor.

Ein Hinweis zum Pseudonym:

Durch das Annehmen des Pseudonyms «von Dreien» beabsichtigt Christina nicht, ihre Identität zu verschleiern. Vielmehr führt sie dafür die folgenden Gründe an: Erstens drückt ein Pseudonym eine gewisse Neutralität aus; zweitens besitzt der bürgerliche Name (Meier) nicht denselben Wiedererkennungswert; drittens weist das Pseudonym «von Dreien» auf den Ort hin, an dem sie ihre irdischen Wurzeln hat; und viertens ist der Zusatz «von Dreien» eine Anspielung darauf, dass Christina eigentlich nicht eines von zwei Geschwistern ist, sondern eines *von dreien*. Denn ihre früh verstorbene Zwillingsschwester Elena gehört aus ihrer Sicht genauso zur Familie; sie ist als feinstoffliches Lichtwesen beständig an Christinas Seite und begleitet und unterstützt sie beim Erfüllen ihrer Lebensaufgaben.

Offizielle Website von Christina:

christinavondreien.ch

Übersicht über die Seminare «Bewusstsein schafft Frieden»

Zwischen März 2018 und April 2019 hielt Christina von Dreien in allen drei deutschsprachigen Ländern die nachstehenden zwanzig Seminare ab. Sie trugen – mit Ausnahme der Spezialtagung «Kinder und Eltern der neuen Zeit» vom 25.11.18 – allesamt die Überschrift «Bewusstsein schafft Frieden».

10. März 2018	Winterthur	CH
21. März 2018	Baden	CH
7. April 2018	Bern	CH
21. April 2018	Linz	AT
29. April 2018	St. Gallen	CH
12. Mai 2018	Bern	CH
24. Mai 2018	Münchenstein	CH
9. September 2018	Aarau	CH
15. September 2018	Bern	CH
7. Oktober 2018	Bonn	DE
28. Oktober 2018	Erding	DE
3. November 2018	Winterthur	CH
11. November 2018	Lindau	DE
25. November 2018	Aarau	CH
8. Dezember 2018	St. Gallen	CH
5. Januar 2019	Erding	DE
20. Januar 2019	Suhr	CH
2. Februar 2019	Basel	CH
3. März 2019	St. Gallen	CH
7. April 2019	Salzburg	AT

Der Inhalt des vorliegenden Buches setzt sich rund zur Hälfte aus den Ausführungen Christinas im Rahmen dieser Seminare zusammen. Die andere Hälfte stammt aus den Interviews, die unter der Überschrift «Time To Be» zwischen April 2018 und April 2019 vom Schweizer Privatfernsehsender «Schweiz 5» in insgesamt 27 einstündigen Sendungen ausgestrahlt worden sind; die Interviews wurden geführt von Norbert Brakenwagen. Einzelne Texte dieses Buches wurden in den Jahren 2018 und 2019 auch als Blogs auf Christinas Website veröffentlicht.

11. November 2018: Christina in der ausgebuchten Inselhalle in Lindau am Bodensee vor über 1100 Seminarteilnehmern.

Die «Anastasia»-Buchreihe

Anastasia ist die Botschafterin eines uralten Volkes, dessen Nachkommen auch heute noch vereinzelt in der Taiga leben, von der Zivilisation unbeeinflusst und immer noch im Besitz «paranormaler» Kräfte, die der moderne Mensch weitgehend verloren hat.

Kurz nach der Öffnung Russlands war die Zeit anscheinend reif, dass die Welt von der Existenz dieser Menschen erfahren sollte. So ließ es die junge Einsiedlerin Anastasia im Jahr 1994 zu, dass ein «Zivilisierter» – der Geschäftsmann Wladimir Megre aus Nowosibirsk – mit ihr in Kontakt kam und im darauffolgenden Jahr für drei Tage Zeuge ihres Lebens auf einer entlegenen Taiga-Lichtung wurde. Diese Begegnung sollte Wladimir Megres Leben grundlegend verändern. Als einfacher Geschäftsmann, der nur den Atheismus des kommunistischen Russlands kannte, sah er sich plötzlich mit Phänomenen konfrontiert, die alles bisher Gekannte um Dimensionen übertrafen: Telepathie, Präkognition, Teleportation, Unverletzlichkeit, Verbindung mit höherdimensionalen Welten usw.

Anastasias Person und Lebensstil provozieren Fragen zu weltbewegenden Themen wie die Herkunft des Menschen, Gesundheit, kosmische Heilkraft, richtige Ernährung, göttliche Naturverbundenheit, die Ursache von Krankheit, Hintergründe der Weltpolitik oder die Zukunft der Menschheit.

Seit dem ersten Erscheinen von Band 1 in Russland (1996) hat sich dort Unglaubliches getan. Die Bücher riefen eine ökologisch und spirituell orientierte Bewegung ins Leben, die inzwischen zur regelrechten Volksbewegung mit einer großen Anzahl verschiedener Non-Profit-Organisationen und alternativer Wohnprojekte – sogenannte «Familienlandsitze» – wurde. Anastasias Botschaft berührte die Herzen von Millionen von Menschen, und die überwältigende Resonanz löste eine revolutionäre Dynamik aus, die inzwischen weit über den russischen Sprachraum hinausgeht. So gibt es in ganz Europa und auch im deutschen Sprachraum bereits zahlreiche Projekte, die im Begriff sind, die Ideen Anastasias umzusetzen in eine lebendige Realität.

Die «Anastasia»-Buchreihe

Die «Anastasia»-Bücher wurden mittlerweile in vierundzwanzig Sprachen mit einer Gesamtauflage von rund 30 Millionen Exemplaren gedruckt. In deutscher Sprache sind sämtliche zehn Bände erschienen; fünf davon sind inzwischen auch als Hörbuch lieferbar.

Band 1:	Anastasia – Tochter der Taiga	199 Seiten	Hörbuch 400 Minuten
Band 2:	Anastasia – Die klingenden Zedern Russlands	226 Seiten	Hörbuch 470 Minuten
Band 3:	Anastasia – Raum der Liebe	216 Seiten	Hörbuch 458 Minuten
Band 4:	Anastasia – Schöpfung	226 Seiten	Hörbuch 495 Minuten
Band 5:	Anastasia – Wer sind wir?	237 Seiten	Hörbuch 522 Minuten
Band 6:	Anastasia – Das Wissen der Ahnen	274 Seiten	
Band 7:	Anastasia – Die Energie des Lebens	264 Seiten	
Band 8.1:	Anastasia – Neue Zivilisation	208 Seiten	
Band 8.2:	Anastasia – Die Bräuche der Liebe	208 Seiten	
Band 10:	Anastasia – Anasta	260 Seiten	

jeder Band € 16,00 / Fr. 24.00 | jedes Hörbuch € 12,90 / Fr. 15.50

Weitere Informationen auf der Website des Verlages:

www.govinda.ch/unsere-autoren/wladimir-megre.html

Das Ermitteln der Lebensaufgaben

Wie wir unseres Glückes Schmied sein können.

Daniela Maiwald / Ronald Zürrer

NIMM DEIN LEBEN IN DIE EIGENE HAND!

Mit einem Vorwort von Armin Risi
ISBN 978-3-905831-42-9
261 Seiten, gebunden, Leseband
€ 34,00 / Fr. 39.90

Die dreibändige Buchreihe über das weltweit einzigartige System der Psychologischen Handanalyse.

In Band 1 werden unter anderem folgende Themen erörtert: • Eine kurze Geschichte der Handlesekunst • Der Unterschied zwischen Chirologie, Chiromantie und Chirosophie • Das Welt- und Menschenbild der Psychologischen Handanalyse • Das Konzept «Schulungsplanet Erde» • Handanalyse bei Kindern und Jugendlichen • Grundzüge einer spirituellen Psychologie • Der Aufbau des feinstofflichen Körpers • Einführung in das Konzept von Karma («Schicksal») • Einführung in das Konzept von Dharma («Lebensaufgabe») • Das bewusste Schmieden unseres Lebensglücks.

Wie wir unsere Lebensaufgaben erkennen und erfüllen können.

Daniela Maiwald / Ronald Zürrer

FOLGE DEINER BESTIMMUNG!

Mit einem Vorwort von Richard Unger
ISBN 978-3-905831-43-6
661 Seiten, gebunden, Leseband
€ 58,00 / Fr. 69.90

Die dreibändige Buchreihe über das weltweit einzigartige System der Psychologischen Handanalyse.

In Band 2 werden unter anderem folgende Themen erörtert: • Wie wir aus den Fingerabdrücken unser psychologisches Grundmuster und unseren persönlichen Lebenszweck ermitteln können • Wie und warum das System zur Decodierung der Fingerabdrücke funktioniert • Die «Vier Lebensschulen» und ihre Kardinaltugenden: Demut, Liebe, Weisheit, innerer Frieden • Die dreizehn Themenbereiche, in denen sich unsere Bestimmung und unsere Herausforderungen offenbaren • Konstruktiver Umgang mit unterschwelligen Ängsten und anderen Basisemotionen.

(Hinweis: Band 3 «LEBE DEINE TALENTE! – Wie wir unsere Potenziale entdecken und entfalten können» ist in Vorbereitung.)

Die «Christina»-Buchreihe in anderen Sprachen

Die Buchreihe «Christina» ist derzeit lieferbar oder in Vorbereitung in den folgenden Sprachen:

- Deutsch
- Englisch
- Französisch
- Italienisch
- Spanisch
- Niederländisch
- Tschechisch
- Slowakisch
- Polnisch
- Bulgarisch
- Ungarisch
- Finnisch

Weitere Sprachen sind geplant.

Informationen erhalten Sie beim Govinda-Verlag:

info@govinda.ch